Ateísmo

Kerry Walters

Ateísmo

Um guia para crentes e não crentes

Dados Internacionais de Catalogação na Publicação (CIP)
(Câmara Brasileira do Livro, SP, Brasil)

Walters, Kerry

Ateísmo : um guia para crentes e não crentes / Kerry Walters. – São
Paulo : Paulinas, 2015. – (Coleção philosophia. Série religião & filosofia)

Título original: Atheism : a guide for the perplexed.
ISBN 978-85-356-3785-4

1. Ateísmo I. Título. II. Série.

14-05347   CDD-211.8

Índice para catálogo sistemático:
1. Ateísmo : Filosofia da religião   211.8

Título original da obra: *Atheism - A guide for the Perplexed*

© 2010 by Kerry Walters. Esta tradução foi publicada por acordo com
Bloomsbury Publishing Plc

1ª edição – 2015

Direção-geral:	Bernadete Boff
Editores responsáveis:	Roseane do Socorro Gomes Barbosa e Afonso M. L. Soares
Tradução:	Barbara Theoto Lambert
Copidesque:	Mônica Elaine G. S. da Costa
Coordenação de revisão:	Marina Mendonça
Revisão:	Sandra Sinzato e Cirano Dias Pelin
Gerente de produção:	Felício Calegaro Neto
Projeto gráfico:	Manuel Rebelato Miramontes

Nenhuma parte desta obra poderá ser reproduzida ou transmitida
por qualquer forma e/ou quaisquer meios (eletrônico ou mecânico,
incluindo fotocópia e gravação) ou arquivada em qualquer sistema ou
banco de dados sem permissão escrita da Editora. Direitos reservados.

Paulinas
Rua Dona Inácia Uchoa, 62
04110-020 – São Paulo – SP (Brasil)
Tel.: (11) 2125-3500
http://www.paulinas.org.br – editora@paulinas.com.br
Telemarketing e SAC: 0800-7010081
© Pia Sociedade Filhas de São Paulo – São Paulo, 2015

Para Fred Mahan,
que está sempre em busca da verdade.

Sumário

Introdução 11
   O que este livro não é e o que ele é........................ 11

Capítulo 1 – O que é ateísmo?.......................... 21
   Requiem aeternam Deo.................................22
   Variedades de descrença...............................24
   Teísmo e ateísmo.......................................30
   Ônus da prova 37
   Do adevismo para o ateísmo 39

Capítulo 2 – A visão ateísta do mundo................ 47
   O que é uma visão de mundo? 50
   Naturalismo...52
   O conflito com o supernaturalismo.................55
   O universo simplesmente existe.....................64
   O naturalismo é uma religião?.......................67
   A virtude da humildade 71

Capítulo 3 – Refutação de "provas" teístas 73
   O argumento do desígnio.............................77
   O argumento da causação.............................84
   O argumento ontológico...............................91
   Lembrete de advertência 96

Capítulo 4 – Por que Deus não pode existir 99

A ocultação divina 100

A impossibilidade divina 105

A falta de sentido do discurso religioso 108

O problema do mal 114

À guisa de conclusão, uma perspectiva assustadora 122

Capítulo 5 – A história natural da religião 125

Hume: a religião e as tristes paixões 130

Marx: a religião como sustentáculo do privilégio 133

Freud: a religião como fantasia 138

Dawkins, Dennett e Wilson: a religião
como produto evolucionário 143

Fusões, duendes e alegria 148

Capítulo 6 – Uma moralidade sem Deus 151

"São tão grandes os males aos quais a religião
pode levar!" 152

Deus e a moralidade 156

Ética sem religião 163

Ética ateísta: dois exemplos 167

Homo homini lupus est? 171

Capítulo 7 – A pergunta de Sísifo 175

Para entender a pergunta 176

Fontes de sentido 182

A noite em Arzamas 189

Encarar francamente o mundo 195

Capítulo 8 – Uma espiritualidade ateísta? 197

Levar o mistério a sério 201

Ligados durante todo o caminho 207

Grata atenção 211

Resolver contradições 214
Aproximação 219

Obras citadas 221

Introdução

O que este livro não é e o que ele é

> Depois que Buda morreu, sua sombra ainda apareceu durante séculos em uma caverna – uma enorme sombra repulsiva. Deus morreu; mas devido aos costumes dos seres humanos, durante milhares de anos ainda pode haver cavernas onde sua sombra vai aparecer.
>
> Friedrich Nietzsche, *The Gay Science*

Um paciente iludido corre para o consultório do médico.

Doutor! – berra, apavorado. – Acho que estou morto!

O médico tenta persuadi-lo de que ele está, de fato, muito vivo, mas o paciente não quer escutar. Finalmente, o médico exasperado diz:

Olha, mortos não sangram, certo?

Certo – concorda o paciente.

Muito bem, então – replica o médico. – Vamos ver se *você* sangra.

Pega uma agulha e a espeta no polegar do paciente. Este olha fixamente o filete de sangue e sacode a cabeça, descrente.

Puxa vida! – diz ele. – Eu estava enganado. Mortos *realmente* sangram!

Aos olhos de muitos, os contendores no debate aparentemente interminável sobre a existência de Deus não raro se parecem com o paciente dessa piada. Obstinadamente aferrados a suas crenças, ateístas e teístas com demasiada frequência parecem mais concentrados em marcar pontos argumentativos à custa uns dos outros do que em seguir com cuidado na direção em que os indícios os levam. Cada lado parece tão completamente convencido da verdade da própria posição e do absurdo da outra que é difícil perceber que, se não fosse isso, uma e outra permitiriam argumentos contrários legítimos. Como o paciente convencido demais de que está morto para ver as provas em contrário, muitas das vozes mais espalhafatosas no debate sobre Deus recusam-se a aceitar a possibilidade de alguém que discorda deles merecer ser levado a sério ao menos um pouquinho.

O debate já acrimonioso transformou-se nos últimos anos em disputa acalorada com o surgimento do fundamentalismo religioso, de um lado, e do chamado Novo Ateísmo, do outro. Os muçulmanos fundamentalistas emitem *fatwas* (decisões oficiais sobre assuntos religiosos) que condenam valores do Iluminismo e toleram a violência contra os descrentes. Com o mesmo espalhafato, os fundamentalistas cristãos condenam todas as opiniões e os comportamentos que não concordem com sua visão severa do mundo. Fartos dessa intolerância, principalmente depois dos ataques do 11 de Setembro, os defensores do ateísmo reagem execrando indiscriminadamente a crença religiosa, como absurda, fanática e propensa à violência. A militância zangada dos dois lados incentiva um estilo de debate radical que cada vez mais sacrifica a civilidade e o discurso racional no interesse de fazer denúncias globais. Não ajuda o fato de o debate ser quase sempre instigado por editores famintos por fontes de renda, ansiosos para satisfazer o público com uma boa briga.

Assim, Sam Harris, Richard Dawkins e Christopher Hitchens, os ateístas mais conhecidos hoje e líderes do movimento Novos Ateístas, bradam que a "ridícula" fé religiosa "permite que pessoas em outras circunstâncias seres humanos normais colham os frutos da loucura e os considerem sagrados" (Harris 2004, p. 73); que educação religiosa de qualquer espécie é equivalente a "abuso infantil" (Dawkins 2006, p. 315); e que "a religião envenena tudo" (Hitchens 2007, p. 13). Raramente os defensores teístas são menos belicosos. Alister McGrath

(McGrath 2007, pp. xii, xi) menospreza o *best-seller* de Dawkins, *The God Delusion* [A ilusão de Deus] como a apresentação "imatura" de "argumentos prosaicos, fracos e reciclados", e Roy Abraham Varghese (Varghese 2007, pp. xxiii, xxii), ao insistir que os popularizadores do ateísmo se consideram "não simplesmente escribas, mas sumos sacerdotes", afirma que a exegese deles é quase sempre "obviamente desonesta".

As mútuas denúncias indignadas que caracterizam o recente debate saíram tanto do controle que um comentarista atento conclui que "os esbravejantes televangelistas e os ateístas que vociferam sobre os males da religião são pouco mais que ladradores carnavalescos. Trabalham com entretenimento, e os que estão nesse negócio sabem que complexidade não vende... Andam de um lado para outro em firmes ataques previsíveis [e] trocam despropósito por despropósito" (Hedges 2008, p. 32). Infelizmente, essa não é uma avaliação incorreta. O debate sobre Deus em geral e as defesas racionais do ateísmo em particular têm linhagem longa e respeitável. Mas ultimamente a conversa vem sendo sabotada por notórios fundamentalistas militantes e célebres ateístas.

O estilo ofensivo adotado pelos adversários famosos no debate sobre a existência de Deus não só tende a gerar mais ardor que luz, como também, tristemente, modela tom e método especiais subsequentemente adotados por milhares de leitores, telespectadores e ouvintes do debate público. O exame, mesmo que rápido, das centenas de blogues dedicados ao confronto ateísta/teísta revela um nível chocantemente alto de rancor e xingamentos e uma escassez igualmente desalentadora de exames racionais dos argumentos. Blogueiros crentes e descrentes animadamente condenam o caráter moral, a inteligência, as motivações e as tendências políticas uns dos outros em termos de uma belicosidade que não permite nenhum debate real.

O ardor gerado pela questão da existência de Deus não é surpreendente. Afinal de contas, é um tema no qual muitas pessoas nos dois lados estão emocional e intelectualmente envolvidas e não é difícil entender como a discordância rapidamente se transforma em polêmicos ataques dissimulados. Para o teísta genuíno, a fé em um Deus terno, poderoso e perfeito é o núcleo que determina todas as suas outras crenças e lhe dá um sentimento profundo de desígnio. Ter essa crença posta em dúvida – quanto mais ridicularizada como moral e intelectualmente falida – é dolorosamente ameaçador. Para o ateísta genuíno, uma dedicação igualmente forte à razão e ao naturalismo – dedicação que lhe serve de centro intelectual de gravidade e fonte de sentido – torna a crença em Deus irracional e também perigosa. Ele não fica apenas frustrado intelectualmente pela crença em Deus. Devido à triste história de perseguição religiosa em geral e ao surto recente de fundamentalismo em especial, ele chega a se sentir ameaçado pessoalmente por ela. Nesse clima é difícil para ele adotar uma atitude de tolerância para com os teístas.

Mas o profundo investimento pessoal dos contestantes no debate sobre Deus faz mais que explicar a militância e a intratabilidade de um e outro lado. Também indica a necessidade real de pensar na questão o mais clara e razoavelmente possível. Em poucas palavras, os riscos são muito altos para aceitar conclusões baseadas mais na aversão veemente ao outro lado que no raciocínio lógico e rigoroso. Reconhecemos que se podem encontrar alguns bons argumentos nos proponentes do ateísmo e também em seus adversários teístas. Mas deslindá-los do matagal de polêmica que os cerca é cansativo e também desanimador. Tentar entender o debate também deixa o leitor comum frustrado e perplexo. Assim, é importante retroceder um passo das batalhas polêmicas o tempo suficiente para investigar as forças e fraquezas dos argumentos pertinentes.

Neste livro procuro fazer exatamente isso ao examinar as alegações do ateísmo. Escrevi principalmente para três classes de leitores: 1) os que, embora talvez entretidos pela exibição espetacular do debate popular atual, no fundo estão intelectualmente insatisfeitos com a abordagem em geral polêmica; 2) os que mergulharam nas defesas não polêmicas, filosoficamente técnicas do ateísmo, ficaram intrigados com a maneira formalística (e tipicamente incompreensível para os inexperientes em lógica simbólica) com que os argumentos são apresentados e buscam uma alternativa rigorosa escrita em linguagem simples; e 3) os que procuram uma investigação imparcial e característica da posição ateísta que transcenda resumos apressados e realmente analise argumentos e contra-argumentos extraídos das tradições analíticas e filosóficas continentais, bem como da ciência biológica e física contemporânea.

Minha esperança é que este livro também seja útil para leitores que já optaram pelo ateísmo ou pelo teísmo, mas que (ao contrário de seus colegas militantes) percebem que os dois lados têm alguma coisa a aprender um com o outro. Afinal de contas, dedicação não é dogmatismo. O universo é um lugar grande e é insensatez supor que nossa perspectiva faz o mapa de todas as suas regiões de maneira perfeitamente adequada. A filósofa francesa Simone Weil escreveu certa vez que os desafios ateístas servem de "purificação" da religião (Weil 1952, p. 168). Justamente por isso, um bom entendimento do teísmo pode manter os ateístas sinceros. Com demasiada frequência, principalmente hoje em dia, os ateístas lutam contra moinhos de vento que os que creem em Deus abandonaram há muito tempo. Assim, é sempre possível uma conversa proveitosa entre proponentes do ateísmo e proponentes do teísmo. No mínimo, cada posição serve de restrição útil para os excessos da outra. De modo mais positivo, o diálogo imparcial talvez revele que, apesar da discordância sobre a realidade de Deus, ateístas e teístas têm mais em comum do que os extremistas dos dois lados estão dispostos a admitir. Os que creem verdadeiramente em Deus talvez não sintam necessidade desse esclarecimento, mas as pessoas racionais sim.

Já que os ateístas atraem a maior parte da imprensa hoje em dia, os Novos Ateístas (mais sobre eles no próximo capítulo) concentram grande parte de sua atenção (e seu rancor) em religiões institucionais e na doutrina fundamentalista. O entusiasmo com o qual os *best-sellers* dos Novos Ateístas são lidos atesta o desprezo pelo fundamentalismo religioso por parte dos norte-americanos e dos europeus, e isso, por si só, é fenômeno digno de nota. Mas a abordagem também tem sido claramente criticada por duas razões independentes. Em primeiro lugar, os detratores argumentam que as condenações da intolerância e da violência cabal que as religiões institucionalizadas provocam são perfeitamente justificadas, mas eles não falam de um modo ou de outro sobre se existe ou não um Deus. A religião é um fenômeno antropológico e psicológico, mas as perguntas a respeito da existência de Deus são metafísicas. Segundo, ressaltar o absurdo das crenças e práticas fundamentalistas e depois anunciar de modo triunfal que, em resultado disso, a crença em Deus foi destruída, é argumento questionável da pior espécie. As objeções genuínas ao teísmo deveriam focalizar corretamente seus argumentos mais fortes, mais fundamentais, não as reivindicações bizarras de extremistas marginais que as pessoas mais razoáveis, teístas e ateístas igualmente, já rejeitam.

Os Novos Ateístas, a quem essas críticas são dirigidas, defendem sua posição e algumas de suas respostas são examinadas em capítulos posteriores. Mas para pôr algumas de minhas cartas na mesa, confesso que minhas simpatias a esse respeito estão com os críticos. Portanto, para invocar a distinção feita excelentemente por Pascal, os argumentos analisados aqui lidam mais com o "Deus dos filósofos" que com o "Deus de Abraão, Isaac e Jacó". Minha suposição prática é que se o ateísmo resiste ou cai depende do quanto os argumentos que seus defensores apresentam são fortes, não de quanto são inteligentes para apontar inconsistências nos textos bíblicos, indevidamente criticando em detalhes as crenças folclóricas ou voltando a infligir as depredações da religião organizada. Talvez haja um lugar para tais exercícios, mas este livro não é um deles.

O capítulo 1 analisa algumas preliminares cruciais. Discuto as perplexidades para definir as palavras "ateísmo" e "teísmo", examino o argumento sobre que lado do debate tem o ônus da prova e apresento um esboço da história do ateísmo. Descobriremos que, embora haja esparsos precursores que remontam à Grécia antiga, o ateísmo, como mais comumente usamos o termo hoje, é fenômeno bastante moderno.

O ateísmo não é simplesmente a rejeição da existência de Deus. Embora possa parecer estranho, a descrença em Deus é apenas um aspecto, e não necessariamente o aspecto principal, da maneira como o ateísta reflexivo pensa na realidade. O capítulo 2 discute a visão naturalista do mundo que tipicamente fundamenta a descrença do ateísta. Embora o ateísmo propriamente dito só entre realmente na cena histórica no século XVII, o naturalismo tem longa e respeitável linhagem, que data dos filósofos pré-socráticos. Ao analisar o naturalismo que tipicamente sustenta o ateísmo moderno, passaremos algum tempo pensando em visões do mundo em geral e se elas necessariamente dão a questão como provada, quando se trata de primeiros princípios. Isso por sua vez leva a um exame da acusação um tanto comum que o ateísmo é tanto uma "fé" quanto o teísmo que ele rejeita.

O endosso do naturalismo não elimina necessariamente a possibilidade de um Deus. Os chamados naturalistas metodológicos, por exemplo, abraçam com perfeita consistência tanto o teísmo como o agnosticismo. Assim, os ateístas dão tipicamente mais um passo ao: 1) refutar argumentos tradicionais a favor da existência de Deus e 2) apresentar argumentos positivos contra a existência de Deus. Os capítulos 3 e 4 examinam as versões tradicionais e contemporâneas dos mais fortes desses argumentos. O capítulo 3 examina refutações de argumentos ontológicos, cosmológicos e de desígnios. O capítulo 4 analisa argumentos positivos baseados na ocultação divina, na incoerência dos atributos divinos, na falta de sentido da linguagem religiosa e no problema do mal.

Mencionei que concordo com a afirmação de que não há ligação necessária entre as crenças e práticas de instituições religiosas e a existência de Deus. Embora seja verdade que historicamente a religião organizada incentivou muita intolerância e violência, é também verdade que: 1) as religiões não têm o monopólio dessas coisas e 2) as religiões também enriqueceram as culturas quando se trata de humanitarismo, arquitetura, literatura, artes musicais e visuais etc. Ainda assim, se o ateísta está certo em sua negação da existência de Deus, a perplexidade óbvia é por que a religião existe, em primeiro lugar. O capítulo 5 analisa algumas explicações naturalistas da religião e da crença em Deus apresentadas por biólogos, psicólogos, antropólogos e filósofos.

Uma crítica comum do ateísmo é que a negação de Deus abre a porta para o niilismo moral. A réplica ateísta é que, embora a perda da fé em Deus *possa* levar à libertinagem ética, não há nenhuma necessidade de que *deva*. O capítulo 6 analisa a causa ateísta em favor de uma moralidade sem Deus ao: 1) examinar a alegação de que é na verdade o teísmo, não o ateísmo, que provoca o caos moral; 2) analisar afirmações ateístas de que a moralidade baseada nos mandamentos divinos é ou normativamente imprevisível ou logicamente incoerente; e 3) dar uma olhada em alguns dos fundamentos e princípios naturalistas que os ateístas sugerem para regras humanistas de conduta.

Muita gente quer que sua vida signifique alguma coisa. O significado pelo qual os teístas anseiam está intimamente ligado à sua crença em Deus. Para eles, a existência de Deus garante ordem física e motivação espiritual no universo e oferece realização pessoal nesta vida e na outra. A intuição por trás disso, tão profundamente enraizada pela história a ponto de parecer manifesta, é que o único sentido que vale a pena ter é o sentido cósmico. Mas, como veremos no capítulo 7, os ateístas negam que essa noção de motivação abrangente seja necessária para uma vida gratificante. Nossa vida, argumentam, pode ser bastante significativa mesmo na ausência de desígnio cósmico. De fato, alguns ateístas argumentam que a realidade de qualquer coisa como a motivação que os teístas desejam inibiria e empobreceria as oportunidades humanas a favor do sentido.

O capítulo 8 examina se faz ou não algum sentido falar de uma espiritualidade sem Deus. Alguns ateístas afirmam que as experiências psicológicas tais como espanto, deslumbramento, gratidão e amor, que as tradições religiosas procuram explicar por meio de invocações a Deus, permanecem emocional, conceitual e moralmente importantes, mesmo depois que a crença em Deus desaparece. Desprezá-las como irracionalidades ou trivialidades ou recusar-se a levá-las a sério por causa de sua associação tradicional com a experiência religiosa e mística parece tolamente redutivo. Independentemente de quanto aprendemos sobre o funcionamento físico do universo, o puro mistério da razão de haver alguma coisa em vez de nada persiste – ou pelo menos deve permanecer na mente de muitos (embora não todos) ateístas. Assim, a pergunta decisiva examinada neste capítulo é como essa sensação de mistério pode ser apreciada de uma perspectiva ateísta. Ao analisar a causa em favor de uma espiritualidade ateísta, sugiro que a experiência do mistério-de-ser pode ser fundamento comum para um proveitoso diálogo ateísta/teísta.

Obviamente este livro destina-se a ser lido como um todo, do começo ao fim. Mas cada capítulo também pode ser lido separadamente

1

O que é ateísmo?

> Para vocês, sou ateu; para Deus, sou a Oposição Leal.
> Woody Allen, *Stardust Memories* [Memórias]

> É só um preconceito comum que nos induz a crer que o ateísmo
> é um estado muito desagradável.
> Pierre Bayle, *On Comets* [A respeito de cometas]

Muita gente presume quase naturalmente ser o ateísta alguém que não crê em Deus. É uma definição criteriosa bastante razoável, mas não é muito útil quando a questão é analisar argumentos filosóficos pró e contra o ateísmo. O problema com a definição criteriosa é ser ampla demais. Não nos ajuda a distinguir entre níveis diferentes da descrença em Deus. Não nos dá nenhuma ideia se há ou não mais de uma variedade de ateísmo. E não nos diz nada sobre a espécie de Deus em que o ateísta não crê.

Assim, neste capítulo limparemos o terreno para capítulos posteriores, diferenciando o ateísmo de outras variedades de descrença, verificando algumas das motivações para a descrença, examinando a relação entre ateísmo e teísmo, analisando a questão do ônus da prova no desenvolvimento do ateísmo no pensamento ocidental. Os leitores ansiosos por mergulhar diretamente nos pormenores da divergência entre crentes e ateístas talvez achem esta discussão preliminar árida. Mas neste debate, como em tantos outros, muita confusão potencial pode ser evitada esclarecendo exatamente o que está sendo debatido. Portanto, aqui como alhures a paciência é uma virtude.

Requiem aeternam Deo*

Em uma de suas parábolas mais fascinantes e renomadas, Friedrich Nietzsche conta a história do "louco" que vagava pelas ruas "nas horas luminosas da manhã" segurando uma lanterna acesa e gritando sem parar: "Procuro Deus! Procuro Deus!". A gente da cidade ria e lhe perguntava zombeteiramente se Deus estava se escondendo ou se ele se perdera em algum lugar do cosmos. Finalmente, perdendo a paciência com as zombarias, o louco grita que *ele* vai contar ao povo onde Deus está. "*Nós o matamos* – vocês e eu. Todos nós somos seus assassinos." E então forçou a passagem até uma igreja próxima e começou a tocar um réquiem para a divindade falecida, insistindo que agora as igrejas eram "os túmulos e sepulcros de Deus" (Nietzsche 1974, pp. 181-182).

Para Nietzsche, os instrumentos de "assassinato" dirigidos contra Deus eram duplos: a indiferença cultural às crenças religiosas tradicionais, por um lado, e a total hostilidade cética a elas, por outro. A indiferença era produto de uma época tão preocupada em ir ao encalço da suprema verdade que não tinha tempo para preocupações com o outro mundo; a hostilidade surgiu da adoção da visão científica alternativa do mundo defendida por Darwin, entre outros. Embora não tivesse ilusões sobre a dificuldade da transição – uma coisa é abrir mão da fidelidade intelectual à ideia de um Deus, insistiu ele, mas outra muito diferente é livrar-se da confiança emocional nela – Nietzsche tinha esperança que seu "louco" profetizasse um novo mundo onde os seres humanos, repetindo Deus, se tornassem divinos por meio de seu repúdio. "Nunca houve façanha maior", escreveu ele, "e quem nascer depois de nós – por causa dessa façanha – fará parte de uma história mais elevada que toda história até agora" (p. 181).

---

* N.d.E.: Em latim quer dizer *O descanso eterno a Deus*.

Obviamente, as esperanças de Nietzsche por um futuro ateu não se concretizaram. Em todo o mundo ainda há quem creia em um ser ou seres divinos, embora os conceitos de Deus variem de religião para religião e até de pessoa para pessoa dentro da mesma tradição religiosa. Mas Nietzsche também não estava inteiramente errado, porque, hoje, entre 500 e 750 milhões de pessoas *não* aceitam a existência de Deus. No alinhamento global de crenças sobre Deus, é impressionante que isso ponha a descrença em quarto lugar, depois do Cristianismo (2 bilhões), Islamismo (1,2 bilhão) e Hinduísmo (900 milhões). Há duas vezes mais descrentes que budistas e 41 vezes mais que judeus. E apesar de algum tipo de crença em Deus ainda ser de longe a opinião da maioria, em muitas sociedades a religião perdeu grande parte de seu domínio sobre a cultura. Assim, embora talvez não tenha realmente matado Deus, a moderna secularização fez muitos aspectos tradicionais da crença em Deus parecer exóticos e implausíveis.

Falando de modo geral, a erosão da crença em Deus é mais evidente nas nações mais sadias (e têm taxas de natalidade mais baixas), mais abastadas, mais bem-educadas e democráticas. Pesquisas recentes indicam, por exemplo, que bem mais da metade de todos os suecos, dinamarqueses, noruegueses, japoneses, sul-coreanos, checos e franceses não creem em Deus. Os descrentes na Estônia, Alemanha, Rússia, Hungria, nos Países Baixos, na Grã-Bretanha e Bélgica rondam a marca dos 50%. Em contraste, a crença em Deus na Ásia, África e no Oriente Médio está viva e vai bem. As únicas exceções óbvias a essa correlação são o relativamente pobre Vietnã, que registra uma taxa espantosa de 81% de descrentes (embora isso possa estar inflado por causa da posição oficial do Vietnã como nação ateísta), e os ricos Estados Unidos, que registram a taxa de meros 3 a 9% de descrentes (Zuckerman 2007).

É revelador que relatos pessoais de descrença em Deus mudem um tanto drasticamente quando se pergunta especificamente aos entrevistados se eles se identificam com "ateístas". Um estudo mostrou, por exemplo, que só 10% de noruegueses, 19% de franceses e 20% de checos estão dispostos a aceitar a denominação (Greeley 2003). Um comentarista (Zuckerman 2007, p. 47) conjectura que isso aconteça porque a "designação 'ateu' está estigmatizada em muitas sociedades" e, sem dúvida, isso faz parte da explicação. Até bem recentemente, a palavra "ateísmo" era empregada principalmente como insulto. Mas também indica que "ateísmo" não devia ser considerado sinônimo de "descrença", o que, por sua vez, significa que existe mais de uma maneira de não crer em Deus.

Variedades de descrença

O ateísmo, evidentemente, é apenas uma categoria da descrença em Deus. Além disso, há diversos subgrupos do ateísmo propriamente dito. Desse modo, é possível alguém ser descrente sem ser ateu. Mas todos os ateus são necessariamente descrentes.

No sentido mais amplo, a descrença inclui:

1. Descrença, suspensão agnóstica de crença que nega haver bons fundamentos de uma maneira ou de outra para a crença em Deus, ou afirma que os argumentos dos dois lados são igualmente fortes.

2. Patente descrença ou ateísmo que, além disso, pode ser subdividida em: a) ateísmo positivo, ativa descrença em Deus; e b) ateísmo negativo, a ausência de crença em Deus. Todos os ateístas positivos são necessariamente ateístas negativos, mas o contrário não é verdade. Tanto o ateísmo positivo como o negativo podem ser subdivididos em: i) militantes e ii) moderados. Os ateístas militantes, tais como o físico Steven Weinberg, inclinam-se a pensar que a crença em Deus não só é errônea, mas também perniciosa. "Sou completamente a favor de um diálogo entre a ciência e a religião", escreve Weinberg, "mas não um diálogo construtivo", e declara que gostaria de tornar impossível a todas as pessoas inteligentes ser religiosas (Weinberg 2003, p. 40). Os ateístas moderados concordam que a crença em Deus é injustificável, mas não veem nada inerentemente pernicioso nela. O que leva ao excesso, eles afirmam, são o dogmatismo e o extremismo intolerantes, e essas são características de ideologias em geral, religiosas ou não religiosas. Assim, o filósofo ateísta Julian Baggini, embora solidário com a posição do militante, conclui em última análise que é "mais

saudável pelo menos admitir a possibilidade de haver alguma coisa no que [as pessoas religiosas] creem do que simplesmente bater o pé e amaldiçoar sua estupidez" (Baggini 2003, p. 104).

3. Finalmente, o ateísmo e também o agnosticismo podem ser: a) práticos, uma suposição ativa (quase sempre não crítica) de descrença que fortalece nossa visão de mundo e nossa vida cotidiana; e b) filosóficos, descrença refletiva intelectualmente justificada. Obviamente, determinada opção pela descrença pode ser, ao mesmo tempo, prática e filosófica.

Não é surpreendente que os ateístas filosóficos estimulem a razão, insistindo que a rejeição da crença em Deus deve se basear no mesmo exame minucioso sensato dos indícios e argumentos disponíveis exigidos para examinar qualquer reivindicação. Mas, de fato, muitas pessoas que se consideram descrentes de um tipo ou de outro provavelmente chegaram a suas posições por caminhos menos que rigorosamente lógicos.[1]

Alguns, por exemplo, talvez tenham crescido em famílias não religiosas e por causa de sua socialização precoce são simplesmente indiferentes à religião. Seu ateísmo ou agnosticismo não se baseia em argumentos racionais tanto quanto o fato de, para começar, a crença nunca ter sido uma possibilidade real para eles. John Stuart Mill, criado em uma família completamente secular e que se descrevia como "um dos muito poucos exemplos de [alguém] que não abandonou a crença religiosa, mas [em vez disso] nunca a teve" (Mill 1924, p. 36), está nessa categoria. A descrença nascida da indiferença familiar não impede a possibilidade de mais tarde conscientemente fundamentá-la com argumentos racionais, e Mill com certeza passou a fazer exatamente isso. Assim, é inteiramente possível para uma crença culturalmente assimilada tornar-se uma descrença filosófica deliberada, conscientemente escolhida. Mas como a influência das crenças religiosas tradicionais continua a diminuir nas sociedades secularizadas, é provável que

---

[1] Steven Weinberg (2001), um tanto espantosamente, nega que esses tipos de descrentes mereçam ser chamados "ateístas" porque eles não ponderaram cuidadosamente sobre sua posição.

aumente esse tipo de descrença resultante da indiferença socialmente aprendida.

Outras pessoas talvez não creiam em Deus porque, em criança, passaram por experiências religiosas infelizes, ou porque um incidente especialmente traumático em que Deus não respondeu a suas preces persuadiu-as da inexistência de Deus. Relatos literários e autobiográficos de infâncias frustradas por pais religiosamente fanáticos atestam o fato de que muitos descrentes rejeitam Deus por causa do que o ateísta Richard Dawkins não hesita em chamar de "abuso infantil" por parte da educação religiosa precoce. (Examinaremos suas razões no Capítulo 6.) A autobiografia *Father and Son* [Pai e filho] de Edmundo Gosse, de 1907, e a recente memória empedernida de Ayaan Hirsi Ali, *Infidel*, atestam a veemência com a qual as jovens vítimas de fanatismo são fisicamente maltratadas a ponto de se rebelar contra a crença em Deus quando adultas. Outras experiências negativas podem ser menos abertamente brutais, mas ainda assim psicologicamente traumáticas. Uma conhecida minha certa vez confessou que perdeu a crença em Deus quando, em criança, o Deus a quem ela implorou para consertar o pulso que ela acabara de quebrar ao cair de uma árvore desapontou-a ao não atender o pedido. Do mesmo modo, Diágoras de Melos, do século VI a.C., ao que parece, se tornou ateu depois de rezar sem sucesso aos deuses para a devolução de um manuscrito perdido (Thrower 2000, p. 32).

Naturalmente, o trauma psicológico que mata a crença em Deus não precisa ser gerado por acontecimentos nos quais o descrente está diretamente envolvido. Muitas pessoas tiveram a fé destruída por desastres naturais ou atos revoltantes de desumanidade em que pessoalmente não sofrem nenhum dano. O grande terremoto de Lisboa em 1755, que matou mais de 100 mil pessoas, centenas delas mulheres e crianças que assistiam à missa nas dezenas de igrejas da cidade, destruiu muita fé em uma divindade sábia e benevolente. Eli Wiesel, no romance autobiográfico *Night*, conta a história de um preso em Auschwitz que, com a fé destruída pelos horrores do campo de concentração, grita desesperadamente durante a execução de um colega prisioneiro que é Deus quem pende da forca (Wiesel 1982, p. 62).

Como no caso da descrença por indiferença, as defesas racionais da descrença induzida por traumas podem ser, e muitas vezes são, elaboradas mais tarde. Mas o fato do ímpeto inicial ser ativado por uma experiência dolorosa costuma acrescentar aos argumentos subsequentes uma mordacidade especial não encontrada em discussões mais abstratamente filosóficas.

Alguns descrentes alegam que duvidam ou rejeitam a existência de Deus porque possuem temperamentos geralmente céticos. Nietzsche, por exemplo, dizia-se "ateu natural", embora não esteja muito claro o que ele queria dizer com a expressão. Outros acham o ritualismo religioso tão desagradável que migram da repulsa estética para a descrença real. Ainda outros acham a hipocrisia moral de alguns líderes religiosos desagradável o bastante para que desistam por completo da religião. Finalmente, com toda a sinceridade, ainda outros podem ser descrentes pelas mesmas razões pelas quais também são politicamente apáticos ou culturalmente ignorantes ou preguiçosos: frivolidade intelectual e imaginativa.

A questão é que os descrentes podem alcançar, e realmente alcançam, suas posições por meio de alguns caminhos sinuosos e às vezes cruzados. É por isso que, quando os descrentes começam *realmente* a elaborar argumentos filosóficos em favor de sua posição, é importante que não confundam *causas* psicológicas, biográficas ou ambientais com *razões* objetivas, comprobatórias. Uma coisa é descrer em Deus por causa de orações não atendidas, pais autoritariamente devotos ou temperamento cético. Outra coisa é justificar isso dando razões com bases racionais. A primeira explica (talvez) por que a pessoa tem determinada crença, mas nada faz quanto a dar bases para ela. Somente razões podem fazer isso.

Poderíamos pensar que a distinção entre causas e razões é óbvia, mas essa distinção é com tanta frequência empanada nos debates sobre a existência de Deus que vale a pena mencioná-la. As disputas sobre Deus raramente (sou tentado a dizer "nunca") são as questões imparcialmente racionais que os filósofos gostam de imaginar. Para muita gente – inclusive os filósofos – elas trazem à tona sentimentos profundos de raiva, insegurança, ressentimento, confiança, traição e gratidão. Reanimam a dor ou a alegria de experiências passadas e disfarçam as esperanças e os medos que investimos no futuro. É provável que mesmo os que cresceram em lares com indiferença religiosa tenham formado algumas associações religiosas positivas ou negativas simplesmente por viver em sociedades onde a crença em Deus é a norma mais ampla. Então, não é surpreendente que o que podem ser causas emocionalmente fortes de nossas crenças sobre Deus sejam não raro confundidas com as razões para essas crenças sobre Deus. O espanto é conseguirmos desenredá-las tão bem.

Há mais dois tipos de descrença que são particularmente interessantes porque não são o que parecem ser. A primeira pode ser chamada descrença *de facto* e a segunda, crença *de facto*.

Embora ele não use realmente a expressão, a descrença *de facto* era a grande preocupação de Soren Kierkegaard. No seu modo de ver, esta é uma forma de duplicidade para consigo mesmo em que se comprazem pessoas complacentes que proclamam crer em Deus, mas que têm um modo de viver e uma escala de prioridades que sugerem outra coisa. Se cremos na existência de Deus, diz Kierkegaard, então a consistência exige que também creiamos necessariamente que nada é mais real que Deus. (Como veremos no Capítulo 4, essa alegação não é diferente de um dos passos no argumento ontológico a favor da existência de Deus.) A existência de Deus não conta com nada, ao passo que a existência de tudo o mais é totalmente dependente de Deus tanto para a origem como para a continuação. Segue-se que nossa crença em Deus deve ser o núcleo ao redor do qual giram todas as outras crenças e que a relação subjetiva do crente com sua crença em Deus deve ser mais intensa (uma "intimidade apaixonada", diz Kierkegaard) que sua relação com qualquer de suas outras crenças. Em outras palavras, a crença genuína em Deus deve ter mais valor que todas as outras em centralidade e intensidade porque para o crente autêntico nada é mais real que Deus.

Entretanto, na prática muitos crentes – Kierkegaard desconfia que a maioria deles – não dão à crença em Deus posição elevada. Sua crença é marginal, embora de vez em quando salte para o centro da cena em momentos de crise em que ele precise de proteção, ou seja, invocada em tons solenes quando é de seu interesse fazê-lo. Sua existência cotidiana, suas relações interpessoais, sua identidade e suas pressuposições ativas a respeito do mundo são na maior parte intocadas por sua crença compartimentada em Deus. A crença permanece impessoalmente abstrata. É uma pseudocrença em vez de uma crença genuína e seu portador é na verdade um descrente *de facto*, não o crente que ele julga ser. A posição é mais sutil que a hipocrisia comum, mas é tão antiga quanto ela. O autor do livro cristão do Apocalipse condena severamente o fiel por ele ser "morno", característica notavelmente parecida com a descrença *de facto* (Ap 3,15-16).

A insistência de Kierkegaard em que a crença da pessoa em Deus deve ser seu centro absoluto de gravidade talvez seja intransigente demais. Talvez faça mais sentido pensar na convicção religiosa em termos de gradações com menores graus de intensidade, não sendo necessariamente inautênticas só porque estão na extremidade inferior da escala. Mas o ponto geral de Kierkegaard é ainda intrigante. É, no mínimo, um lembrete que, para muitos, a crença em Deus é mais hábito que convicção.[2]

O descrente *de facto* é alguém que engana a si mesmo pensando ser crente, quando não é. Embora não seja tão comum, o crente *de facto* também é alguém que engana a si mesmo porque ele pensa ser descrente, mas na verdade ele *realmente* crê. Mais uma vez, isso não é tanto hipocrisia quanto ilusão de si mesmo.

Há dois tipos de crentes *de facto*. Um é o que se proclama descrente e que, pensando ter repudiado a existência de Deus, mesmo assim se apega a uma visão da realidade que tem muitas ou todas as características que teria se Deus existisse – por exemplo, alguma versão de imortalidade pessoal, motivação profunda, benignidade cósmica e até benevolência etc. Encontramos com muita frequência esse tipo de crente *de facto* entre fanáticos liberais (alguns unitários-universalistas, por exemplo) que intelectualmente duvidam ou mesmo negam a existência

---

[2] Daniel Dennett perceptivelmente observa que também há pessoas "que se consideram crentes [mas que], na verdade, apenas acreditam no *conceito* de Deus... Perceba que eles *não* acreditam na *crença* em Deus!... Eles pensam que devem dedicar-se a difundir a Palavra. Mas eles não acreditam em Deus no sentido forte". (Dennett 1996, p. 216).

de uma divindade, mas sentem grande nostalgia pelos valores, crenças e convicções religiosas.

O outro tipo de crente *de facto* é o rebelde contra Deus, uma pessoa tão ultrajada pelo sofrimento dos inocentes no mundo que irritadamente condena o Deus que julga responsável por ele e confunde sua condenação moral de Deus com uma rejeição da existência divina. A denúncia é o alto nível de raiva e traição a que o crente *de facto* se apega mesmo depois de se persuadir que já não crê mais em Deus. Filosoficamente, pode na verdade ter abraçado a descrença, mas na prática as coisas são diferentes. Não reagimos tão intensamente contra alguém ou alguma coisa cuja realidade não aceitamos. A fúria de Ivan Karamazov contra um Deus no qual ele proclama não crer talvez seja o mais óbvio exemplo ficcional do crente *de facto*.

Teísmo e ateísmo

A esta altura, o leitor talvez esteja se perguntando por que levei tanto tempo para distinguir entre diferentes variedades de descrença. Com certeza o ateísmo pode ser definido adequadamente como descrença em Deus ou deuses, independentemente de ser essa descrença prática ou teórica, emocional ou intelectual, mantida com ardor ou de maneira distante.

Não é bem assim. Embora "ateísmo" seja genericamente empregado para designar descrença em qualquer tipo de divindade, a palavra realmente denota a rejeição de uma variedade muito específica de crença em Deus, o tipo conhecido como "teísmo". Portanto, quando a-*teístas* negam a existência de um Deus, seu ceticismo é dirigido ao Deus *teísta* e seus argumentos, focalizados como estão no entendimento teísta de Deus, não se estendem necessariamente a todos os outros conceitos de divindade. Um ateísta contemporâneo, ao reconhecer a especificidade da palavra "ateísmo", procura recuperá-la como termo genérico diferenciando entre o que ele chama de ateísmo "amplo", descrença em todos os tipos de deuses, e ateísmo "restrito", descrença no Deus teísta em particular (Martin 1990, pp. 464-465). Essa distinção permite-nos empregar a palavra "ateísmo" no sentido popular, embora ainda o diferencie do sentido mais preciso. Mas, no final das contas, pode ser menos confuso usar o termo mais geral "descrença" como repúdio a deuses não teístas e reservar "ateísmo" para a negação do Deus teísta.

A questão mais ampla é que a descrença é sempre relativa ao tipo de crença em Deus que ela repudia. Os físicos teóricos podem sonhar com uma "teoria geral de tudo", mas é improvável que haja uma "teoria geral de descrença". Esse é um importante princípio metodológico para o ateísta lembrar. Adverte-o contra a apressada suposição que argumentos que refutam a existência de uma divindade teísta na verdade lançam dúvidas sobre a existência de qualquer deus.

O Deus cuja existência os ateístas rejeitam é a divindade cultuada pelos adeptos modernos das três "Religiões do Livro": Judaísmo, Cristianismo e Islamismo. Essas três tradições de fé monoteísta compartilham um único texto sagrado (a Bíblia Hebraica) e o Cristianismo e o Islamismo proclamam livros adicionais (o Novo Testamento e o Alcorão) que os fiéis creem ser revelações específicas tradicionais. Esses textos, juntamente com séculos de crença popular e reflexão teológica, formaram a ideia que vem à mente para mais da metade dos crentes do mundo quando ouvem a palavra "Deus". Naturalmente há certo grau de flexibilidade dentro do entendimento da divindade que cada tradição tem, e os leigos e igualmente os teólogos debatem interminavelmente as qualidades divinas. Mas as três Religiões do Livro, apesar de todas as nítidas diferenças doutrinárias, apresentam notável concordância em sua concepção geral do Divino. Cada uma delas proclama o que veio a ser conhecido como "o Deus do teísmo clássico", com "clássico" aqui usado como sinônimo de ortodoxia religiosa e também como referência às tradições filosóficas platônicas e aristotélicas que fortemente influenciaram os três monoteísmos.

Quais são as características comumente atribuídas a esse Deus? Richard Swinburne, um dos mais influentes teólogos cristãos de nosso tempo, escreve que o Deus do teísmo tradicional é "uma pessoa sem corpo (isto é, um espírito), presente em toda parte, criador e sustentador do universo, agente independente, capaz de fazer tudo (ou seja, onipotente), que conhece todas as coisas, perfeitamente bom, fonte de obrigação moral, imutável, eterno, um ser necessário, santo e digno de adoração" (Swinburne 1977, p. 2).

A primeira coisa a ser notada nessa lista é que é difícil saber exatamente o que deduzir das qualidades específicas atribuídas ao Deus teísta. Tomemos o primeiro atributo de Swinburne, o que os teístas consideram o mais importante: Deus é uma "pessoa", mas uma pessoa que é puro espírito. Imediatamente surgem problemas. Tudo que sabemos a respeito de pessoalidade vem de nossa percepção de nós mesmos e de outros seres humanos, e isso significa que nosso entendimento de pessoalidade está inseparavelmente envolto em corporificação. Podemos imaginar alguém que perde vários membros sem por isso deixar de ser uma pessoa – pense, por exemplo, no trágico protagonista do romance contra a guerra *Johnny Got His Gun* [Johnny conseguiu sua arma], de Dalton Trumbo – porque associamos a pessoalidade com funções mentais tais como consciência, autoconsciência etc. Mas é difícil imaginarmos a não ser de maneira confusa *o que* uma pessoa completamente sem corpo seria e *como* ela poderia existir, em primeiro lugar. Sem o corpo que contribui para meu senso de identidade ao diferenciar-me de tudo que não sou, como eu poderia permanecer uma "pessoa"? Sem um cérebro, como eu poderia ter qualquer das funções mentais associadas à pessoalidade? Como poderia qualquer dos modos de conhecimento que alimentam minha consciência – de modo que todos estão inseparavelmente ligados aos meus cinco sentidos – existirem, na ausência do meu corpo?

Assim, seja qual for o significado da afirmação que Deus é uma "pessoa" não física, não é idêntico ao que significa dizermos que o ser humano é uma pessoa. O mesmo vale para as outras características atribuídas a Deus que parecem ter correlatos humanos: liberdade, bondade, conhecimento etc. O melhor que podemos fazer é interpretar as qualidades divinas analogicamente, entendendo que as qualidades atribuídas a um Deus infinito são semelhantes, mas não idênticas a seus correlatos humanos finitos. "Este modo médio de comunicação", afirmou Tomás de Aquino, um dos mais influentes defensores do método analógico, "está entre a pura equivocidade e a simples univocidade. Nos nomes ditos por analogia não há nem unidade da razão,

O que é ateísmo?

como nos nomes unívocos, nem total diversidade das razões, como nos nomes equívocos" (Tomás de Aquino, 2001, 1a.q13.aa5-6). Não existe concordância universal entre os teístas, nem no tempo de Aquino, nem de lá para cá, sobre a adequação das descrições analógicas de Deus. Mas elas são invocadas com regularidade igualmente por teístas, leigos e teólogos.

De acordo com esse modo de pensar, chamar Deus de "pessoa" sugere que Deus possui alguma coisa análoga às características "pessoais" que associamos aos seres humanos. Como Deus não tem corpo, essas devem ser funcionalmente parecidas com as funções mentais descritas antes, mas não idênticas a elas.

Swinburne, porém, diz que, além de possuir autoconsciência, inteligência e liberdade, Deus é também imutável, eterno e necessário – isto é, não depende de nada para existir além de si mesmo. É aqui que o entendimento análogo da pessoalidade divina começa a ficar confuso. As pessoas humanas são capazes de intensas emoções e de erros. Alteramos nossas opiniões acrescentando novos conhecimentos ou rejeitando antigos. Além disso, somos mortais, e isso significa que nossa maneira de existir é contingente. Não há nenhuma necessidade de existirmos. Poderíamos com a mesma facilidade não existir. Em suma, somos mutáveis, temporais e contingentes, e tudo isso está incluído no que significa ser uma pessoa humana. Que possível similaridade poderia haver entre essas qualidades e a imortalidade, a eternidade e a necessidade divinas? Se Deus é imutável, ele não muda – o que significa que ele não é exagerado nem altera suas opiniões. Se Deus é eterno, não é mortal. Se Deus é necessário, ele não pode não existir. Essas qualidades parecem ser negações em vez de análogos de qualidades humanas. E, nesse caso, que sentido faz chamar Deus de "pessoal"?[3]

---

[3] Existe, é claro, toda uma tradição em teologia, chamada "negativa" ou "apofática" (do grego *apophanai* = "dizer não"), que afirma que a única maneira possível de entender Deus é descrevendo o que ele não é. O que resta depois que todas as qualidades não divinas, antropomórficas, são tiradas é uma divindade que pode ser experimentada misticamente, talvez, mas que é fundamentalmente incompreensível. O primeiro tratamento sistemático da maneira apofática foi escrito por Dionísio, o areopagita, no século VI. Recentemente, teólogos pós-modernos redescobriram a apófase. Veja, por exemplo, Marion (1995) e Bulhof e ten Kate (2000).

Espero ter dito o suficiente para sugerir que a noção teísta de Deus como pessoa é complicada e também desconcertante. É assunto ao qual voltaremos no Capítulo 4. Mas superando as perplexidades conceituais de atribuir características pessoais a Deus está a importância psicológica para os monoteístas de acreditar que o Deus que cultuam está pessoalmente interessado neles, é pessoalmente acessível por intermédio da oração e, acima de tudo, está pessoalmente preocupado com o bem-estar deles. Nesse sentido "pessoal" significa intimidade e ligação: o Deus teísta é pessoal porque os seres humanos são capazes de iniciar uma íntima relação *interpessoal* com ele.

Além das qualidades "pessoais", as que significam intimidade e as que parecem desconcertantes quando unidas à imutabilidade, o Deus teísta, como diz Swinburne, tem também todos os atributos: é onisciente, infinitamente bom e onipotente. As pessoas humanas são finitas e por isso sua capacidade para saber, ser virtuosos e exercer influência são necessariamente limitadas. Mas como Deus não é constrangido por tempo, nem lugar nem corpo, o exercício análogo divino das funções de conhecer, fazer o bem e capacitar também deve ser espontâneo. Deus é capaz de conhecer o passado, o presente e o futuro. Deus é capaz de fazer tudo que seja logicamente possível – ou, segundo alguns teístas, tudo, logicamente possível ou não. Deus é supremamente benevolente, incapaz (ou inerentemente sem vontade, dependendo do teólogo que lemos) de não ser bom.

Também cremos que o Deus teísta é o criador e sustentador de tudo que existe. Sua presença pode ser traçada dentro da ordem criada por teólogos naturais, de maneira semelhante à em que os críticos de arte discernem estilos identificadores de pintores em sua obra. Mas o Deus teísta é diferente da ordem criada porque transcende o tempo (é eterno) e a ordem criada é, claro, temporal. Sendo diferente da ordem criada, Deus mesmo dirige (sem manipular) e sustenta acontecimentos dentro dela, colocando em movimento as leis naturais, por meio das quais suas intenções descem aos poucos a todos os níveis da criação ou por intermédio de intervenções milagrosas ocasionais (esta última possibilidade resulta de sua onipotência).

A influência de Deus na ordem criada é física e também moral. Sua inteligência estabelece leis naturais e sua bondade ordena leis morais, dessa maneira infundindo regularidade e valor na criação. Ambas são marcas de sua natureza divina e são também dádivas que o todo bondoso Criador deseja conceder aos seres humanos. É precisamente essa onipotência majestosa, que o separa de tudo o mais, que constitui a santidade que Swinburne atribui a Deus. Finalmente, a benevolência divina ao criar o universo e tudo nele, apropriadamente, angaria nossa gratidão e nosso culto.

Em capítulos subsequentes, cada uma dessas qualidades divinas será posta em dúvida por ateístas com o pretexto de coerência e consistência. Meu propósito aqui é delinear a estrutura dentro da qual o ateu precisa trabalhar, se deseja negar a existência do Deus no qual cerca de três bilhões de pessoas creem. Seus argumentos específicos contra a divindade teísta podem estender-se para mirar também conceitos não teístas do divino. Mas não há garantia de que consigam fazê-lo.

Considere, por exemplo, o Deus do deísmo. Popular no Iluminismo como alternativa para as religiões "supernaturalistas", o deísmo – frequentemente chamado "religião racional" por seus adeptos – defendia o conceito de um Deus impessoal que criava o universo e as leis da natureza, mas que não tem nenhum envolvimento direto na ordem criada. Essa noção de Deus como Causa Primeira é impenetrável para muitas das objeções ateístas comuns ao Deus teísta. Como o Deus teísta é impessoal, por exemplo, não temos de nos preocupar com a coerência de pessoalidade não corporificada ou qualidades análogas. Se alguém faz objeção à crença em Deus por um desses dois motivos, como os ateístas fazem com frequência (analisaremos as objeções no Capítulo 4), o Deus do deísmo permanece intocado.

O Deus panteísta pode ser similarmente resistente a críticas ateístas comuns. Há muitas variedades de panteísmo, mas todas elas defendem a afirmação geral de que Deus é idêntico ao universo. Em geral isso significa que Deus é exatamente tão impessoal para o panteísta quanto para o deísta. Mas também significa que o panteísta, ao contrário do teísta, julga não haver distinção entre Deus criador e a ordem criada. Assim, objeções ateístas comuns a argumentos teístas em favor de um

Deus criador (como os que examinaremos no Capítulo 3) podem ser irrelevantes.

Como veremos no Capítulo 4, uma das mais fortes objeções a Deus baseia-se no que se chama o problema do mal ou o sofrimento dos inocentes. Lembre-se de que o Deus teísta tem todos os atributos – isto é, é onisciente, infinitamente bom e onipotente. Mas, se isso é verdade, por que coisas ruins acontecem a pessoas boas? Esses infortúnios parecem incompatíveis com a existência de um Deus inteligente o bastante para prevê-los, bom o bastante para querer evitá-los e poderoso o bastante para fazer isso. Portanto, ou Deus não existe, ou é radicalmente diferente do entendimento teísta comum dele – possibilidade que, muitos ateístas pressupõem, é inaceitável para o teísta comprometido.

É um argumento forte e, se o testemunho de ex-crentes merece confiança, é a pedra contra a qual muita fé afundou. Mas é relevante apenas no contexto da fé em um Deus teísta possuidor de todos os atributos. Se aceitarmos a ideia de um Deus malévolo, que não prevê acontecimentos futuros com absoluta certeza, ou um que é menos que todo-poderoso – se, em suma, cremos em um Deus que ou não é, em absoluto, possuidor de todos os atributos, ou os possui só parcialmente –, então a objeção ateísta a Deus baseada no problema de sofrimento imerecido é irrelevante.

Um exemplo desse conceito de Deus é defendido por teólogos do processo como Charles Hartshorne (1983). Para eles, Deus, exatamente como a ordem natural, está no processo de evolução. De fato, a evolução dos dois é mutuamente dependente. Deus, então, é poderoso, mas não supremamente poderoso. Em qualquer dado momento, o poder divino de prever (e mudar) o futuro é limitado por contingências atuais. Então nem mesmo Deus impede que aconteçam coisas más para pessoas boas. Quando encara sofrimento imerecido, Deus, como os seres humanos, só pode observar e se entristecer.

Mais uma vez, então, os argumentos ateístas comuns não se estendem necessariamente para incluir todas as ideias de Deus. Pode ser que haja boas refutações de modelos não teístas de Deus, tais como os encontrados no deísmo, no panteísmo e na teologia do processo. Mas teriam de ser refutações relativas ao tipo de Deus que é rejeitado.

Ônus da prova

Este capítulo dedica-se a alegações preliminares, sendo estas as fundamentais: 1) há diversas formas de descrença, 2) essas formas referem-se aos deuses cuja existência elas repudiam e 3) o ateísmo, um tipo de descrença, refere-se ao Deus teísta. Há mais uma preliminar que devemos examinar sucintamente. Tem a ver com o ônus da prova.

Ateístas e teístas disputam para saber qual de suas posições deveria ser a posição presumível ou padrão. Muitas vezes os teístas alegam que, como o ateísmo é a opinião da minoria, o ônus da prova deveria caber aos descrentes. Os ateístas opõem-se dizendo que, como os teístas tipicamente endossam posições contrárias à experiência comum do mundo, o ônus da prova lhes cabe por completo.

Uma versão mais sofisticada da posição ateísta é o bem conhecido argumento da "presunção de ateísmo" de Antony Flew. Flew quer que sua posição de "presunção de ateísmo" seja entendida no sentido de padrão da "presunção de inocência" da lei; exatamente como os réus são considerados inocentes até haver prova de serem culpados, Deus devia ser considerado inexistente até ser provado que ele existe. O ônus da prova cabe àquele que afirma e quanto mais chocante a afirmação, mais pesado o ônus. Dado que a afirmação pelo teísta da existência de Deus é contrária a tudo que a ciência nos diz a respeito da natureza da realidade e também da nossa experiência cotidiana, é sua responsabilidade – não do ateísta que apenas nega em vez de afirmar positivamente – nos convencer.

> É com referência a essa inevitável exigência de fundamentos que a suposição de ateísmo se justifica. Se deve ser estabelecido que existe um Deus, então temos de ter bons motivos para crer que isso é verdade. Até, ou a menos que esses motivos sejam produzidos, não temos em absoluto nenhuma razão para crer (Flew 1976, p. 22).

O filósofo Michael Scriven concorda que o ateísmo é a posição padrão apropriada no debate entre crentes e descrentes. Segundo ele, a alternativa apropriada na ausência de provas não é a suspensão da crença, mas antes a descrença ativa. Se os teístas querem ser levados a sério, o ônus é deles de apresentar provas irresistíveis – uma coisa que Scriven acha que eles ainda não fizeram, nem podem fazer (Scriven 1966, p. 103).

À guisa de contraste, o filósofo teísta Alvin Plantinga afirma que a descrença não é, em absoluto, a posição padrão. Ele argumenta que a crença em Deus, longe de ser estranha e implausível, e, portanto, ter o ônus da prova, é, de fato, uma "crença básica" propriamente dita. Crença básica é aquela que não se infere de nenhuma outra crença, mas que, ao contrário, é tão fundamental que outras crenças se inferem dela. A posição de Plantinga, frequentemente citada como "epistemologia reformada", evoluiu com o passar dos anos. Em sua última manifestação, a crença básica em Deus justifica-se por causa da presença de uma faculdade cognitiva que Plantinga, seguindo João Calvino, chama de *sensus divinitatis*. Essa faculdade, quando opera apropriadamente, proporciona imediato e palpável conhecimento de Deus. O fato de nem todos terem a crença em Deus como uma de suas crenças básicas é atribuível à corrupção do pecado do *sensus divinitatis*. Assim, conclui Plantinga, a descrença é, na verdade, um mau funcionamento moral e epistêmico. O estado "saudável" ou normal das coisas – a posição padrão – é a crença (Plantinga 1999, 2000).

O debate sobre o ônus da prova é, com frequência, mais uma tática retórica do que uma questão metodológica decisiva, e pode até se tornar uma falácia que acaba comprometendo toda a discussão. O bom senso exige que toda pessoa que afirma uma opinião tenha o ônus de defender essa opinião. Isso significa conduzir as evidências e os argumentos mais fortes e também responder a críticas e objeções. Embora seja razoável presumir que opiniões contrárias à experiência e à intuição exijam proporcionalmente maior quantidade de indícios, é também razoável presumir que simples negações e afirmações pouco valem, a menos que sejam ajudadas por argumentos e explicações positivas. Não vale nada simplesmente dizer: "Discordo de sua posição, você não se justificou" e não tocar mais no assunto. Esses pronunciamentos evitam a responsabilidade de explicar as bases do desacordo.

Além disso, simplesmente não é verdade que a posição ateísta é sempre de negação em vez de asserção. Esse com certeza não é o caso do ateísmo positivo, embora possa ser o do ateísmo negativo. O ateísta positivo ativamente declara a inexistência de Deus. Isso é assumir uma posição definitiva e como tal razoavelmente exige alguma defesa. Como veremos no próximo capítulo, o ateísmo e também o teísmo em última instância baseiam-se em visões do mundo muito diferentes, que fazem afirmações específicas e fortes sobre a natureza da realidade. Essas afirmações estão sempre implícitas em qualquer debate entre crentes e descrentes, desse modo pondo em dúvida a afirmação de Flew que o ateísta simplesmente nega e daí não tem o ônus da prova.

Quando tudo o mais foi considerado, a suposição de que há uma genuína posição padrão quando se trata do debate de Deus é presunção estéril. Obviamente, o ateísta acredita que sua negação de Deus é a posição mais racional, intuitiva e "natural". O teísta pensa a mesma coisa sobre sua afirmação de Deus. Nenhum tem probabilidade de aceitar a opinião do outro como a posição padrão, o que sugere que os mesmos argumentos que precisam ser invocados em defesa do ateísmo ou do teísmo também teriam de estabelecer que o ônus da prova cabe mais pesadamente a um que ao outro. Em outras palavras, os debates sobre posições padrão incorrem sempre em petição de princípio. Assim, parece mais econômico tanto para o ateísta como para o teísta parar de se preocupar sobre qual deles tem o maior ônus da prova e continuar a defender suas posições o melhor que puderem. Afinal de contas, a meta não é marcar pontos em um debate, embora isso seja uma coisa que os apologistas dos dois lados muitas vezes esquecem.

Do adevismo para o ateísmo[4]

Talvez o filósofo Alfred North Whitehead tivesse ou não razão quando supôs que "o progresso da religião se define pela denúncia dos deuses" (Whitehead 1933, p. 19), mas *parece* realmente que a denúncia dos deuses é um marcador da direção que a filosofia ocidental recente

---

[4] Ninguém está mais cônscio que eu de como esse resumo histórico do ateísmo é incompleto. Encontra-se mais sobre tratamentos históricos em Bury (1913), Thrower (2000) e Hecht (2003). Gaskin (1988) apresenta um compêndio prático de vozes ateístas históricas, como faz Joshi (2000). Jacoby (2004) traz uma boa avaliação de descrença no cenário americano.

tomou. Não é demais dizer que o ateísmo como posição plenamente articulada é invenção moderna que apareceu em algum ponto do século XVII (Hyman 2007). Havia apenas um punhado de descrentes nas épocas helênica e helenística, e do período medieval e do início da Renascença nenhum descrente digno de nota chegou até nós.

Em sua maior parte, os descrentes pré-modernos não negavam a existência de Deus tanto quanto denunciavam as divindades da crença popular e da religião folclórica. Max Muller, orientalista do século XIX, chamou essa negação dos deuses folclóricos de "Adevismo" (do sânscrito *deva* = divindade). Todos os ateístas são adevistas, mas nem todos os adevistas são ateístas.

O filósofo pré-socrático Xenófanes (570-480 a.C.), por exemplo, fez excelente sátira da crença religiosa: "Os mortais supõem que os deuses nascem como eles mesmos e que vestem roupas humanas e têm voz e corpo humanos". Assim, "os etíopes fazem seus deuses negros e de nariz arrebitado. Os trácios, de cabelos ruivos e olhos azuis". "Mas isso é ridículo", continua Xenófanes. "Se tivessem mãos, de modo a pintar com elas e produzir obras de arte como fazem os homens, o gado e os leões pintariam seus deuses e lhes dariam corpos de forma semelhante à deles – cavalos como cavalos, gado como gado" (Nahm 1964, p. 84). Contudo, seu desdém por divindades antropomorfizadas não significa que Xenófanes seja ateu. Existe um Deus, declara ele: "Deus é único, supremo entre deuses e homens e não parecido com os mortais em corpo ou mente" (p. 85). Pouco menos de um século depois da morte de Xenófanes, o ateniense Sócrates foi sentenciado à morte em 399 a.C. por acusações que incluíam "impiedade", quando está claro que o que ele tentava fazer era lançar dúvida sobre as mesmas invenções antropomórficas que Xenófanes tinha enfrentado.

O contemporâneo de Sócrates, Protágoras (c. 490-420 a.C.), principal filósofo sofista de sua época, era adevista agnóstico. Confessou descrença quando se tratava da religião folclórica da época e, ao que parece, negou que a alma fosse qualquer coisa além das operações dos sentidos. Mas, "quanto aos deuses", escreveu, "não tenho meios de saber nem se existem nem se não existem. De fato, muitos são os obstáculos que impedem o conhecimento, a obscuridade da questão

O que é ateísmo?

e a brevidade da vida humana" (Nahm 1964, pp. 228-229). Segundo a tradição, pronunciamentos como esse levaram à perseguição de Protágoras. Seu livro sobre os deuses (que se iniciava com a passagem citada acima) foi condenado e queimado em público e ele foi exilado de Atenas.

Talvez o exemplo mais claro de um perfeito descrente nos deuses que surgiu do período helênico seja o cético Carneades de Cirene (213-129 a.C.). É figura fascinante cujas críticas da crença religiosa parecem irresistivelmente modernas. Ele negou que o universo fosse produto de um plano divino e levantou a hipótese de que a crença nos deuses se originou do espanto e do temor inspirados pelos fenômenos naturais. (Apressou-se a mencionar, porém, que, mesmo que sua suposição fosse verdade, entender a origem de uma crença não esclarece a verdade dessa crença – tema ao qual voltaremos quando examinarmos as teorias a respeito das origens das religiões no Capítulo 5.) Ele ressaltou que a atribuição de qualidades individuais a um Deus ilimitado é problemática, porque por definição as qualidades limitam. E concluiu que a melhor parte da razão era negar a existência divina (Thrower 2000, pp. 39-42).[5]

A descrença ocidental parece ter desaparecido (ou, mais provavelmente, ido para a clandestinidade) durante quase um milênio, para finalmente ressurgir, embora um tanto timidamente, no século XVII com a ascensão da ciência moderna. Francis Bacon (1561-1626) escreve sobre os céticos em seu ensaio "Sobre o ateísmo" (1597) e Pierre Bayle (1647-1706) esforçou-se bastante para convencer os contemporâneos de que incidentes celestes como cometas eram fenômenos naturais, que não precisavam de explicações milagrosas. Os dois afirmaram ser crentes. Mas sua ênfase nas causas não sobrenaturais empurrou Deus para os bastidores e prepararam o caminho para o materialismo e a rejeição manifesta da crença em Deus que caracteriza tão grande parte do Iluminismo do século XVIII.

Duas figuras de transição que preencheram a lacuna entre a descoberta, no século XVII, da ciência empírica e o ateísmo já desabrochado do século XVIII são Thomas Hobbes (1588-1679) e Jean Meslier

---

[5] Veja mais a respeito da descrença antiga em Thrower (1979).

(1664-1729). Como Bacon e Bayle, Hobbes nunca defendeu publicamente o ateísmo, embora (ao contrário de Bacon e Bayle) seja provável que ele não cresse em Deus. Hobbes apresentou a primeira defesa completamente sistematizada do materialismo que não deixou espaço algum para Deus, exceto, talvez, como uma distante Causa Primeira: "aquilo que não tem corpo não faz parte do universo: e porque o universo é tudo, aquilo que não faz parte dele não é nada e consequentemente não está em lugar algum" (Hobbes 1904, p. 497). Como Carneades antes dele, Hobbes também apresentou um relato da crença religiosa que a despojou de qualquer indício de supernaturalismo ao reduzi-la a superstição, ignorância de causas, medo e "a tomada casual de coisas como prognóstico" (p. 73).

Meslier, que notavelmente foi pároco durante quarenta anos, repudiou até a crença em Deus como Causa Primeira. Para ele, todos os conceitos de Deus, em especial os do Cristianismo, não só eram falsos como também perniciosos, porque as instituições religiosas inspiradas por eles geralmente colaboravam com os poderes seculares para oprimir os pobres. Embora não raro seja atribuída a Voltaire, Meslier é o verdadeiro autor do famoso conceito segundo o qual todos os nobres do mundo deveriam ser estrangulados com as tripas de todos os padres. Essa opinião apareceu em uma defesa do ateísmo em forma de livro, que ele escreveu, mas manteve em segredo durante a vida e só foi publicada postumamente. Entretanto, quando veio à luz, seu *Testamento* abalou a França e inspirou pensadores não ateístas, mas anticlericais, tais como Voltaire, bem como pensadores ateístas militantes como Denis Diderot (1713-1784) e Baron d'Holbach (1723-1789). Esses homens e seus companheiros céticos escreveram artigos, livros e a famosa *Enciclopédia* em muitos volumes, em defesa de uma visão naturalista do mundo baseada exclusivamente na análise racional do mundo físico, da mente e do comportamento humano. Eles não tinham necessidade de um "Deus das lacunas" para preencher espaços vazios do conhecimento humano porque acreditavam que a razão era, em última instância, capaz de explicar tudo. Rapidamente, essa maneira "iluminada" de pensar espalhou-se pela Grã-Bretanha, pela Alemanha e até pelas colônias americanas. "Ateu" continuou a ser palavra insultuosa no linguajar comum, mas o ceticismo, que se estendia do deísmo ao ateísmo, foi mais difundido que em qualquer período histórico anterior. Foi nesse período que o ateísmo ganhou fama como ataque direto contra o Cristianismo sobrenatural.[6]

David Hume (1711-1776) foi um dos pensadores do Iluminismo que absorveu o exemplo francês de ceticismo. (Hume afirmou que nunca encontrara um ateísta até jantar com d'Holbach e então ficou atônito ao saber que ele estava na companhia de não menos que dezessete deles [Thrower 2000, p. 106].) Possivelmente o maior filósofo da Grã-Bretanha, Hume mantinha-se cauteloso quanto à religião, nunca realmente se declarando ateu. De fato, talvez ele tenha sido uma espécie de crente, mais provavelmente um deísta. Mas negou a imortalidade pessoal, declarou que milagres transgrediam a razão e a experiência, seguiu os passos de Carneades e Hobbes ao escrever uma história natural da religião e, mais importante, escreveu *Dialogues Concerning Natural Religion**, publicado um ano depois de sua morte. Nesse livro, Hume argumentou rigorosamente contra o racionalismo da crença religiosa, no processo de atacar argumentos tradicionais a favor da existência de Deus que examinaremos em detalhe no Capítulo 3. A influência dos *Dialogues* dificilmente é exagerada. Depois de Hume, todo esforço para apresentar argumentos racionais a favor da existência de Deus ou defesas filosóficas da crença religiosa em geral precisa responder a suas objeções.

No Iluminismo, o ateísmo surgiu do fato de a ascensão das ciências empíricas convencer muitos pensadores de que Deus era ou uma hipótese desnecessária, quando se tratava de entender o mundo e, portanto, era melhor rejeitá-lo, ou, se mantido, era considerado a causa discretamente distante do universo. Havia também um elemento de forte aversão, principalmente na França, pelo que era visto como "politicagem clerical", o incentivo deliberado a superstição, medo, e obediência à Igreja e ao Estado. Essas sensibilidades passaram para o século XIX e influenciaram pensadores tão diferentes como Ludwig Feuerbach

---

[6]   Duas excelentes histórias de descrença iluminista são Lecky (1955) e Buckley (1987).

*   N.d.E.: Edição portuguesa *Diálogos a respeito da religião natural*, Edições 70 - Brasil, São Paulo, 2005.

(1804-1872), Karl Marx (1818-1883), Friedrich Nietzsche (1844-1900) e Sigmund Freud (1856-1939). Mas exatamente como Hume foi a única maior influência sobre o ateísmo a emergir do século XVIII, também Charles Darwin (1809-1882) sem dúvida desempenhou esse papel no século XIX. Ironicamente, Darwin – como Hume – pode não ter sido ateu (embora com certeza rejeitasse o Deus cristão). Mas sua teoria de seleção natural lançou um obstáculo à crença em Deus que causou mais estragos que qualquer coisa que o Iluminismo ateísta provocou.

Até a publicação de *A origem das espécies*, de Darwin, em 1859, os crentes religiosos conseguiam uma harmonização – embora forçada – com a descoberta pelo Iluminismo de que a ordem natural não tinha necessidade de Deus em suas operações do dia a dia. Isso era realizado pela admissão de que Deus operava sua vontade de maneira distante por meio de leis naturais disciplinadas e uniformes, mas não obstante apoiadas na convicção de que Deus era o criador do universo, que os seres humanos eram feitos à sua semelhança e que havia uma motivação divinamente ordenada para a realidade. A seleção natural punha em dúvida esses vestígios de fé ao provar que um exame da evolução das espécies não revelava nenhuma aparência de desígnio ou motivação abrangente e que não havia nenhuma boa razão para supor que os seres humanos são uma família privilegiada que, de algum modo, fica à parte das transmutações acidentais que formam todas as espécies. O alvoroço imediato provocado pela teoria de Darwin concentrou-se em sua insinuação de que os seres humanos tinham origem não divina. Mas uma ansiedade muito mais profunda originou-se da percepção de que, se os seres humanos não foram criados diretamente por Deus, não havia razão para pensar que o universo tinha propósito ou, aliás, até que Deus existia. Foi um golpe perturbador na crença religiosa e um salto à frente para os proponentes do ateísmo.[7]

O ateísmo do século XX reconheceu o avanço darwinista como sério obstáculo à crença religiosa porque esse avanço ajudava a ampliar a visão naturalista do mundo, cada vez mais complexa e abrangente, apresentada pelas ciências. Mas exames estritamente filosóficos

---

[7] Veja mais sobre o ateísmo europeu, no século XIX, em Miller (1963), Irvine (1956) e Wilson (1999).

do ateísmo tendiam a se originar de dois campos distintos: a análise anglo-americana e o existencialismo continental. A figura de proa no primeiro campo foi, sem dúvida, Bertrand Russell (1872-1970), que em dezenas de ensaios e palestras criticou a crença em Deus e a ética baseada na religião. A defesa do ateísmo por Russell, embora corajosamente sincera, não era nem original nem muito profunda, e, na maior parte, repetia argumentos que pensadores do Iluminismo, como Hume, já haviam tornado familiares. Mas é improvável que algum outro filósofo que escreveu sobre o ateísmo gozasse de sua popularidade e influência.

Um desafio anglo-americano mais forte à crença em Deus partiu de positivistas lógicos como A. J. Ayer (1910-1989) e alguns filósofos da linguagem que afirmaram que o discurso sobre Deus, não sendo nem empiricamente verificável nem manifesto, consequentemente não tem sentido. (Examinaremos alguns de seus argumentos no Capítulo 4.) Embora a conversa filosófica tenha ultrapassado o debate sobre a linguagem, seu legado foi a verificação cada vez mais rigorosa da consistência lógica e da coerência nas afirmações religiosas por filósofos acadêmicos como John Hick (1922-2012), Antony Flew (1923-2010), Kai Nielsen (1926), Michael Martin (1932) e Quentin Smith (1952).

Embora o ateísmo anglo-americano do século XX fosse fortemente influenciado pelas ciências naturais e a filosofia linguística, o ateísmo do continente o foi muito menos. Seguindo mais Nietzsche e Marx que Darwin e Russell, os membros da chamada escola de existencialismo ateísta – particularmente Jean-Paul Sartre (1905-1980), Simone de Beauvoir (1908-1986) e Albert Camus (1913-1960) – basearam sua negação de Deus na avaliação do universo como absurdamente fora de propósito, bem como na convicção de que a liberdade humana seria comprometida pela existência de uma divindade que planejasse o universo e tudo nele. (Examinaremos esses dois pontos em detalhe no Capítulo 7.)

A mais recente onda de ateísmo ocidental foi apelidada de "Novo Ateísmo" e seus principais porta-vozes, os "Novos Ateístas" (Wolf 2006). Os Novos Ateístas mais influentes são dois ingleses e dois americanos: Richard Dawkins (1941), Daniel Dennet (1942), Christopher Hitchens (1949-2011) e Sam Harris (1967).

Os Novos Ateístas têm sido extraordinariamente bem-sucedidos na popularização do ateísmo como alternativa à crença religiosa. Seus livros são *best-sellers* nos dois lados do Atlântico e todos os quatro aparecem com frequência nos meios de comunicação. Entretanto, sem dúvida por serem popularizadores, são muitas vezes criticados por falta de profundidade. Com exceção de Dennet, nenhum deles estudou para ser filósofo. Nenhum deles, nem mesmo Dennet, demonstra a familiaridade com a literatura teológica que seus antepassados iluministas e vitorianos demonstravam. Na maioria das vezes, evitam as apologias filosóficas do ateísmo, dando preferência àquelas de base científica, recorrendo principalmente à física e à biologia evolucionária.

O movimento do Novo Ateísmo é célebre por sua condenação militante e pitorescamente polêmica de toda crença religiosa. Seus defensores têm tendência, como disse um crítico, a criar muitas "contrações", ao se recusarem a diferenciar religiões fundamentalistas de liberais (Haught 2008, p. 38). A veemência com a qual os Novos Ateístas atacam a crença religiosa deve-se não pouco à sua frustração com o aumento recente do fundamentalismo cristão e muçulmano, e também com a violência inspirada na religião. Resta saber qual será a influência dos Novos Ateístas no longo prazo. Mas, no futuro próximo, suas vozes serão as principais no ateísmo ocidental.[8]

---

[8] Além das fontes primordiais do Novo Ateísta relacionadas na Introdução, o leitor talvez também ache interessante algumas das sempre crescentes críticas teológicas a respeito delas. Os tratamentos mais ponderados incluem McGrath (2007), Beattie (2007), Day (2008) e Haught (2008).

A visão ateísta do mundo

> O conflito das civilizações no mundo de hoje não é entre
> o socialismo e o capitalismo, ou o Islã e o Ocidente [...]
> mas entre o espírito da Revolução Científica [...] e as pessoas
> ao norte, leste, sul e oeste que se definem pela autoridade de
> livros sagrados, da tradição e dos profetas.
> Chet Raymo, *When God is Gone, Everything is Holy* [Quando Deus
> se vai, tudo é sagrado]

O filósofo britânico Antony Flew (1923-2010), um dos ateístas mais perceptivos do fim do século XX, teve uma conversão intelectual em 2004. Acreditando que pensadores sinceros devem sempre "seguir a razão onde quer que ela leve", Flew passou de uma negação manifesta da existência de Deus para uma versão um tanto cerebral de deísmo. A mudança foi estimulada por sua conclusão que a existência e complexidade do universo, bem como a origem da vida, são inexplicáveis na ausência de um Criador divino. Flew está convencido de que o Deus no qual ele crê agora não é teísta e que de modo algum pode ser chamado de cristão. Ao contrário, sua divindade é uma Causa Primeira (noção de Deus examinada mais integralmente no próximo capítulo).

De maneira previsível, a conversão de Flew consternou seus antigos companheiros ateus. As reações foram de refutações racionais a acusações um tanto histéricas de que Flew ficara maluco. Em resposta, Flew defendeu-se apresentando um desafio um tanto mordaz a seus antigos companheiros ateus: "O que teria de ocorrer ou ter ocorrido para constituir uma razão para vocês ao menos considerarem a existência de uma Inteligência superior?" (Flew 2007, p. 88).

À primeira vista, essa parece uma pergunta perfeitamente razoável, mesmo porque há séculos ateístas e teístas fazem perguntas semelhantes uns aos outros. *O que seria preciso para você crer em Deus? O que seria preciso para destruir sua fé em Deus?* A pressuposição por trás dessas perguntas é que mudar de ideia significa apenas acrescentar ou eliminar crenças – até alcançar um ponto de inflexão, por assim dizer – e que, na medida em que forem sendo adicionadas ou subtraídas, a balança penderá de um lado ou de outro.

Há algumas situações nas quais esse entendimento um tanto mecânico de tomada de decisão se encaixa. Se estou avaliando uma candidata a emprego, é provável que eu chegue a ponto de marcar as informações em seu currículo nas quais minha incerteza sobre suas qualificações leva à aprovação ou desaprovação. Se quero comprar um carro novo, leio relatos de consumidores e examino os prós e os contras de diversos modelos até chegar a um ponto sugestivo e fazer minha escolha. Nos dois casos, para decidir são necessários fatos suficientes que me permitam dizer sim ou não.

Mas quando se trata de crença em Deus, a pergunta, embora seja comum, está mal colocada. Não se adota o ateísmo – pelo menos um ateísmo reflexivo, ponderado – refutando um argumento a favor da existência de Deus, nem se rejeita esse ateísmo por causa de uma única experiência "religiosa". O motivo é ser a negação do ateísta apenas um aspecto – embora aspecto absolutamente essencial – em um conjunto muito mais complexo de crenças que, tomado como um todo, constitui uma visão madura do mundo. As visões do mundo são maneiras fundamentais de ver a realidade, lentes cognitivas e emocionais através das quais compreendemos e nos relacionamos com o mundo à nossa volta. Não se formam de uma simples acumulação de fatos, nem tipicamente são destruídas com facilidade, precisamente porque o que aceitamos como fatual e rejeitamos como ilusório é, em grande parte, determinado por nossa perspectiva de visão de mundo.

A visão de mundo através da qual o ateísta ponderado examina o mundo à sua volta é o "naturalismo". Em contraste, a visão de mundo do teísta é o "supernaturalismo". Para ateístas e teístas mudarem de ideia a respeito de Deus significaria que eles teriam de ou abandonar completamente suas respectivas visões do mundo, ou modificá-las tão seriamente que passariam a vê-las através de lentes na verdade muito diferentes. A primeira tarefa é quase impossível e a segunda, extremamente difícil. Não estamos com isso negando que, de vez em quando, ateístas se tornem teístas e teístas às vezes percam realmente a fé e adotem o ateísmo. Só dizemos não ser provável que apenas brincar com uma crença aqui ou uma crença ali dentro da estrutura das velhas visões do mundo não leva à mudança de ideia que Flew pede. Um ateísta que opera a partir de uma visão naturalista do mundo não pode com toda sinceridade imaginar o que Flew quer que ele imagine – isto é, uma razão para levar a crença em Deus a sério – porque sua visão de mundo não admite nem mesmo a possibilidade de tal coisa. (Ele pode, evidentemente, inventar uma razão no interesse do argumento, mas será só fingimento.) Mesmo se Deus Todo-Poderoso aparecesse diante dele e anunciasse a Si Mesmo, é provável que o ateísta atribuísse a experiência a um incidente psicótico – isto é, o explicasse em termos de sua orientação naturalista fundamental. Justamente por isso, é improvável que o teísta convicto, que interpreta a experiência por intermédio da visão de mundo do supernaturalismo, surja com uma hipótese que destrua sua crença em Deus. Ele pode sempre atribuir um acesso repentino de apostasia a uma falha pecaminosa da fé. O físico Chet Raymo (1936) está certíssimo ao considerar fundamental o conflito entre essas duas visões do mundo.

Neste capítulo vamos analisar os contornos do naturalismo que fundamenta o ateísmo, contrastá-lo com a alternativa do supernaturalismo e examinar a questão de haver ou não alguma maneira para que os dois cheguem a um acordo. Como veremos, alguns ateístas creem poder coexistir, enquanto outros discordam veementemente. Mas antes disso, precisamos examinar um pouco mais de perto a natureza das visões do mundo.

O que é uma visão de mundo?

A palavra alemã para visão de mundo, *Weltanschauung*, significa literalmente "olhar para o mundo". Como mencionado anteriormente, uma visão de mundo é centro de pressuposições básicas, crenças, valores e compromissos sobre a realidade que influencia a maneira como pensamos sobre o mundo e as coisas nele (inclusive nós mesmos), como nos relacionamos com os outros e que tipos de esperanças ou medos temos a respeito do futuro. Fatores pessoais e também culturais se misturam para formar visões de mundo. O fato de eu ter nascido em determinado tempo e lugar, com classificação étnica, gênero e posição social específicos, tudo contribui para minha maneira de olhar para o mundo. Mas também contribuem meu temperamento psicológico e minha saúde física, minhas experiências e memórias pessoais e meus talentos e fraquezas particulares.

Embora todos vejam o mundo por meio de um conjunto de crenças e compromissos básicos, não é necessariamente o caso de ser a essência deliberadamente examinada ou expressa. Com muita frequência, a visão de mundo atua como o pano de fundo importante, mas despercebido, contra o qual nossa vida transpira (ou, para permanecer fiel à palavra em si, as lentes através das quais vemos o mundo). Em momentos de crise ou de intensa confusão, podemos remover as lentes ou nos livrar delas o tempo suficiente para examiná-la. Mas na maior parte, pela maioria das pessoas, ela é simplesmente um dado adquirido.

As visões de mundo podem ser examinadas como um conjunto de círculos concêntricos. O círculo mais recôndito é a essência e contém todas as crenças fundamentais que dão à visão de mundo seu caráter particular. Os círculos que se expandem para o lado exterior são crenças periféricas. As primeiras são axiomáticas, simplesmente aceitas como fatos conhecidos. Quando são expressos conscientemente, não são tanto argumentados *por* quanto argumentados *a partir de*. Não são nem explicações, nem teoria, nem método, mas, ao contrário, servem como a provação de onde nosso entendimento da realidade e identidade, valores éticos, posições políticas, padrões de avaliação etc. são todos gerados. As crenças periféricas que se agrupam ao redor delas podem ser confirmadas, modificadas ou rejeitadas por apelos à lógica, à experiência e à consistência. Mas os axiomas essenciais em si são considerados manifestos. Além disso, a seleção do que contará como causa para modificação ou rejeição é, ela mesma, graduada por eles. Há, então, certa circularidade inevitável em ação aqui. As visões de mundo influenciam nossa maneira de pensar a respeito do mundo e nosso modo de pensar a respeito do mundo confirma nossa visão de mundo.

Até que ponto a mudança de crenças periféricas afeta crenças essenciais é uma questão pendente. O fluxo usual parece ser do lado externo: as crenças essenciais influenciam a natureza de nossas crenças periféricas. W. V. Quine, que se inclinava a usar a expressão "teia de crença" em vez de "visão de mundo", afirmou que as crenças nas bordas exteriores da teia podem ser modificadas ou até abandonadas sem nenhuma alteração ou só com algumas alterações menores para o centro (Quine e Ullian 1978). Mas se aplicarmos às visões de mundo a análise das revoluções científicas apresentadas por Thomas Kuhn (1922-1996), pode ser que a exposição a ideias e valores de compensação acabe por prejudicar tanto a integridade exterior de uma visão de mundo que seus portadores precisem questionar a essência interior. Nesse caso, o fluxo seria para o interior: a ruptura de crenças periféricas leva à profunda reflexão sobre o que até esse ponto foi considerado axiomático. Não há, é claro, nenhuma necessidade de que isso ocorra. Muitas vezes são produzidas explicações suplementares fiéis aos compromissos essenciais que justificam indícios de compensação. Mas, se for levada longe demais, essa estratégia resulta em um peso nas bordas que desequilibra toda a visão de mundo (Kuhn 1996).

Independente de como a modificação da visão de mundo transpira, uma coisa parece clara: dada a interligação das crenças que formam nossa visão de mundo, elas devem ser examinadas em conjunto em vez de individualmente. Qualquer dada hipótese ou afirmação baseia-se em um complexo fundamento de pressuposições preliminares – as crenças essenciais da visão de mundo – e estas devem ser levadas em consideração. Consequentemente, não existe nenhum experimento ou teste crucial único que possa ser invocado para resolver o problema entre duas visões competitivas do mundo. Uma crença periférica desafiada é em geral modificada ou abandonada em resposta a desafios sem prejudicar a pressuposição essencial. E o que isso significa é que uma variedade de hipóteses competitivas é compatível com os indícios disponíveis.[1]

Uma última palavra a respeito de visões de mundo antes de examinarmos o naturalismo. Eu disse antes ser provável que muitos de nós nunca expressamos para nós mesmos e para os outros as crenças especiais que formam o núcleo de nossa visão de mundo. Mas uma maneira de deduzir o que elas são é por meio da observação do comportamento. A prática quase sempre revela genuínas crenças essenciais, mesmo que elas não sejam expressas por seus portadores. Recorde a discussão no capítulo anterior sobre a crença *de facto* e a descrença *de facto*. Se perguntado, quem é descrente *de facto* insistirá que é religioso e aceita a existência de uma divindade etc. Mas sua prática, que não deixa espaço em sua vida cotidiana, tomada de decisão moral ou lealdades fundamentais para nenhuma consideração de sugestão religiosa, qualquer que seja, desmente seu autoconhecimento e também a maneira como se identifica para os outros.

Naturalismo

A mais profunda crença essencial da visão de mundo que fortalece o ateísmo é que o mundo natural está todo ali. O modelo teórico gerado por essa crença essencial é às vezes chamado de "materialismo", mas um rótulo melhor, por razões que logo veremos, é "naturalismo".

No sentido ateísta, o naturalismo precisa ser diferenciado do que muitas vezes é chamado de naturalismo "científico" ou "metodológico". Este último é o princípio investigativo básico das ciências: só se deve procurar ou aceitar aquelas explicações para fenômenos que podem ser cientificamente provadas e isso automaticamente exclui toda hipótese que baseie sua causa, em parte ou no todo, em postulados "ocultos" – não naturais. A possibilidade científica de testes, por sua

---

[1] Os leitores que sabem alguma coisa a respeito da ciência vão reconhecer aqui uma alusão ao que é conhecido como tese de Duhem-Quine, o argumento que é impossível testar qualquer hipótese científica isolada. Veja um bom resumo da tese em Gillies (1998).

A visão ateísta do mundo

vez, define-se pelo método hipotético-dedutivo, que consiste em observar os fenômenos naturais, formular uma explicação hipotética para eles, prever futuras ocorrências baseadas na hipótese e testar a exatidão da previsão. As conclusões a que se chega são sempre suscetíveis a escrutínio, revisão e rejeição adicionais. A marca de uma boa conclusão científica, de fato, é que ela permanece analisável e, portanto, sujeita a fraude. Uma hipótese dogmática é uma hipótese ruim. Por outro lado, uma hipótese que é tão piegas a ponto de afirmar que acomoda qualquer número de exceções também é dúbia. Do mesmo modo, declarações sobre o mundo baseadas em apelos subjetivos ou intuitivos que transcendam confirmação são objetos impróprios para escrutínio científico. Podem, de fato, ser verdade, o naturalista metodológico reconhece. Mas não podem ser cientificamente testadas (Fales 2007, pp. 123-124).[2]

O naturalismo metodológico é o procedimento operacional padrão de cientistas práticos. Não é preciso ser ateísta para empregá-lo. De fato, uma boa conjectura poderia ser feita para a alegação de que o naturalismo metodológico é, até certo ponto, a suposição prática da pessoa do povo que vai a médicos em vez de a curandeiros quando está doente ou consulta o noticiário do tempo em vez de uma tábua mediúnica quando planeja um piquenique. Quem acredita que explicações naturais para sua doença são melhores que explicações ocultas pode crer em Deus. O mesmo pode acontecer com o cientista prático que defende o naturalismo metodológico (embora aqui a porcentagem seja mais baixa).[3] Os dois podem até rezar, assistir a serviços de culto públicos etc. Mas, se o fazem, precisam encontrar alguma maneira de conciliar a fé religiosa com o naturalismo metodológico. (Em breve voltaremos a este assunto.)

---

[2] Excelente resumo do método científico foi escrito por 72 ganhadores do prêmio Nobel (e outros), em 1987, como síntese *amicus curiae* em Edwards *versus* Aguillard, um dos mais recentes processos estabelecedores de precedente sobre o ensinamento do criacionismo em escolas públicas. Inclui uma declaração a respeito das metas da ciência. A síntese pode ser acessada em <www.talkorigins.org/faqs/edwards-v--aguillard/amicus/html>. Acesso em: 15 dez. 2009.

[3] Veja dados sobre cientistas que creem em Deus em Beit-Hallahmi (2007).

Então, nem todos os naturalistas metodológicos são ateístas. Mas todos os ateístas são naturalistas metodológicos e o que pode ser chamado de naturalistas "ontológicos". Eles não insistem simplesmente que as hipóteses científicas devam ficar livres de explicações ocultas. Afirmam que as explicações científicas são legítimas porque não há nada na realidade que não possa acabar sendo entendido em termos naturalistas materiais e físico-químicos. Para o naturalista ontológico não existe nada separado da natureza e a natureza dá origem a si mesma, é óbvia e sem propósito global. Alguns naturalistas são cruelmente reducionistas (às vezes são chamados naturalistas "estritos" ou "científicos")[4], acreditando que todos os fenômenos, inclusive estados mentais, não são nada mais que estados físicos. Mas outros defendem um naturalismo "emergente" que reconheça que certos fenômenos complexos emergentes, tais como estados mentais, não se explicam totalmente em termos de níveis inferiores de complexidade. Ao contrário, requerem explicações apropriadas a seu nível – mas explicações que, entretanto, são naturalistas.

Tanto os naturalistas reducionistas como os emergentes são monistas que julgam que explicações naturalistas podem e devem ser aplicadas coletivamente (embora não necessariamente de maneira reducionista), a fim de criar generalizações integrativas. O ateísta Paul Kurtz (1925-2012) cria um neologismo para explicar essa iniciativa: *"codução"* (*"coduction"*). "Contrastado com indução e dedução", ele escreve, "significa que *'coduzimos'* (*"coduce"*) explicações que atravessam disciplinas científicas a fim de criar uma perspectiva cósmica mais inclusiva". No mínimo, os naturalistas "precisam fazer todos os esforços para criar uma 'perspectiva sinótica'" (Kurtz 2007, pp. 28-29).[5]

Dito isso, tem sido mencionado por mais de um filósofo que, embora vivamos numa época em que o naturalismo é o paradigma disponível (principalmente entre cientistas e filósofos), há notavelmente pouca

---

[4] Sorel (1994) oferece excelente análise do cientismo.

[5] A *"codução"* (*"coduction"*) de Kurtz é muito parecida com a *"consiliência"* de E. O. Wilson (1998). Adaptada de William Whewell, *consiliência* (que literalmente significica "salto através de") ocorre quando induções geradas de uma classe de fatos coincidem com induções de outros fatos: assim, um "salto através de" limites disciplinares convencionais.

precisão sobre o que significam exatamente as palavras "naturalismo" e "natureza". Em geral os naturalistas são bons em apresentar descrições negativas de sua posição – assim, Kai Nielsen diz que "o naturalismo nega que existam quaisquer realidades espirituais ou sobrenaturais [...] Não há realidades sobrenaturais transcendentes ao mundo" –, mas não tão bons em descrições positivas – o naturalismo "é a visão de que tudo que existe é em última análise composto de componentes físicos" (Nielsen 1997, p. 402; Goetz e Taliaferro 2008, p. 9). O que continua obscuro é como entender "físico" além da alegação determinante que é o contrário de "espiritual". Qual é a natureza da natureza? Como identificamos o que é natural e o que não é? Que padrões podemos invocar que não sejam circulares? Esses são os tipos de perguntas que levaram Roy Wood Sellars a caracterizar o naturalismo como "vago" e "geral", uma tendência em vez de crença absoluta (Sellars 1922, p. vii). O filósofo Barry Stroud expressa bem essa ambiguidade quando compara a palavra "naturalismo" a "Paz Mundial".

> Quase todos juram fidelidade a esse lema e estão dispostos a marchar sob sua bandeira. Mas ainda podem surgir disputas sobre o que é apropriado ou aceitável fazer em nome disso. E como a paz mundial, quando se começa a especificar de maneira concreta exatamente o que ela acarreta e como alcançá-la, fica cada vez mais difícil atingir e manter um "naturalismo" consistente e exclusivo. Por um lado, há pressão para incluir mais e mais dentro da concepção comum de "natureza", por isso perde sua precisão e restritividade. Ou, se a concepção é mantida fixa e restritiva, há, por outro lado, pressão para distorcer ou até negar os próprios fenômenos que um estudo naturalista deve explicar (Stroud 2004, p. 22).

O conflito com o supernaturalismo

O naturalismo pode ser descrito como a crença em que o mundo natural é um sistema fechado: nada existe fora dele, assim nada de fora o influencia. Em contraste, os supernaturalistas adotam uma visão de mundo cuja crença mais profunda é que a realidade é dualisticamente aberta, divisível em domínios naturais e supernaturais que interagem de uma forma ou de outra. De modo geral, eles concordam com a descrição que o naturalista faz do mundo físico, mas discordam da teoria que não existe nada separadamente da natureza. Além da natureza, existe um campo irredutível da realidade espiritual que não está preso a leis físicas e esse campo infunde profundo sentido e motivação ao mundo físico. O exemplo mais óbvio do sobrenatural é Deus, que existe como puro espírito fora do espaço e do tempo. Mas os seres humanos também participam do sobrenatural uma vez que possuem alma imaterial capaz de sobreviver à morte do corpo físico. De mais a mais, a existência de Deus e da alma é cognoscível, embora não pelo método empregado nas ciências. As disciplinas espirituais como oração, meditação e jejum libertam a mente de distrações materiais e a fazem mais receptiva à possibilidade de um encontro com o espírito. Além disso, experiências como revelações particulares são valorizadas pelos discernimentos do espírito que proporcionam. Isso não quer dizer que o supernaturalista aceite pelo significado manifesto relatos de iluminação religiosa particular, mas só que ele está mais disposto que o naturalista a levá-los a sério. Por fim, o supernaturalista geralmente acredita que verdades fundamentais a respeito do campo do espírito estão disponíveis nas Sagradas Escrituras da tradição de sua fé.

Saber exatamente como o natural e o sobrenatural interagem um com o outro e onde os limites de um terminam e o outro começa é até certo ponto um mistério. É provável que o teísta tradicional proclame que Deus está separado da criação, mas está perfeitamente disposto a influenciá-la de tempos em tempos por meio de intervenção milagrosa. Por outro lado, o panteísta defende um conceito muito mais imanente de espírito, afirmando que a inteligência divina está presente em todo aspecto da criação. Não obstante a relação entre a matéria e o espírito, no fim das contas os supernaturalistas concluem que o campo material é menos real que o espiritual, dependente do espiritual (isto é, que Deus regula, imediatamente ou de longe, o mundo físico) e revela, para os que sabem reconhecê-los, sinais dos atributos do Artista divino. Esses sinais incluem beleza, inteligência, bondade e ordem.

É muito provável que o supernaturalista ache fascinantes e também importantes as perguntas que o naturalista faz. Lembre-se da mudança de Antony Flew do ateísmo para o deísmo. Flew escreve que há três perguntas que ele achava cada vez mais inevitáveis – Por que a natureza obedece a leis? Como a vida consciente, intencional, surgiu da matéria? Por que existe definitivamente alguma coisa em vez de nada? – e que, quanto mais ele pensava nelas, mais se persuadia de que elas só podiam ser respondidas postulando um Planejador inteligente (Flew 2007, p. 89). Para o deísta Flew, e certamente para os teístas, essas perguntas simplesmente não podem ser evitadas. Elas clamam por respostas. Mas um naturalista não acha nada necessariamente irresistível a respeito delas e é provável que impacientemente as considere ofuscações. *Por que a natureza obedece a leis?* Quem sabe? Basta que ela obedeça. *Como a vida consciente, intencional, surgiu da matéria?* Seja qual for a resposta, é necessariamente uma resposta que se adapta a uma estrutura naturalista. Não conclua que ela é um mistério espiritual. *Por que existe alguma coisa em vez de nada?* Como essa pergunta deve ser entendida, muito menos respondida? Atenha-se a enigmas que sejam decifráveis.

A diferença entre a visão de mundo do naturalista e a do supernaturalista foi dada a conhecer de modo interessante por dois conjuntos de metáforas, um proposto por Daniel Harbour e o outro por Daniel Dennett. Harbour afirma que o naturalismo é "espartano", enquanto o supernaturalismo é "barroco". A visão espartana do mundo faz "o número mínimo de pressuposições". A visão barroca do mundo, por outro lado, é "ricamente ornamentada, vindo completa com um conjunto de crenças a respeito do que existe, por que essas coisas existem, como vieram a existir etc.". O pequeno número de pressuposições ativas da primeira deixa lugar para exame e revisão contínuos. A pesada bagagem da segunda "proíbe a revisão das pressuposições básicas" (Harbour 2001, pp. 10-11).

Embora provavelmente concorde com a distinção espartana/barroca de Harbour, Dennett adota um curso de ação diferente, concentrando-se na diferença do fluxo causal apresentado pelas duas visões de mundo. Segundo Dennett, o supernaturalismo presume que a origem do universo, a direção na qual ele se move e qualquer sentido discernível nisso tudo flui da vontade divina. Deus tem um plano e esse plano serve de modelo e motor para o curso da história cósmica. É uma maneira de pensar que se pendura em um "gancho do céu", atribuindo tudo cá embaixo a uma causa celeste ou sobrenatural, sob a suposição (ou ilusão, julga Dennett) de que o espírito dirige a matéria de uma forma que a ciência não pode compreender. O naturalismo, por outro lado, adota um entendimento do mundo como um "guindaste" que se eleva de baixo para cima. Não há necessidade de apelar a misteriosas "causas finais", como diria Aristóteles, para explicar o mundo. As leis impessoais da natureza, descobertas observando o mundo físico em vez de tecendo teologias desequilibradas, são explicações suficientes (Dennett 1995, pp. 73-80).

É óbvio que Harbour, Dennett e todos os outros ateístas preferem o guindaste, visão espartana de mundo e do naturalismo. Acham que o gancho, visão barroca de mundo e do supernaturalismo, não só é falsa, mas também perigosamente falsa porque, como diz o matemático David Shotwell, "quando você admite o sobrenatural em seus cálculos, vale tudo" (Shotwell 2003, p. 49). O experimento pensado que ele usa para ilustrar sua ideia é exemplo perfeito da trabalheira do supernaturalismo deplorada por Harbour. Como uma "hipótese rival" para as explicações científicas fisicalistas da matéria, diz Shotwell:

> Vamos presumir que cada partícula subatômica seja habitada por um pequeno diabrete fantasmagórico. Cada diabrete mantém a existência de sua partícula por um ato criativo contínuo e está em instantânea comunicação telepática com todos os outros. Desse jeito eles cooperam para produzir o universo e seu legítimo comportamento (p. 49).

A hipótese do diabrete, continua Shotwell, apresenta uma explicação para "tudo que existe e tudo que ocorre" – e também esclarece convenientemente o enigma da razão de existir o mal em um universo criado por um Deus benevolente (mais sobre esse enigma no Capítulo 4). Tudo que temos a fazer é pressupor que os diabretes "sejam travessos e, a alguns respeitos, malévolos" (p. 49). Mas, é claro, tudo isso é absurdo, como Shotwell pretende que seja a fim de subentender que

A visão ateísta do mundo   59

explicações mais convencionais sobre gancho do céu são igualmente absurdas. Nem a hipótese do diabrete nem a de Deus são necessárias para explicar o comportamento de partículas subatômicas. De fato, são obstáculos positivos para entendê-las.

Obviamente, a pressuposição ateísta de que o naturalismo é a maneira melhor – e, na verdade, a única maneira racional – de pensar na realidade é negada pelos supernaturalistas. Porém, surpreendentemente, os sinceros esforços teístas para lidar com o desafio do naturalismo têm sido notavelmente esparsos. O teólogo católico John Haught admite que a resposta típica dos pensadores cristãos ao naturalismo tem sido ignorá-lo e continuar alegremente a escrever sobre Deus como se o entendimento científico moderno do mundo não existisse (Haught 2000, p. 28).

Às vezes, as afirmações do naturalismo são ignoradas, em especial pelos teístas fundamentalistas, porque são dogmaticamente negadas. Mas quando acarreta crenças estranhas como as pregadas pelos defensores ou criacionistas da *Young Earth* [Terra Jovem], tal negação não é só esquisita como também notadamente inconsistente. Como lembra o astrônomo Owen Gingerich (ele mesmo teísta), as mesmas pessoas que "não se perturbam com a tecnologia moderna de telefones celulares, antenas a laser, aeroplanos e bombas atômicas" recusam-se a aceitar "as deduções da ciência" que as inventou. É um paradoxo, conclui ele, que merece reflexão ponderada (Gingerich 2006, p. 11).

Menos rudemente, os teístas também fogem ao desafio naturalista, não o negando explicitamente, mas agrupando-o de modo que suas afirmações sejam mantidas radicalmente separadas das afirmações do supernaturalismo. Esse separatismo geralmente se baseia na alegação de que a ciência e a religião lidam com dois tipos diferentes de problemas. A ciência trata de questões sobre causas físicas ou naturais e a religião preocupa-se mais com o sentido supremo das coisas. Desde que a ciência e a religião se atenham a seus respectivos interesses, não há necessidade de conflito sobre qual perspectiva é mais sólida. As duas são separadas, mas iguais.[6]

---

[6]   Veja em Haught (2000, pp. 28-44) mais sobre separatismo religioso.

Mas os problemas que essa abordagem cria são óbvios. Agrupar é uma forma disfarçada de negação que empurra o desafio naturalista para as vias secundárias, o que facilita ignorá-lo. Que essa seja frequentemente a consequência prática revela-se pelo fato de muito poucos teístas, como observou Haught, conhecerem bem o que a comunidade científica tem a dizer a respeito do mundo natural. Se conhecessem, talvez estivessem menos confiantes em suas crenças. Finalmente, a tese de separados mas iguais não apresenta uma justificativa irresistível para a visão bifurcada do conhecimento que ela apoia (dividida entre discursos científicos e religiosos), nem a evidente diminuição da soberania divina que seu arquivamento da religião sugere.

Ironicamente, o mais influente defensor de um entendimento de separados mas iguais do naturalismo e do supernaturalismo é ateísta: o falecido paleontólogo Stephen Jay Gould. Ele chama sua tese de MNI (em inglês, NOMA – Non-Overlapping Magisteria): Magistérios não interferentes. (*Magisterium* significa, em latim, "autoridade".) Segundo Gould, as afirmações naturalistas da ciência e as afirmações supernaturalistas da religião baseiam-se em duas espécies diferentes de autoridade, ambas igualmente legítimas. O problema surge quando uma autoridade passa os limites ou se sobrepõe à outra. Mas quando mantidas em suas esferas separadas, as dificuldades desaparecem.

> A *falta de conflito* entre ciência e religião surge da *falta de sobreposição* entre seus respectivos domínios de habilidade profissional – ciência na constituição empírica do universo e religião na busca de valores éticos apropriados e no sentido espiritual de nossas vidas (Gould 2003, p. 193).

Gould lembra que a ciência e a religião não são os dois únicos magistérios ou "domínios de autoridade didática". Há também o magistério da arte, por exemplo. Ele também não traça a fronteira simples e bem definida entre as duas que alguns teístas desejariam. Admite que as duas muitas vezes "se chocam" uma contra a outra, "sendo interdigitais de maneiras extraordinariamente complexas ao longo de sua fronteira conjunta" (p. 196). Mas, apesar disso, sustenta Gould, a distinção entre as duas é ainda bastante clara: a ciência pergunta "do que o universo é feito (fato) e por que ele opera dessa maneira (teoria)", enquanto a religião concentra-se em "questões de sentido e valor moral" (p. 195).

O contínuo conflito histórico entre ciência e religião é geralmente mais complexo que as batalhas individuais combatidas nele sugerem, porque as questões particulares que provocam brigas sempre refletem as discordâncias mais globais entre visões naturalistas e supernaturalistas do mundo. Um dos pontos de contenção mais óbvios tem a ver com autoridade. O naturalista insiste que a razão e o conhecimento empírico exercem a autoridade suprema. O supernaturalista contrapõe que inspiração e fé também são autoridades importantes para entender o mundo.

Gould está bem consciente dessa discordância mais fundamental sobre autoridade, e os MNI destinam-se a abordá-la. Admitir duas autoridades compatíveis, mas separadas, cada uma com seus domínios próprios, admite a "mútua humildade" que incentiva a conversa entre teístas e ateístas. Essa humildade origina-se do fato de os MNI impedirem a ciência e a religião de pisar no campo uma da outra. "Se a religião já não dita a natureza de conclusões fatuais que estão corretamente dentro do magistério da ciência, então os cientistas não podem reivindicar o discernimento mais elevado na verdade moral a partir de qualquer conhecimento da constituição empírica do mundo" (p. 201).

Evidentemente, a National Academy of Sciences [Academia Nacional de Ciências] concorda. Em uma declaração de 1998, a Academia declarou que a "raiz" do conflito de visões do mundo é "mau entendimento da diferença crítica entre formas religiosas e científicas de conhecimento". A religião busca responder a perguntas a respeito de motivação cósmica e pessoal, enquanto "a ciência é uma forma de conhecimento a respeito do mundo natural" e se limita a explicações de causas naturais. "Se Deus existe ou não é questão a respeito da qual a ciência é neutra" (National Academy of Sciences 1998, p. 58).

Talvez alguns ateístas consigam viver com o modelo dos MNI de Gould, dizendo a si mesmos que, como a religião é de qualquer modo ilusória, é para o bem que sua autoridade seja contida delineando-a nitidamente fora das ciências. Mas outros consideram o argumento de Gould falso e desconcertante. Richard Dawkins é um deles. Em um de seus momentos mais generosos, ele descreve os MNI "inclinando-se para trás em graus positivamente inertes", para acalmar religiosos e a menospreza como uma espécie de apaziguamento de "Neville Chamberlain" (Dawkins 2006, pp. 55, 67). Em uma disposição menos generosa, ele alterna entre opinar que Gould "não podia de modo algum querer dizer" o que disse em defesa dos MNI, sugerindo confusão ou desonestidade da parte de Gould (Dawkins 2006, p. 57) e execrando os MNI como "covarde frouxidão do intelecto" (Dawkins 2003, p. 205).

Mas quando desprezamos completamente sua representação teatral, vale a pena dar atenção à objeção fundamental de Dawkins aos MNI. Ele afirma que o esboço que Gould faz de limites impermeáveis (embora sendo interdigitais) entre ciência e religião é descrição incorreta. A ciência e a religião constantemente influenciam uma à outra; é fantasioso que as coisas pudessem ser diferentes. A religião apela a fatos em seus esforços para explicar por que o universo tem profundo sentido divinamente ordenado. A ciência apela ao valor em seus esforços para monitorar suas metas, prioriza seus interesses e vigia atentamente seu tratamento de objetos experimentais humanos e animais. O limite entre seus dois magistérios é mais poroso do que Gould admite.

Pior ainda, segundo Dawkins é a tendência inevitável de Gould a absorver a ciência:

> É completamente fantasioso afirmar [...] que a religião se mantém afastada da ciência, restringindo-se à moral e a valores. Um universo com uma presença sobrenatural seria uma espécie de universo fundamental e qualitativamente diferente de um universo sem essa presença. A diferença é, inescapavelmente, uma diferença científica. As religiões fazem afirmações de existência e isso significa reivindicações científicas (Dawkins 2003, p. 208).[7]

É digno de nota que até alguns teístas concordam com a observação de Dawkins de que a religião faz afirmações de existência e

---

[7] Vale a pena mencionar que esse impulso para absorver não é característico só da religião. Todas as visões de mundo procuram explicar a realidade de maneira totalizadora.

que, portanto, necessariamente pisa nos calos da ciência. Mas, ao contrário de Dawkins, aplaudem isso, considerando-o um entendimento mais razoável da relação entre as duas. O teólogo anglicano Alister McGrath apresenta uma alternativa aos MNI, que ele chama de MPI: Magistérios parcialmente interferentes. Ele afirma que a ciência e a religião interpenetram a matéria que investigam e os métodos que empregam, e que reconhecer isso abre excitantes "possibilidades de fecundação cruzada" (McGrath 2007, p. 19). Entretanto, McGrath não faz nem um relato meio específico do que ele quer dizer com sobreposição "parcial". E, para Dawkins e outros ateístas, os MPI são ainda menos aceitáveis que os MNI. Reconhecer qualquer um deles é perder o controle: no momento que admitimos que a realidade possui uma dimensão sobrenatural, a visão que o naturalismo tem do mundo desmorona e a ciência se torna uma coisa muito diferente do que os naturalistas a imaginam.

Porém, na verdade, os MNI de Gould talvez não sejam a ameaça que ateístas como Dawkins supõem. O exame rigoroso dela revela que Gould não faz mais que invocar uma espécie de distinção entre fato e valor que David Hume tornou famosa.[8] Embora Gould empregue a palavra "religião" para descrever um de seus magistérios separados, mas iguais, o que ele quer dizer está mais no sentido de valores éticos que de crença no sobrenatural. "A natureza simplesmente é", escreve Gould. "Não podemos usar a natureza para nossa instrução moral."

---

[8] A distinção, à qual voltaremos no Capítulo 6, é intuitiva. Declarações fatuais *descrevem* ("é"), enquanto declarações de valor *prescrevem* ("deve"). Especificamente, declarações fatuais refletem descobertas, enquanto declarações normativas refletem consenso. Hume argumentou que as primeiras nunca são deriváveis das últimas. "Em todo sistema de moralidade que até agora encontrei, sempre observei que o autor prossegue durante algum tempo na maneira usual de raciocínio e estabelece a existência de um Deus, ou faz observações a respeito dos negócios humanos, quando, de repente, me surpreendo ao descobrir que, em vez das costumeiras ligações de proposições *é* e *não é*, não encontro nenhuma proposição que não esteja ligada a um *deve* ou um *não deve*. Essa mudança é imperceptível, mas é, entretanto, da máxima importância. De fato, como esse *deve* ou *não deve* expressa alguma nova relação ou afirmação, é necessário que seja observado e explicado; e, ao mesmo tempo, que uma razão seja dada; pois, o que parece completamente inconcebível, como essa nova relação pode ser uma dedução de outras, que são inteiramente diferentes dela" (Hume 1972, p. 203).

Portanto, "vou [...] interpretar como fundamentalmente religioso (literalmente unindo-nos) todo discurso sobre princípios que possam ativar o ideal de confraternidade entre as pessoas" (Gould 1999, pp. 195, 62). É uma definição de religião que alguns supernaturalistas e todos os teístas talvez achem necessária, mas com certeza não suficiente. Não dá nenhum lugar para Deus e poderia com a mesma facilidade ser aplicada ao humanismo secular.

Se alguém deve se interessar pelos MNI de Gould, é, de fato, o teísta. Dawkins teme que o modelo de Gould, se aceito, mude o jeito de olharmos para o universo, levando-nos de uma visão naturalista do mundo para uma visão supernaturalista do mundo. Há algum mérito nesse interesse. Mas o mais provável é que Gould tenha defendido da boca para fora a "religião, enquanto lhe tirava toda a importância real". Afinal de contas, ele nos diz que não há nenhum sentido ou desígnio intrínseco na natureza e insiste ser isso um *fato* estabelecido pelo magistério da ciência, não simplesmente uma questão de interpretação ou especulação (pp. 178-179). Isso, juntamente com sua definição curiosamente fraca de religião, significa que afirmações religiosas só podem ser epifenômenos vagos e bastante ignoráveis e que a única coisa verdadeira é o sólido magistério científico. Isso claramente não é o que Gould pretendia, mas é uma interpretação plausível do que ele realmente disse. É também um entendimento de religião que o naturalista pode suportar.

O universo simplesmente existe

Em famoso debate em 1948 pela rádio BBC entre o padre jesuíta F. C. Copleston e o ateu Bertrand Russell, um dos temas da conversa foi a discussão de contingência quanto à existência de Deus. (Examinaremos essa discussão no próximo capítulo.) Copleston tentou fazer Russell admitir que o universo deve ter alguma razão suficiente para existir e que essa razão só pode ser a existência de um Criador Divino. Russell respondeu dizendo não compreender por que o universo devia ter uma razão para existir. Copleston defendeu-se perguntando se, por isso, Russell supunha que o universo era "gratuito" e a resposta de Russell

A visão ateísta do mundo

ficou muito famosa: "Bem, a palavra 'gratuito' sugere que ele pode ser outra coisa; eu diria que o universo simplesmente existe e isso é tudo" (Russell e Copleston 1964, p. 175).

A resposta de Russell a Copleston resume perfeitamente a posição naturalista: o universo é exatamente o que ele é, e não tem sentido procurar fora dele explicações ou respostas quanto a *por que* ele é da maneira que é. Dawkins nos lembra e Russell certamente concordaria que "nem toda sentença que começa com as palavras 'por que' é autêntica pergunta [...]. Algumas perguntas simplesmente não merecem resposta" (Dawkins 2006, p. 56). Tentar chegar por trás da natureza, para de algum modo levantar o véu e ver o "porquê", é uma tentação antiga no Ocidente e dificilmente se pode negar que serviu de estímulo para o surgimento da ciência moderna. Mas como o naturalista vê as coisas, supor que a resposta ao "porquê" precise ser sobrenatural é tentação absurda incentivada por séculos de superstição. Não existe véu para levantar. O universo apenas existe, fato ilógico que não exige nenhuma razão fora de si mesmo para justificar sua existência.

A questão pode ser expressa de forma ligeiramente diferente: a busca de um fundamento deve parar em algum lugar e, para o naturalista, o universo físico é um lugar muito melhor para parar que um Deus misterioso. Como vimos no início deste capítulo, toda visão de mundo é circular, uma vez que pressupõe certas crenças básicas e depois interpreta fatos do mundo apelando a essas crenças. A crença fundamental do naturalismo é que toda explicação do mundo precisa vir de dentro do mundo, porque o mundo é tudo que existe. Se isso significa considerar certas perguntas com "porquês" indignas de resposta, que assim seja.

Mas, mesmo admitindo que certas perguntas iniciadas com "por que", como as três que levaram Flew ao deísmo, persistem e supondo que todas as visões de mundo sejam circulares até certo ponto, o ateísta argumenta que sua visão de mundo ainda é um relato melhor da realidade que o supernaturalismo. Toda visão de mundo gera uma descrição da maneira como as coisas são. Como tal, é razoável supor que visões de mundo concorrentes possam ser julgadas pelos mesmos padrões que foram tentados e mostraram-se eficientes no exame de qualquer par de descrições conflitantes. Esses padrões incluem simplicidade, coerência, inteligibilidade e possibilidade de passar por um teste.

Em todos os quatro, o ateísta crê que o naturalismo sobrepuja o supernaturalismo. Como Harbour mencionou, a visão sobrenatural do mundo é barroca, juncada de toda sorte de entidades espirituais – Deus não sendo a menor delas –, das quais simplesmente não há qualquer prova, enquanto o naturalismo aceita somente as afirmações que podem ser empiricamente verificadas ou logicamente defendidas. Quanto mais confusa a visão de mundo, mais oportunidade para erro, e o naturalismo é muito menos confuso que o supernaturalismo. De mais a mais, o naturalismo é o mais coerente dos dois, precisamente porque não está sobrecarregado com o ônus de relacionar, uma com a outra, duas substâncias completamente diferentes, matéria e espírito. Além disso, o naturalismo é inteligível, enquanto o supernaturalismo não é. O naturalismo tem uma explicação para causas, em comparação com as quais explicações sobrenaturais são recebidas como os diabretes de Shotwell: fascinantes e talvez divertidos para se especular a respeito, mas, em última análise, implausíveis. Finalmente, as afirmações do naturalismo são publicamente testáveis e, de mais a mais, de uma forma que permite a possibilidade de rejeitar algumas e verificar a verdade de outras.

Mas que teste possível existe para rejeitar uma afirmação religiosa? Que tradição de fé não absorve desafios a suas afirmações simplesmente apelando ao mistério e à vontade inexplicável de Deus? Como observa o Novo Ateísta Sam Harris, "a fé não é nada mais que a licença que as pessoas religiosas dão umas às outras para continuar crendo quando as razões falham" (Harris 2006, p. 67). Tudo isso, diz o biólogo E. O. Wilson, faz a visão de mundo naturalista "superior" à visão religiosa, e ele especificamente aplaude "seus repetidos triunfos para explicar e controlar o mundo físico; sua natureza que corrige a si mesma [...]; sua presteza para examinar todos os objetos sagrados e profanos; e [sua capacidade] para explicar a religião tradicional pelos modelos mecanicistas da biologia evolucionária" (Wilson 1978, p. 201).

Entretanto, para ser justo, pode acontecer que o naturalismo não seja tão espartanamente eficiente como seus defensores supõem. As duas mais bem-sucedidas "teorias físicas de tudo" que são correntes hoje, a relatividade geral e a mecânica quântica, são incompatíveis uma com a outra. De mais a mais, a filósofa da ciência Nancy Cartwright afirma que o conceito de lei natural no qual se baseiam as ciências pode precisar ser repensado em sua totalidade. Não vivemos em um universo refinadamente uniforme, onde as mesmas leis físicas aplicam-se coletivamente de maneira ordenada. Ao contrário, nosso mundo está "manchado" ou remendado. A ciência percebe (ou talvez invente) bolsões de ordem no mundo natural juntando várias teorias científicas diferentes. Mas nenhuma delas é soberana (Cartwright 2008). Considerações como essas sugerem que o naturalismo possa apresentar certa confusão barroca que deve ser tolerada com constrangimento ou que convide (e talvez exija) ao reexame de suposições naturalistas básicas sobre matéria, causação e leis físicas.

O naturalismo é uma religião?

Uma objeção frequentemente ouvida é que, entre seus defensores, o naturalismo tem o *status* de religião. Não está inteiramente claro o que essa afirmação significa, embora desconfiemos de que a tática de "você tem sua religião, então por que reluta em aceitar que eu tenha a minha?" esteja provavelmente em jogo aqui. A questão parece ser que a convicção do naturalista de que a natureza é tudo que existe é ela mesma expressão de fé com sua tradição, seus dogmas, suas cegueiras e intolerâncias. Afinal de contas, a verdade da perspectiva naturalista não é mais "provável" que a do supernaturalismo. Optar por ela, então, deve envolver um salto de fé.

"Fé", obviamente, é palavra difícil de definir. Seus sentidos variam desde a maior fé religiosa (que está ela mesma aberta a muitas interpretações: é aquiescência intelectual para certas proposições não verificáveis? Confiança e esperança em coisas invisíveis? Tipo especial de estilo de vida? Franqueza para a existência?) até uma pequeníssima confiança em generalizações indutivas (a certeza, por exemplo, de que o sol nascerá no leste amanhã de manhã). Todos os entendimentos de fé incluem algum grau de crença sem prova completa. A questão é em que ponto crer sem prova completa passa a ser irracional.

Em que sentido poderia o naturalismo ser fé? Em primeiro lugar, o naturalismo claramente não é fé religiosa se com isso temos em mira um sistema de crenças que aceite a existência de um Deus sobrenatural. Ao contrário, é uma visão de mundo conscientemente secular. Mas, em segundo lugar, já mencionamos ser inevitável que todas as visões de mundo incluam algumas crenças fundamentais que ou não são prováveis ou se justificam circularmente; portanto, é uma necessidade dessas visões de mundo tirar de si mesmas seus primeiros princípios. O naturalismo não é exceção a essa regra, mas o supernaturalismo ou qualquer outra perspectiva sistemática também não são. O que conta são as inferências que se tira desses primeiros princípios axiomáticos e o quanto eles conseguem fazer sentido para a experiência. Como Chet Raymo observa: "Todo sistema explanatório reporta-se a si mesmo. [Mas] é o caráter distintivo do conjunto e a maneira como o conjunto torna possível a verificação empírica que nos dá a certeza de estarmos fazendo alguma coisa certa" (Raymo 2008, p. 32). Assim, se o que faz do naturalismo uma crença aos olhos de seus críticos é sua aceitação de certas crenças centrais improváveis, então a acusação é verdadeira, mas um tanto trivial. Por último, é claro que os naturalistas põem confiança racional em generalizações indutivas sobre a natureza da realidade e a ocorrência de eventos futuros. Mas essa espécie pequeníssima de fé é a essência que lubrifica a vida cotidiana. Assim, mais uma vez, se isso é o que a objeção teísta pretende, a acusação é verdadeira, mas inofensiva.

Dito isto, devemos admitir pelo menos um motivo para afirmar que entre muitos naturalistas haja algo semelhante à fé. Pode não ser muito certo chamar o naturalismo de "fé", mas os supernaturalistas que fazem a acusação talvez se apoiando nisso.

Justamente em razão de sua lealdade à metodologia científica, seria hipócrita da parte do naturalista insistir que alcançou sua posição exclusivamente por meio de um exame objetivo clinicamente isolado dos fatos. Não menos que os supernaturalistas, os naturalistas inclinam-se na direção em que se inclinam em parte por convicção intelectual, mas também em parte por pressupostos existenciais. O naturalista *quer* que o universo seja tudo que existe, exatamente como o supernaturalista *quer* que exista um Deus. Cada um tem um interesse pessoal e emocional em sua respectiva posição que transcende o consentimento intelectual. O filósofo Thomas Nagel apresenta uma confissão franca desse papel do desejo pessoal na escolha de visões de mundo.

> Quero que o ateísmo seja verdadeiro e fico apreensivo com o fato de algumas das pessoas mais inteligentes e bem informadas que conheço serem crentes religiosos. Não se trata apenas de que não creia em Deus e, naturalmente, espero estar certo em minha crença. É que eu espero que não exista nenhum Deus! Não quero que exista um Deus; não quero que o universo seja assim (Nagel 2001, p. 130).

A escolha de palavras por parte de Nagel é esclarecedora. Em qualquer outro contexto, expressões como "*espero* que não exista nenhum X! *Não quero* que exista um X" sugeririam autoengano. Em seu relato psicológico da crença religiosa (que examinaremos no Capítulo 5), Sigmund Freud afirmou que os teístas baseiam sua crença na existência de Deus – em outras palavras, sua fé – no autoengano. Mas os que se autoenganam, continuou ele, estão quase sempre em erro, porque interpretam a realidade como desejam que ela seja, não como ela é. Seu retrato da realidade é a realização de um desejo em vez de um instantâneo confiável.

É uma boa pergunta para os naturalistas: quanto da confiança que têm em sua visão de mundo é autoengano originário de profundo compromisso pessoal com determinado modelo do universo. O teólogo Alister McGrath (que é também bioquímico diplomado) afirma que "a natureza está aberta a muitas interpretações legítimas. Pode ser interpretada de maneiras ateístas, deístas, teístas e de muitas outras maneiras – mas não exige ser interpretada em nenhuma dessas maneiras" (McGrath 2007, p. 23). O que ele quer dizer é que o exame cuidadoso de fenômenos naturais não acarreta nenhuma interpretação metafísica, religiosa ou qualquer outra. Afirmar o contrário é ultrapassar os fatos existentes e também os cânones da metodologia científica. Pode ser um passo à frente honestamente equivocado ou uma ação motivada por desejo pessoal – o autoengano freudiano.

O físico Owen Gingerich faz observação semelhante. No momento em que diz alguma coisa a respeito do universo além do que pode ser verificado no sentido físico ou científico, o naturalista ultrapassa os limites do método que ele alega seguir e vai navegar nas águas da metafísica (Gingerich 2006, p. 101). A especulação a respeito da existência de Deus ou do sobrenatural é perfeitamente legítima. Temos o direito de decidir como vamos pensar a respeito da natureza profunda do universo. Mas a escolha é uma questão de opinião ou ideologia não científica que é difícil separar das preferências pessoais. O naturalista que afirma saber que não existe nada além da natureza tem direito à sua opinião. Mas não tem nenhuma justificativa para acreditar que seu naturalismo apoia essa afirmação.

A confissão de Nagel também sugere outro fator que juntamente com a autossugestão é considerada pelo filósofo Robert Solomon uma característica religiosa: a pertença. Solomon diz que a maneira tradicional de pensar a respeito de religião é considerá-la uma questão de crença. Tradicionalmente, o entendimento é que o que a pessoa crê define sua participação em uma religião. Mas Solomon acha que as crenças são "na maior parte" secundárias quando se trata de religião. Afinal de contas, "muitos adeptos das principais religiões do mundo não entendem a crença de sua religião específica". O que é primordial é o sentimento de fazer parte de um grupo de indivíduos da mesma opinião que põem sua confiança em alguma coisa maior que eles mesmos e investir intelectual e emocionalmente no grupo a tal ponto que a identidade pessoal dependa dele. A pertença dá um senso de orientação, um lugar para ficar do qual ver e lidar com o mundo. A pertença proporciona um ponto de partida (Solomon 2002, p. 12).

A urgência com que Nagel expressa sua necessidade de que o universo seja sem Deus, que a natureza seja tudo que existe, sugere que ele está interessado em fazer parte de determinada comunidade – a comunidade dos naturalistas – que lhe proporciona um ponto de referência, um lugar de segurança e uma barricada através da qual atirar, quando ele é constrangidamente confrontado por teístas "inteligentes e bem informados". Se outros naturalistas estão igualmente envolvidos na necessidade de fazer parte de uma comunidade de fiéis da mesma opinião, então mais uma vez talvez não seja tão fora de propósito achar que o naturalismo possui pelo menos algumas das marcas da religião. Considerações como essas talvez justifiquem a observação desaprovadora de John Searle de que existe um sentido no qual o naturalismo "é a religião de nosso tempo [...]. Como religiões mais tradicionais, ele é aceito sem objeção e proporciona a estrutura dentro da qual outras objeções são apresentadas, abordadas e respondidas" (Searle 2004, p. 48).

A virtude da humildade

A visão de mundo do naturalismo antológico é o fundamento com base no qual o ateísta acaba negando a existência de Deus e do sobrenatural. Embora às vezes seus proponentes o identifiquem com a ciência, espero ter dito aqui o suficiente para sugerir que o naturalismo, apesar de corretamente associado a uma perspectiva científica, é também metafisicamente especulativo, e que a dedicação a ele depende de temperamento e desejo, bem como de avaliação racional da maneira como as coisas são. Nenhum desses fatores necessariamente prova sua falsidade, muito menos indica a verdade do supernaturalismo. Mas eles realmente advertem contra uma convicção complacente demais de que o naturalismo, quando comparado ao supernaturalismo, é cristalino. Eles incentivam um naturalismo ateísta cujos defensores argumentem a favor dele, como Kai Nielsen diz: "de maneira falível e às vezes até moderadamente cética [...] 'Ateísmo dogmático' não é pleonasmo e 'ateísmo falível' não é oximoro" (Nielsen 2001, p. 30).

3

Refutação de "provas" teístas

O tolo diz em seu coração que não existe nenhum Deus,
mas quem disser no coração ou aos homens:
"Espere um pouco que vou prová-lo" –
que raro homem de sabedoria é ele!
Se no momento de iniciar sua prova não estiver plenamente
indeterminado se Deus existe ou não, ele não o prova;
e se estiver assim indeterminado no início, ele jamais virá a começar,
em parte por medo de fracasso, pois Deus talvez não exista,
e em parte porque ele não tem nada com que começar.
Soren Kierkegaard, *Philosophical Fragments*

Quando pensamos no debate entre teístas e ateístas, o que talvez nos venha à mente são "provas" da existência de Deus, algo compreensível por duas razões: primeiro e mais obviamente, porque a contenda entre teístas e ateístas gira em grande parte em torno da existência ou não de uma divindade; segundo, porque muitos de nós sentimos profunda necessidade de distinguir entre realidade e ilusão, e essa necessidade intensifica-se em proporção com a importância percebida seja do que for cuja realidade estiver sendo debatida. (Muito provavelmente, o debate sobre se duendes são ou não reais não gera tanto ardor quanto o debate sobre a existência de Deus.) Assim, não nos surpreende que quem tenha forte inclinação de um lado ou de outro a respeito de Deus gaste bastante energia apresentando argumentos que provam que Deus é real ou uma ilusão.

Talvez isso não seja surpreendente, mas um pouco estranho. Como vimos no último capítulo, aceitação ou rejeição de Deus é uma dessas crenças básicas que resultam da adoção de uma visão de mundo em particular – neste caso, o supernaturalismo por um lado ou o naturalismo por outro. Se adotamos a visão de mundo supernaturalista, a crença em Deus se estabelece em nossas convicções essenciais; do mesmo modo, a descrença em Deus fica ligada permanentemente na visão de mundo naturalista. O estranho nos debates sobre a existência de Deus, como Kierkegaard astutamente sugere, é que o dilema parece estar presente antes mesmo que a conversa comece. O naturalista opera de uma perspectiva ateísta, enquanto o supernaturalista opera de uma perspectiva teísta. Cada um já decidiu se existe ou não um Deus e parece pequena a possibilidade de um genuíno diálogo de concessões mútuas entre eles. Isso não precisa significar que sejam dogmáticos ou se tornaram irredutíveis, mas simplesmente que suas visões da natureza das coisas são tão diferentes que não concordam sobre os primeiros princípios nem temporariamente afastam com sinceridade suas convicções para o bem do debate. Considerando suas respectivas visões de mundo, é difícil entender como as coisas poderiam ser de outra maneira.

Assim, a primeira coisa estranha nos debates sobre a existência de Deus é não estar claro quem se beneficie com eles. Os argumentos a favor da existência de Deus com certeza não são para a instrução dos fiéis mais do que os argumentos contra a existência de Deus são para a instrução dos descrentes. Para o naturalista, os argumentos *a favor* da existência de Deus são simplesmente irrelevantes. Por que perder tempo para refutá-los? Fazer isso só lhes concede uma falsa respeitabilidade. Para o supernaturalista, os argumentos *contra* a existência de Deus são obtusos. Por que se preocupar em tentar abrir os olhos de alguém que se recusa a ver o óbvio?

Apesar disso, há séculos filósofos vêm apresentando argumentos a favor da existência de Deus e, durante o mesmo período, outros filósofos os vêm derrubando.[1] Até certo ponto, os dois lados falam não tanto um com o outro, mas com os indecisos. Porém, se esse for o caso, faz mais sentido apresentar defesas ou críticas de suas respectivas visões de mundo em vez de a respeito da existência de Deus, pois esta anda sobre aquelas. O fato de terem os argumentos pró e contra a existência de Deus uma história tão longa salienta que o debate tem sido alimentado por motivos apologéticos e antagônicos. Discordâncias religiosas são muitas vezes calorosas e nelas os adversários, embora talvez amem a verdade, com demasiada frequência demonstram amar mais a vitória, precisamente porque a profunda lealdade a uma visão de mundo está em jogo. (A mais recente personificação de disputa religiosa, desta vez entre os Novos Ateístas e os fundamentalistas cristãos, é exemplo óbvio de como é fácil para a luz da razão dar lugar ao ardor polêmico.) Missionários cristãos aprendem argumentos padronizados a favor da existência de Deus que os ajudam a responder a pessoas cultas que desprezam a religião, mas principalmente a converter não cristãos. Os manuais ateístas são escritos para instruir os descrentes em estratégias e pontos expressivos em debates radicais a respeito da existência de Deus.[2]

Há uma segunda razão pela qual os debates a respeito da existência de Deus são um tanto estranhos e ela tem a ver com a palavra "existência". Como examinaremos mais de perto no próximo capítulo, não está de modo algum claro o que queremos dizer quando afirmamos (ou rejeitamos) uma proposição como "Deus existe". Quando emprega a palavra "existência", o naturalista pretende que ela indique objetos naturais cuja realidade possa ser verificada de alguma maneira mensurável. Mas, quando o supernaturalista emprega a palavra com referência a Deus, ela deve significar alguma coisa bem diferente. Afinal de contas, como medimos ou mesmo compreendemos a existência de uma entidade que se supõe ser infinita e eterna? Como vimos no Capítulo 1, alguns teístas – por exemplo, Tomás de Aquino – insistem que o modo de existência divina deve ser entendido analogicamente

---

[1] Hick (1964) apresenta um compêndio prático do debate histórico a respeito da existência de Deus.

[2] Veja, por exemplo, Johnson (1983).

em vez de univocamente – deduzimos os contornos gerais de como é a existência de Deus refletindo sobre o que significa um objeto natural existir, mas nunca devemos supor que existência material é o mesmo que existência divina. Mas outros teístas – por exemplo, Paul Tillich – afirmam que o modo de Deus existir é tão completamente diferente do modo da natureza que até empregar a palavra "existência" com referência a Deus é enganoso. Somos tentados a pensar em Deus como apenas outra coisa no mundo, que existe de maneira muito semelhante a outros objetos naturais – só que "supernaturalmente" em vez de "naturalmente" (Tillich 1973).

Isso sugere ser inteiramente possível que teístas e ateístas não se entendam quando debatem a existência de Deus, o que vai ficar mais evidente em breve, quando examinarmos algumas críticas comuns do argumento cosmológico a favor da existência de Deus que pressupõem que Deus deve compartilhar, pelo menos em alguns aspectos, certas características da ordem natural. O teísta responde dizendo que não tem sentido fazer tal pressuposição porque fazê-la reduz a maneira como Deus existe ao modo como os objetos naturais existem. Essa parece ser uma objeção razoável. Mas a resposta do ateísta, de que o único modelo de existência que conhecemos é a existência de objetos naturais, também é razoável.

É necessário fazer duas observações adicionais, que muito provavelmente ressaltam a estranheza das provas tradicionais da existência de Deus. Primeiro, falando em sentido estrito, muitas não são, em absoluto, provas, se com "prova" queremos dizer um argumento que tem o propósito de estabelecer sua conclusão sem sombra de dúvida. Ao contrário, muitos dos argumentos têm o propósito mais modesto de mostrar que a crença em Deus é consistente com a razão e a experiência cotidiana. Na verdade, de todos os argumentos examinados neste capítulo só um – o argumento ontológico – pode ser apropriadamente chamado de "prova" no sentido exato da palavra. É importante lembrar-se desse ponto porque os adversários muitas vezes criticam os argumentos a favor da existência de Deus por deixarem de "provar" suas conclusões. Mas essa é uma conclusão injusta. Esses argumentos devem ser avaliados em termos de como podem apresentar uma tese convincente em vez de se apegar a um rigoroso padrão irracional de prova.

Segundo, devemos mencionar que nem todos os teístas aceitam a legitimidade dos argumentos a favor da existência de Deus. Alguns deles, unindo-se aos que afirmarem não haver analogia possível entre a existência natural e a existência divina, declaram que a razão humana é simplesmente limitada demais para lidar com o infinito. Outros ponderam que provas racionais da existência de Deus forçariam o consentimento e por isso violariam a livre escolha de acreditar na ausência de indício persuasivo, que é a condição necessária para a fé.

Apesar de sua estranheza, os debates sobre a existência de Deus não vão desaparecer logo. Neste capítulo vamos examinar as refutações ateístas de três dos argumentos mais comuns a favor da existência de Deus: os argumentos empíricos do desígnio e da causação e o argumento ontológico não empírico. No próximo capítulo vamos dar uma olhada em diversos argumentos positivos contra a existência de Deus apresentados por ateístas.

O argumento do desígnio

O argumento do desígnio, como todos os argumentos empíricos (ou *a posteriori*) a favor da existência de Deus, baseia-se na inferência de um aspecto do mundo para uma explicação divina desse aspecto. É melhor considerar esses argumentos *a posteriori* como hipóteses: eles examinam um padrão observável no reino natural e procuram apresentar a única explicação para ele. Acontece que para o teísta a melhor hipótese é Deus.

No caso do argumento do desígnio, o aspecto natural que o teísta quer justificar é a complexidade ordenada. Parece haver uma ordem profunda e intrincada na maneira como as coisas são. As estações vêm e vão de maneira previsível; os objetos caem para baixo, não para cima (ao menos na terra); a lei lógica de identidade (uma coisa é idêntica a si mesma) é pertinente em todo mundo possível e a própria possibilidade da ciência e também da sobrevivência cotidiana pressupõe regularidades físicas que codificamos como leis naturais. É precisamente essa ordem, essa regularidade e previsibilidade na natureza que o teísta deseja explicar. A característica inconfundível de seu exame desses fenômenos é sua convicção de que ordem e complexidade não podem ser explicadas sem postular uma intencionalidade cósmica ou desígnio, o que por sua vez o leva à hipótese de Deus. Essa ênfase no propósito da ordem natural é responsável pelo fato de ser o argumento do desígnio quase sempre chamado de argumento "teleológico" (grego *telos* = propósito, fim).

Os argumentos de desígnio remontam a pelo menos o livro da Sabedoria de Salomão da Bíblia Hebraica, escrito provavelmente na segunda metade do século I a.C., onde o autor proclama que tanto a existência como as qualidades da divindade se inferem de uma observação da beleza, do poder e da energia da criação: "partindo da grandeza e beleza das criaturas, pode-se chegar a ver, por analogia, o seu Criador" (Sb 13,5). Mais ou menos na mesma época, Cícero pergunta em *De natura deorum* (*Da natureza dos deuses*): "O que poderia ser mais claro ou óbvio quando olhamos para o firmamento e contemplamos os céus do que a existência de alguma divindade de inteligência superior?" (Cícero 1972, p. 124). Essas passagens sugerem dois pontos importantes. O primeiro é que, talvez mais que qualquer outro argumento tradicional a favor da existência de Deus, o argumento do desígnio parece inspirado pelo puro espanto com a beleza e majestade da natureza. O segundo é a pressuposição de que os aspectos da natureza que nos dominam com sua grandeza só são descritos e apreciados adequadamente quando interpretados como produtos do trabalho divino. Como veremos no último capítulo, os ateístas insistem que a rejeição de Deus e da motivação cósmica não diminui de modo algum a sensação de admiração e até gratidão em face do reino natural. Mas essa é opinião da minoria (o que não quer dizer, evidentemente, que seja falsa).

Há diversas variedades do argumento de desígnio. As duas mais fortes e mais comumente invocadas são o argumento da analogia (indicado na Sabedoria de Salomão) e o argumento antrópico ou da sintonia fina, que é mais recente.

A clássica declaração do *argumento da analogia* é da obra *Teologia Natural*, de William Paley (1802), livro didático que foi leitura obrigatória para duas gerações de estudantes britânicos (inclusive Darwin, que confessou ter sido completamente conquistado por ele quando o leu na juventude; sua admiração pela engenhosidade de Paley resistiu até mesmo depois de sua rejeição às conclusões do livro). Nele, Paley introduz sua famosa analogia do relógio. Se examinarmos o mecanismo de um relógio, assevera Paley, rapidamente reconhecemos que sua óbvia regularidade sugere um propósito ou desígnio: "percebemos [...] que suas diversas partes foram concebidas e juntadas com um propósito, por exemplo, que foram formadas e ajustadas para produzir movimento e esse movimento foi regulado de modo a indicar a hora do dia" (Paley 1802, p. 2). Seria estupidez, afirma Paley, recusar-se a ver no relógio "prova de invenção". Mas "prova de invenção" supõe um inventor, e quanto mais intrincada ou complexa a invenção, mais talentoso o desígnio ou projeto a partir do qual o inventor trabalhou. Então, simplesmente observando o trabalho interior de um relógio, observamos que sua ordem e sua complexidade indicam um projeto intencional que por sua vez indica a existência de um relojoeiro inteligente. Logicamente, "projeto" supõe um "projetista".

Agora, diz Paley, considere a natureza. "Toda indicação de invenção, toda manifestação de desígnio, que existem no relógio, existem nas obras da natureza; com a diferença, no caso da natureza, de serem maiores e em maior número, e isso em um grau que excede todas as estimativas" (pp. 17-18). Por analogia, então, concluímos que a "manifestação de desígnio" na natureza indica igualmente a existência de um agente inteligente. Mas como nenhum ser humano é capaz de conceber e criar um universo tão complexo ("que excede toda estimativa"), segue-se que o agente inteligente da natureza é Deus.

Paley não inventou o argumento da analogia. Ele já estava em circulação e isso é indicado pelo fato de David Hume ter atacado esse argumento em *Dialogues Concerning Natural Religion*, livro publicado um quarto de século antes de *Natural Theology* de Paley (mas só depois da morte do precavido Hume). As objeções de Hume ao argumento do desígnio concentram-se em especial no que ele vê como o raciocínio falho por trás da analogia entre artefatos humanos e a ordem natural. Ele nega que haja similaridade suficiente entre os dois para traçar uma comparação inteligente. Quando vemos uma casa ou um relógio, fomos habituados por experiências passadas a supor que tiveram um construtor ou um relojoeiro. Mas a desigualdade entre relógios e casas, por um lado, e o universo, pelo outro, é tão grande que o máximo a que podemos "aspirar é uma suposição, uma conjectura, uma suspeita concernente a uma causa similar" (Hume 1998, p. 16).

Mesmo se admitirmos a analogia, afirma Hume, as conclusões que ela gera sobre o divino Inventor são assustadoras. Ao operar na suposição de que "efeitos iguais provam causas iguais", temos motivos para concluir que Deus parece mais um vegetal ou animal que um relojoeiro cósmico, porque o mundo é mais orgânico que mecânico; que Deus é propenso ao erro e falível, porque os eventos e processos às vezes parecem gratuitos, estranhos ou desnecessariamente destrutivos, e que Deus talvez seja, de fato, uma comissão de divindades, com cada membro encarregado de uma tarefa específica, porque há tantos sistemas diferentes em atividade na natureza. Em suma, a analogia é tão malfeita que admite "uma centena de visões contraditórias [...] e a invenção ganha aqui ampla margem para se manifestar" (p. 49).

Se nenhuma dessas objeções forem convincentes, Hume apresenta aos simpatizantes do argumento do desígnio mais duas objeções que para ele confirmam as coisas. A primeira é não haver nenhuma boa razão para privilegiar a mente sobre a matéria quando se trata de descrever o mundo: "Que privilégio especial tem essa pequena agitação do cérebro que chamamos pensamento para que tenhamos de torná-la o modelo de todo o universo?". Hume só pode concluir que a vaidade humana, "nossa parcialidade a nosso favor", leva-nos a reescrever o reino físico à nossa imagem (p. 23).

A segunda objeção de Hume – e talvez a mais forte – é que não existe nenhuma razão convincente para supor que ordem indique necessariamente desígnio fundamental. Todo universo, se é para ele existir, precisa demonstrar coerência entre suas partes e estabilidade no todo. Assim, do fato de observarmos ordem no reino natural – condição necessária para existir um reino natural para se observar, em primeiro

Refutação de "provas" teístas

lugar – não podemos fazer nenhuma inferência sobre o desígnio. "É, portanto, inútil insistir nos usos das partes em animais ou vegetais e seu curioso ajuste umas às outras. Eu gostaria de saber como um animal poderia subsistir a menos que suas partes assim fossem ajustadas" (p. 51). A ordem sozinha não indica desígnio. O passo que falta é mostrar que a ordem *só* pode acontecer por meio do desígnio. Assim, o filósofo Antony Flew (1966) insiste de maneira admirável que o argumento *do* desígnio devia mais exatamente ser chamado argumento *para o* desígnio.

Desde a publicação em 1859 de *Origem das espécies*, de Darwin, as críticas à analogia do argumento do desígnio tendem a debatê-lo em bases científicas em vez de puramente filosóficas ou lógicas. Mas suas refutações do desígnio tendem a seguir o caminho da insistência de Hume de que a ordem é possível sem desígnio. Os Novos Ateístas Daniel Dennett e Richard Dawkins, por exemplo, argumentam que os proponentes do argumento do desígnio no século XVIII, bem como hoje, constroem sua causa em uma falsa disjunção: ou a ordem do universo foi projetada ou produto é do acaso. No primeiro caso, a complexidade e a ordem justificam-se facilmente pela hipótese de Deus. No segundo, o surgimento da complexidade e da ordem estende a credulidade além dos limites razoáveis.

Dennett e Dawkins afirmam ser isso uma falsa escolha, porque há uma terceira explicação da ordem: a seleção natural. O mecanismo da seleção natural possibilita o surgimento da complexidade e da ordem no reino orgânico e o faz sem apelar nem ao desígnio nem ao acaso. A seleção natural opera com mudanças genéticas que aparecem "por acaso", mas o próprio processo de seleção é tudo menos acaso. Entendemos o mecanismo da seleção natural, embora não possamos prever as mutações genéticas que o influenciam. Em outras palavras, a ordem natural, entendida em termos evolucionários, é capaz de "subsistir" por iniciativa própria sem introduzir o desígnio, por um lado, nem ter de responder a acusações de probabilidade desordenada, por outro. A seleção natural, como Dennett reconhece, não demonstra que Deus não existe. Mas mostra *realmente* que Deus não é necessário para explicar a ordem e a complexidade no mundo natural – que foi exatamente a conclusão de Hume (Slack 2007, p. 118).

Dennett também faz eco à preocupação de Hume de que o argumento do desígnio mostre um privilégio da mente que mais confunde que esclarece. O entendimento evolucionário do mundo, escreve Dennett, libera-nos do tradicional preconceito da mente greco-cristã que insiste que a ordem do universo só faz sentido se for produto de uma inteligência divina. (Lembre-se de sua metáfora do "gancho do céu" do capítulo anterior.) É inevitável que esse preconceito gere modelos "que escorrem", como o argumento do desígnio que supõe "ser necessária uma grande coisa animada fantástica para fazer uma coisa menos fantástica" (Dennett 2007, p. 135). A visão de mundo darwiniana esvazia esse preconceito e o substitui por uma "visão borbulhante" em que a inteligência *emerge* por seleção natural, em vez de ser pressuposta como qualidade divina preexistente (p. 136).

Uma versão do argumento do desígnio chamada argumento *antrópico* ou *da sintonia fina* tem recebido muita atenção recentemente. Seus proponentes o preferem, pelo menos em parte, porque ele muda o enfoque do mundo para o cosmos, evitando, desse modo, as dificuldades que a seleção natural apresenta para o desígnio. O argumento *antrópico* alega que o universo está tão primorosamente sintonizado para sustentar a vida que a ação de equilíbrio só se explica, razoavelmente, atribuindo-a a uma inteligência divina. A suposição ativa por trás dessa afirmação é que, quanto maior o número de condições necessárias para a vida, menor a probabilidade de serem preenchidas por acaso. Já que é necessário um número inacreditável de condições (tal como, por exemplo, o fato de ter a expansão pós-*Big Bang* de ocorrer na proporção exata para permitir a expansão gradual da complexidade), e já que evidentemente essas condições foram preenchidas (a vida existe), deve haver um "fator vivificante [que] está no centro de toda a máquina e desígnio do mundo" (Barrow e Tippler 1988).[3] De algum modo, o universo "sabia" que vínhamos.

---

[3] Outros proponentes do argumento antrópico incluem Swinburne (1998), Rees (2001) e Gingerich (2006).

O debate sobre o argumento *antrópico* tem sido animado. Os que o rejeitam contestam que fundamentalmente o argumento confunde a direção da *sintonia fina*. É a vida baseada no carbono, argumentam eles, que se adaptou ao universo, não o contrário. Outros críticos afirmam que o universo não está, em absoluto, sintonizado com a vida, pois a maior parte de sua vastidão parece ser espaço vazio inóspito à vida. Ainda outros argumentam que a realidade pode ter "multiversos" em vez de um único universo e que não há razão para supor que algum deles, além do nosso, esteja "sintonizado" com a vida. (Vale a pena mencionar que o físico Paul Davies rejeita a tese dos "multiversos" baseado em que, "como um tolo, ela explica tudo e nada" [Davies 1994, p. 49]).

Como já mencionamos, os repúdios ateístas ao argumento do desígnio em suas versões *antrópica* e da analogia não se destinam a contestar a admiração e a grandeza do cosmos físico que motiva seus defensores. Em última análise, o ateísta contesta a suposição do argumento de que o universo foi elaborado para o benefício exclusivo da humanidade. A natureza extraordinária dessa suposição foi talvez mais bem apreendida pela parábola da "poça sensível" por Douglas Adam.

> Isso é mais como se você imaginasse uma poça acordando certa manhã e pensando: "o mundo em que me encontro é um mundo interessante – um buraco interessante em que me encontro – serve-me maravilhosamente, não serve? De fato, serve-me surpreendentemente bem, deve ter sido feito para me conter dentro dele!". É uma ideia tão convincente que, quando o sol se ergue no céu e o ar esquenta e quando, gradualmente, a poça fica cada vez menor, ela ainda se agarra freneticamente à ideia de que tudo vai ficar bem, porque este mundo foi destinado a tê-la nele, foi construído para tê-la nele; por isso, ela é pega de surpresa no momento em que desaparece. Acho que isso pode ser uma coisa com a qual precisamos tomar cuidado (Dawkins 2001).

O argumento da causação

Os argumentos da causação, muitas vezes chamados "argumentos cosmológicos", são operacionalmente semelhantes aos argumentos do desígnio: buscam explicar um aspecto do mundo natural, pressupondo Deus como hipótese. Entretanto, no seu caso, o que eles procuram explicar é a pura e simples existência da realidade física. "Por que há alguma coisa em vez de nada?" é a pergunta à qual os proponentes dos argumentos da causação querem responder. O filósofo J. L. Mackie certa vez se referiu ao argumento cosmológico como "por excelência o argumento dos filósofos para o teísmo", presumivelmente por causa da profundidade das perguntas que faz (Mackie 1988, p. 81).

A clássica formulação da *Causa Primeira* do argumento de causação – e a que mais apela ao bom senso – encontra-se na segunda das *Quinquae viae* ou "cinco vias" de demonstrar a existência de Deus escritas por Tomás de Aquino no século XIII. A experiência nos diz que tudo o que existe foi causado por alguma coisa fora de si mesmo. Como o universo existe, a coerência sugere que também ele deve ter uma causa externa. Mas a única entidade poderosa o bastante para causar a existência do universo é Deus. Portanto, deve haver um Deus.

Esse argumento tem plausibilidade intuitiva, principalmente se pensarmos em "causa" simplesmente como evento anterior que serve de condição necessária para o surgimento de uma condição consequente; pense em uma fileira de dominós tombando. Porém, mais de um crítico ressaltou que o argumento da isenção de Deus da regra universal de que tudo que existe tem causa externa é duvidoso. Seja qual for a maneira como o interpretemos, ou isentando Deus da afirmação causal universal, ou subordinando Deus a ela, o argumento não funciona. Se Deus está isento, então a proposição deveria ser que, *em sua maioria*, as coisas que existem têm causas externas. Mas se esse é o caso, por que não isentar o universo em vez de Deus da dependência causal? A escolha parece arbitrária. Se, por outro lado, por uma questão de coerência, reconhecemos que Deus, como tudo o mais que existe, deve ter uma causa externa, então a afirmação de que Deus causou a existência do mundo não interessa porque, então, o enigma obviamente mais importante é "o que causou a existência de Deus?" E no momento que fazemos esse tipo de pergunta, a investigação toda se torna (como o próprio Tomás de Aquino observou) interminavelmente regressiva: "O que causou a causa de Deus existir?"; "E o que causou a causa da causa de Deus existir?" etc. Como menciona o matemático John Allen Paulos, a coisa toda logo começa a parecer um elaborado esquema de Ponzi que "rapidamente leva à completa ruína metafísica" (Paulos 2008, p. 13).

Em um esforço para solucionar essa dificuldade, diversas outras versões do argumento da causação foram apresentadas pelos teístas. As duas mais fortes são o argumento da contingência e o argumento *kalam*.

O argumento da *contingência* começa com a observação de que todo objeto físico do mundo existe de maneira contingente, não necessária. É impossível para uma coisa que existe necessariamente não existir. Ela não pode deixar de existir nem mesmo ser imaginada como não existindo. Entretanto, obviamente, nenhum objeto físico goza desse tipo de existência. Todo objeto físico vem a existir, muda com o tempo e finalmente cessa de existir. Esse tipo de existência, que não tem necessidade, no qual é inteiramente possível alguma coisa ou não ter existido ou não existir, chama-se "contingente".

Tudo que se encontra no universo parece ser contingente. Portanto, o argumento continua, faz sentido supor que o universo como um todo seja igualmente contingente. Mas se esse for o caso, então é necessária uma explicação para o universo, porque, se o universo é contingente, então ele poderia com a mesma facilidade não ter existido. Contudo, existe. Por quê?

A única explicação possível para a existência de um universo contingente é que sua existência depende da existência de um ser necessário. A existência desse ser tem de ser necessária em vez de contingente. De outro modo, o mesmo ponto de interrogação que se aplica à existência do universo se aplicaria a ele. A razão de haver alguma coisa em vez de nada é a necessária existência fundamental desse ser; e podemos chamá-lo "Deus". Deus é o fundamento necessário que sustenta o universo contingente.

Uma das mais fortes respostas ateístas ao argumento da contingência foi apresentada por Bertrand Russell no debate pela rádio BBC mencionado no Capítulo 2, entre ele e o filósofo católico Frederick Copleston. A crítica de Russell é que o argumento da contingência comete a falácia da composição: a suposição (apressada) de que o todo deve ter a qualidade de suas partes. Às vezes, esse *é* o caso: o oceano, por exemplo, é exatamente tão molhado quanto os bilhões de galões de água que o compõem. Mas, com mais frequência, não há razão para supor que o todo é como suas partes, o que é visto muito claramente se pensarmos no todo como um conjunto ou classe. Obviamente, é tolice afirmar que o conjunto de objetos vermelhos é ele mesmo vermelho, ou que o próprio conjunto de livros finos compartilha a qualidade da finura. Consequentemente, mesmo se admitirmos que todo objeto dentro do conjunto do "universo" seja contingente, não segue daí que o universo em si também o seja. Não há nenhuma contradição lógica em supor que o universo é necessário, embora seus objetos não sejam. Mas se esse for o caso, então a suposição essencial no argumento da contingência parece injustificada.

Os proponentes do argumento da contingência adotam o princípio de razão suficiente: para tudo que existe deve haver uma explicação suficiente para sua existência. Se ele é contingente (deixando de lado por enquanto a acusação ateísta de falácia de composição), o universo não pode ser explicação suficiente para sua própria existência porque poderia com a mesma facilidade não existir. Mas os críticos desse movimento ressaltam, primeiro, que postulações de Deus como a explicação suficiente para um universo contingente transgridem elas próprias o princípio de razão suficiente, porque os teístas não apresentam nenhuma explicação da existência de Deus. De modo mais significativo, muitos ateístas concordam com a conclusão de Bertrand Russell de que o "universo está precisamente ali e isso é tudo". Em outras palavras, é perda de tempo procurar uma explicação do universo físico que pretenda ultrapassar as fronteiras do universo físico. O universo é simplesmente um inexplicável fato bruto.

Por fim, alguns críticos afirmam que o argumento da contingência, como um todo, baseia-se no uso errado das palavras "contingente" e "necessário". Os defensores do argumento pretendem que elas sejam descrições metafísicas de dois tipos de existência. Mas os críticos respondem dizendo que as palavras são apropriadamente designações de dois tipos de proposições ou declarações. Em outras palavras, são categorias linguísticas, não metafísicas. Uma proposição é necessária se é logicamente necessária – isto é, se sua negação contradiz a si mesma. "Solteiros são homens não casados" é declaração logicamente necessária. Mas as sentenças: "Deus existe" ou "Deus existe necessariamente" não o são, porque a negação delas não leva a nenhuma contradição aparente (embora Anselmo de Canterbury, de quem em breve examinaremos o argumento ontológico, discordasse).[4]

O argumento da contingência tenta evitar o clássico argumento da causação sobre a isenção aparentemente arbitrária de Deus da causalidade universal, distinguindo entre existência necessária e contingente – Deus está isento da necessidade de uma causa porque a existência de Deus é necessária. O argumento *kalam*, que tem raízes no pensamento islâmico medieval (daí seu nome árabe, que às vezes é traduzido como "fala" ou "diálogo filosófico"), recentemente revivido por teístas cristãos, evita igualmente a recursão, concentrando-se na temporalidade.

Os defensores do argumento *kalam* tipicamente tomam o *Big Bang* como ponto de partida. Concordando com os cosmologistas que afirmam que o universo teve início temporal definido, concluem que ele também deve ter uma causa, porque tudo que tem início tem uma causa para seu início. A afirmação metafísica de que tudo que tem um início é causado constitui a essência do argumento *kalam*. Quando aplicada ao início do universo como um todo, sugere que a única causa poderosa o bastante para ocasionar esse início é Deus. Portanto, Deus existe.

Embora muitos defensores do argumento contentem-se em apelar à teoria científica do *Big Bang* como base para sua afirmação de que o universo teve um início temporal, outros como William Lane Craig, o mais decidido paladino do argumento *kalam*, também apresentam alguns argumentos matemáticos. O mais forte deles é o argumento baseado na impossibilidade de uma infinidade real de momentos passados (Craig 1995; 2000b). Suponha que haja uma infinidade de momentos

---

[4] Veja outros tratamentos de fontes do argumento cosmológico em Burrill (1967), Rowe (1998) e Craig (2001).

passados e atribua a cada um deles um número, de modo que todos os números (uma infinidade deles) sejam conferidos com momentos passados. Agora, para cada momento presente que retrocede ao passado um novo número deve ser atribuído. Se o número de momentos passados fosse menor que o infinito, isso seria fácil. Poderíamos simplesmente renumerar os momentos passados em ordem de modo que o momento ao qual já foi atribuído o número "1" agora se torna "2", "2" se torna "3" etc., com a numeração descendo a fileira sequencialmente. Mas se falamos de uma infinidade de momentos passados, então todos os números possíveis já foram atribuídos. Por um lado, então, como podemos recontar de modo que um "novo" número esteja disponível para ser atribuído ao novo momento passado? Mas, por outro lado, quem quer negar que todas as entidades realmente existentes, inclusive as novas, podem ser contadas? Assim, afirmar que o universo não tem nenhum início envolve-nos em um paradoxo – o fato de podermos e não podermos atribuir um "novo" número para novos momentos passados – e isso, como diz Craig, é um absurdo metafísico. A razão, então, afirma que o universo não é sem início.

O filósofo ateu Michael Martin critica a rejeição matemática de uma infinidade real de momentos passados baseado no fato de que renumerar momentos passados simplesmente faz todo sentido. Embora seu raciocínio seja um pouco obscuro, a ideia de Martin parece ser que a adição sucessiva a um conjunto infinito não prejudica a noção de infinidade a menos que reivindiquemos um ponto inicial para essa adição. Se um início é afirmado, a infinidade – definida como o que não tem início nem fim – é, obviamente, transgredida. "Mas há uma alternativa, a saber, que uma infinidade real pode ser construída por sucessivas adições se a adição sucessiva for sem início" (Martin 1990, p. 105). Craig estipula que a adição sucessiva deve começar em algum ponto, mas, segundo Martin, ele não apresenta nenhum argumento para a estipulação. Ao contrário, ele apenas levanta a favor da questão.

Críticos do argumento *kalam* geralmente respondem de duas maneiras adicionais, uma focalizando sua afirmação causal e a outra afirmando que a negação pelo argumento da possibilidade de uma infinidade de itens existentes (tais como momentos passados) tem consequências boas e más.

A primeira objeção (bastante forte) é que a afirmação do *"kalamista"* de que todos os inícios têm causas não é nem evidente por si mesma nem empiricamente verificável. Todo exemplo de causação que os seres humanos experimentam é mudança ou transição de um estado para outro: frio para quente, vivo para morto, fome para saciedade. O que *não* experimentamos são criações *de novo*, inícios genuínos de nada para alguma coisa. Nossa experiência nos ensina que as transições são causadas por agentes intermediários – um cobertor é a causa de minha mudança de frio para quente, um câncer causa a morte de uma criatura viva etc. –, mas não temos nenhuma justificativa para supor que um início *de novo* tenha igualmente uma causa. Em suma, não é tão obviamente fantástico, como os defensores do *kalam* afirmam, que, embora o universo tivesse um início genuíno, não houve causa para esse início. Pode ser contrário à nossa experiência de mudança transicional. Mas a mudança transicional não é uma boa analogia para inícios *de novo*.

O segundo problema com o argumento *kalam* trata diretamente da negação de infinidades que existem realmente. Os críticos observam que levar essa afirmação a sério parece acarretar a negação da onisciência de Deus. Se por onisciência divina alguém quer dizer que há na mente divina uma infinidade de itens de conhecimento – itens que representam não só estados reais de coisas passadas, presentes e futuras, mas também toda a série de possibilidades não efetivadas –, então a onisciência deve ser negada pela mesma razão que um número infinito de momentos passados foi negado. Essa última consequência obviamente não preocupa o ateísta, mas deve dar a um proponente do *kalam* pausa para meditação.

Parece que essa segunda objeção ao *kalam* não tem a força da primeira, por nenhuma outra razão além da suposição de que os itens de conhecimento na mente de Deus estão simultaneamente presentes em vez de *ad seriatim*. Nada é "adicionado" à mente divina da maneira como os momentos presentes são "adicionados" ao conjunto de momentos passados.

Antes de passar para o argumento ontológico, vale a pena encerrar esta discussão de argumentos de causação com duas críticas gerais que têm sido dirigidas contra todos eles.[5]

Primeiro, seja o que for que eles creiam a respeito de Deus, os teístas concordam que Deus é atemporal – isto é, é eterno e existe fora do tempo. Até os teísmos que ensinam algum tipo de evento encarnável, dentro do tempo – a doutrina cristã de Jesus como a segunda pessoa da Trindade, por exemplo, ou a vinda do avatar Krishna na tradição hindu –, afirmam que Deus existe essencialmente fora do tempo.

Deixando de lado as perplexidades sobre o que seria a existência intemporal, a noção de um Deus eterno levanta um problema para qualquer tipo de argumento cosmológico que procure estabelecer Deus como Causa Primeira ou como Causa *kalam* do início temporal do universo. Esse problema é como um ser intemporal ou fora do tempo age como causa, em primeiro lugar. Uma causa é um evento temporal no qual ocorre a mudança de Estado A no Tempo t para o Estado B no Tempo t + 1. Mas, como uma entidade que está fora do tempo desempenha um ato que é necessariamente temporal? Pode parecer que o argumento da contingência evita essa dificuldade porque sua atenção concentra-se em Deus como a razão ou explicação necessária da existência contingente. Certamente parece que a afirmação implícita do argumento da contingência acarreta uma suposição de Causa Primeira ou Causa *kalam* e permanece a mesma perplexidade de explicar como um ser não temporal desempenha atos temporais.

A segunda crítica geral que é dirigida contra os argumentos cosmológicos é similar ao que Hume levantou contra o desígnio: mesmo se reconhecermos que eles estabelecem uma causa primeira ou um início temporal, ou sustentam a existência contingente, não há razão para supor que eles também estabeleçam uma divindade pessoal. O próprio Tomás de Aquino mencionou que seu argumento de causação não alcança o objetivo de demonstrar a existência do Deus cristão. Quando muito, eles argumentam a favor da existência de um princípio metafísico de ordem. A fé dá o toque pessoal.

---

[5] Veja uma análise eficaz do argumento *kalam* em Nowacki (2007).

Além disso, no caso da Causa Primeira e dos argumentos *kalam*, que razão existe para supor que a entidade que pôs o universo em movimento perdurou? Mesmo se admitirmos que um Deus (ou para recorrer mais uma vez a Hume, uma comissão de deuses) foi o Criador do universo, isso não significa que essa divindade, ou divindades, ainda esteja por perto. Pelo menos quando empregados por teístas – crentes em um Deus pessoal –, os argumentos cosmológicos parecem ficar muito longe de onde seus defensores querem que eles vão.

O argumento ontológico

Na opinião de quase todo mundo, o argumento ontológico, proposto pela primeira vez por Anselmo de Canterbury, no século XI, é o mais fascinante a favor da existência de Deus. Tem tido diversos defensores desde Anselmo, sendo os mais notáveis René Descartes, no século XVII, Charles Hartshorne, Norman Malcolm e Alvin Plantinga no século XX. Mas também provocou uma série de críticos, a começar pelo contemporâneo de Anselmo, o monge Gaunilo, e inclusive Tomás de Aquino, no século XIII, Kant, no século XVIII, e uma ampla série de filósofos contemporâneos. Alguns desses críticos admiram sua engenhosidade, embora ao mesmo tempo rejeitem completamente seu método e conclusão. Como nas conhecidas palavras de Arthur Schopenhauer, que disse dele: "considerado à luz do dia [...] e sem preconceito, esta famosa prova ontológica é realmente uma piada encantadora" (Martin 1990, p. 95). Outros ficam simplesmente desconcertados pelo argumento, percebendo que é ilícito, mas incapazes de pôr o dedo onde ele fracassa. Sem dúvida, essa é uma das razões de seu interesse perene.

O argumento ontológico é muito diferente dos argumentos cosmológico e do desígnio. Primeiro, não afirma ser empírico nem mesmo da forma mais superficial. Ao contrário, é um argumento completamente *a priori* ou "anterior à experiência", baseado unicamente em uma avaliação racional do que a palavra "Deus" significa. Se o sentido da palavra Deus transmite perfeição, então Deus necessariamente existe: é o raciocínio fundamental por trás de todas as versões do argumento ontológico. Segundo, ao contrário de todos os argumentos cosmológicos e de algumas versões do argumento do desígnio, o argumento ontológico, pelo menos na versão de Anselmo, culmina não simplesmente em uma divindade metafisicamente abstrata, mas também em uma divindade boa, benevolente e sábia. Não é precisamente o Deus cristão, mas *é* um Deus pessoal.

Na verdade, Anselmo apresenta duas versões do argumento ontológico. A primeira focaliza o sentido de "Deus" como "aquele de quem nada maior pode ser concebido" e a segunda na proposição "Deus existe" como logicamente necessária. No primeiro argumento, Anselmo diz que até o "tolo" – provavelmente o ateísta – reconhece ter noção ou conceito mental de Deus: "aquele de quem nada maior pode ser concebido". Mas, depois que entendemos isso, é evidente que devemos admitir a existência verdadeira ou real "[d]aquele de quem nada maior pode ser concebido". Do contrário, acabamos em uma contradição:

> Certamente aquele de quem nada maior pode ser concebido não pode existir apenas no entendimento. Pois, se existe apenas no entendimento, pode-se conceber que ele existe também na realidade, que é maior. Assim, se aquele de quem nada maior pode ser concebido existe apenas no entendimento, então aquele de quem nada maior pode ser concebido é aquele de quem uma coisa maior pode ser concebida. Mas isso é claramente impossível. Portanto, não há dúvida de que alguma coisa da qual nada maior pode ser concebido existe no entendimento e também na realidade (Anselmo 2001, p. 7).

Anselmo continua e conclui que, neste contexto, "maior" também significa que Deus é "justo, confiável, feliz e tudo quanto seja melhor ser do que não ser". Assim, "aquele de quem nada maior pode ser concebido" vem a ser uma divindade pessoal.

A segunda versão do argumento ontológico afirma que, depois de entendermos o sentido da palavra "Deus", é impossível pensar em Deus como *não* existente. "É possível pensar que tudo que existe, exceto somente [Deus], não existe. Assim, só [Deus] entre todas as coisas [tem] existência mais verdadeiramente [...] tão verdadeiramente que não podemos pensar que ele não existe" (p. 8). Portanto, a sentença

"Deus existe" transmite necessidade lógica. Negá-la é afirmar uma contradição.

Em *Dialogues Concerning Natural Religion*, Hume responde à segunda versão, sustentando que é "absurdo evidente" tentar provar a existência de Deus com argumentos *a priori*. Seu raciocínio é que o único meio de provar alguma coisa *a priori* é mostrando que seu oposto subentende uma contradição, uma coisa que transcende os poderes da razão até para conceber (por exemplo, conceber um círculo que seja também um não círculo?). Mas, independentemente da tenacidade com que afirmamos a necessidade lógica da proposição "Deus existe", é inteiramente possível conceber Deus como não existente (Hume 1998, pp. 56-57).

Diversas objeções à primeira versão também podem ser levantadas. Uma é que, ao contrário do que diz Anselmo, não é em absoluto óbvio que um tolo ou um sábio estejam certos do que significa afirmar: "aquele de quem nada maior pode ser concebido". Que sentido, por exemplo, devemos atribuir a "maior"? Além disso, é realmente o caso de uma entidade que existe realmente ser "maior" que uma entidade que existe mentalmente? É o conceito de um triângulo de algum modo menor que um desenhado no papel? E se a existência realmente depreciar a grandeza em vez de realçá-la? Como sublinha Norman Malcolm, é enigmático como a existência em si e por si aumenta a grandeza.

> Faz sentido e é verdade dizer que se minha futura casa for isolada será melhor do que se não for isolada; mas o que significaria dizer que será uma casa melhor se existir do que se não existir? Meu futuro filho será um homem melhor se for honesto do que se não for; quem entenderia a declaração de que ele será um homem melhor se existir do que se não existir? (Malcolm 1965, p. 139).

Além dessas acusações de imprecisão, alguns críticos caçoam do argumento de Anselmo, mostrando que seu modo de raciocinar presta-se à paródia, e portanto, qualquer argumento tão fácil de ser ridicularizado é suspeito. A primeira pessoa a fazer isso foi o monge Gaunilo, contemporâneo de Anselmo, que empregou a estrutura do próprio argumento de Anselmo para "provar" que a ilha perfeita (ou, por dedução, qualquer outra coisa "perfeita") deve existir, pois uma ilha perfeita que existe realmente é mais perfeita que uma apenas concebida (Anselmo 2001, pp. 31-32). Uma paródia mais recente e especialmente engenhosa do argumento vem de Douglas Gasking. O mundo, afirma Gasking, é o mais maravilhoso empreendimento imaginável. O mérito do empreendimento é, em parte, determinado pela capacidade de seu criador; quanto maior a incapacidade que precisa ser superada, maior o empreendimento. A forma mais extrema de incapacidade imaginável é a não existência. Se, portanto, pudermos conceber um Deus existente que cria o mundo, podemos pensar em um Ser maior ainda – que criou o mundo apesar da desvantagem de não existir. Portanto, um Deus existente não é "aquele de quem nada maior pode ser imaginado", porque podemos imaginar alguma coisa maior: um Deus não existente que supera sua não existência a fim de criar (Grey 2000). Admitimos ser esse argumento um perfeito disparate. Mas é essa exatamente a questão. Se Gasking usa a estrutura do argumento ontológico para defender essa conclusão tão ridícula, não pode haver alguma coisa fundamentalmente errada com o argumento?

A objeção comum ao argumento ontológico (embora haja quem pondere que ela se aplica mais à versão de Descartes que à de Anselmo [por exemplo, Brian Davie 1993, p. 66]) é a famosa afirmação de Immanuel Kant de que nada é adicionado ao conteúdo de um conceito pela afirmação de que ele existe. "Cem táleres reais não contêm nem um centavo a mais que cem táleres possíveis" (Kant 1965, p. 505). Há muitos atributos ou características que dão informações genuínas a respeito de um objeto. Mas Kant negava que a existência fosse uma delas. Mais tarde, Gottlob Frege expressou opinião semelhante quando afirmou que declarações de existência são realmente apenas declarações de número que respondem à pergunta "Quantos?". Declarações existenciais não expressam propriedades. Simplesmente respondem à pergunta sobre quantos de um determinado objeto existem com certas características (Frege 1980, p. 65).

Se Kant e Frege estão corretos, é suspeita a afirmação do argumento ontológico de que um X realmente existente é maior que um X meramente conceitual. Atribuir existência a X não acrescenta nada de significativo a ele. Mas consideremos por um momento a possibilidade de que a existência *seja* uma propriedade. Isso salva o argumento ontológico? Provavelmente não, porque tudo que pode estar acontecendo, então, é que a existência sendo atribuída é simplesmente estipulante – quer dizer, é apenas uma propriedade definível do conceito em consideração. Mas a existência definível está a uma grande distância da existência real e os críticos do argumento ontológico há muito observaram que seus proponentes deixam de avaliar a distinção.

Tem havido diversas tentativas contemporâneas de salvar o argumento ontológico. A versão de Alvin Plantinga, que apela a uma análise lógica modal, é ao que tudo indica a mais conhecida. Plantinga afirma que, se Deus existe, Deus é um ser necessário porque alguma coisa é maior se sua existência é necessária em vez de contingente (essa é a ligação óbvia entre Anselmo e Plantinga). Assim, se Deus existe, Deus não pode não existir. Ora, a questão é se Deus realmente existe ou não. Plantinga afirma que, se é possível que Deus exista – e ele acha que não há nenhuma razão óbvia para negar a possibilidade –, então deve haver algum mundo possível no qual Deus exista. Mas, como o modo de existência de Deus é necessário, sua existência em *qualquer* mundo possível acarreta existência em *todos* os mundos possíveis. Portanto, Deus existe (Plantinga 1977).

O próprio Plantinga admite que o argumento é inconclusivo porque a afirmação de que existe um mundo possível no qual Deus exista pode ser negada por pessoas racionais. Mas ele sustenta que a premissa não é contrária à razão e que, portanto, seu novo argumento ontológico estabelece a aceitabilidade racional da existência de Deus.

Mas o filósofo Patrick Grim não tem tanta certeza e, para mostrar por que, ele parodia o argumento de Plantinga apresentando um argumento ontológico a favor da existência de fadas. Suponha, escreve Grim, que exista um mundo possível no qual há uma fada especial que possui a propriedade de ter poderes mágicos em todo mundo possível. Segue-se que essa fada existiria em todos os mundos possíveis e, assim, também em nosso mundo. A atribuição de poderes mágicos necessários em todo mundo possível não é mais contrária à razão, afirma Grim, do que a afirmação de Plantinga de que, se Deus existe, Deus existe necessariamente. Portanto, o argumento da fada é "racionalmente" aceitável – embora com certeza nenhuma pessoa racional o aceite. E nem, conclui Grim, devemos aceitar o argumento "racionalmente" aceitável de Plantinga a favor da existência de Deus (Grim 1979).[6]

Lembrete de advertência

Kierkegaard lembrou-nos no início deste capítulo de que a crença em Deus sempre precede o lançamento de argumentos a favor da existência de Deus. Do contrário, diz ele, não haveria motivo para apresentar tais argumentos. Por que alguém que descrê em duendes perderia tempo e energia vendo se poderia planejar um argumento que demonstrasse a existência deles?

De forma semelhante, sugiro que os ateístas que respondem aos argumentos cosmológicos, ontológicos e de desígnio também já tomaram sua decisão quanto à existência de Deus. É com certeza possível um teísta examinar e rejeitar o argumento de outro teísta a favor da realidade de Deus. Como vimos, Tomás de Aquino, por exemplo, não queria ter nada a ver com o argumento de Anselmo. Mas, quando um ateísta encara o argumento ontológico, ele já o faz achando-o mau. Seu único objetivo é demonstrar por quê.

Essas duas considerações – sem mencionar o fato de que se alguma coisa semelhante ao Deus teísta tradicional existe, é um pouco irracional supor que um único argumento possa definir isso – sugerem que toda iniciativa de demonstrar ou refutar a existência de Deus precisa ser mantida em perspectiva. Considerada por si só, nenhuma única "prova", independentemente de quanto ela seja irresistível, deve ser considerada base suficiente para a crença em Deus. Do mesmo modo, nenhuma refutação de uma "prova", não importa quão estupenda e eficiente, deve ser considerada base suficiente para descrença. Demonstrações formais e refutações da existência de Deus são apenas parte do enigma sobre se Deus é ou não real. Sua avaliação precisa ser

---

[6] Veja mais sobre o argumento ontológico em Hartshorne (1965), Plantinga (1965), Dombrowski (2006), Oppy (2007) e Hick e McGill (2009).

feita contra um amplo pano de fundo que inclua as possibilidades de visões de mundo examinadas no capítulo anterior, bem como questões de moralidade, sentido e espiritualidade que serão examinadas nos próximos capítulos. As decisões de crer ou descrer em Deus são – ou pelo menos deveriam ser – decisões cumulativas que consideram tantas provas quantas forem possíveis. Apesar das narrativas de conversões repentinas de teístas e também de ateístas, não há nenhuma abordagem de êxito garantido para resolver a questão – pelo menos se quisermos fazê-lo racionalmente.

Por que Deus não pode existir

Cultuo o Sol por muitas razões.
Antes de mais nada,
ao contrário de alguns deuses que poderia mencionar, eu posso ver o Sol.
Ele está ali para mim todos os dias e as coisas que me traz
são muito evidentes o tempo todo: calor, luz,
alimento, reflexões no parque
– o câncer de pele ocasional, mas, ei!
Não há nenhum mistério,
ninguém me pede dinheiro. Não tenho de me vestir com elegância
e não há nenhuma pompa enfadonha.
George Carlin, cômico americano

George Carlin era um sujeito engraçado, mas suas piadas não raro tinham um lado sério. Seu número teatral da adoração ao Sol aponta para três argumentos contra a existência de Deus, aos quais os ateístas sempre apelam. Para o cético prudente, não basta apenas demonstrar que os argumentos teístas a favor da existência de Deus, como os examinados no capítulo anterior, são ilícitos. É também necessário expor argumentos *positivos* contra a existência de Deus. Em outras palavras, tais ateístas querem ser mais que reativos na negação da divindade. Querem ser proativos. Querem apresentar argumentos que demonstrem, independentemente de refutar os argumentos teístas tradicionais, que Deus não pode existir. É outra peça no argumento cumulativo contra Deus.

Carlin diz que uma das vantagens da religião do Sol é que o adorador pelo menos "vê o Sol" e, assim, não há "nenhum mistério". Essa observação irônica reflete três das mais fortes objeções filosóficas à crença em Deus. Alguns ateístas argumentam contra a existência de Deus com base na ocultação divina: se Deus realmente existisse, com certeza ele deixaria sua existência mais clara. Outros defendem argumentos relacionados com base na impossibilidade divina: as qualidades que os teístas de maneira típica atribuem a Deus são logicamente contraditórias. Ainda outros rejeitam Deus com base no fato de ser a própria palavra literalmente sem sentido. O discurso sobre Deus é tão falso quanto disparatado.

Neste capítulo vamos examinar a alegação de que Deus não pode existir, focalizando esses três argumentos contra a existência de Deus e também um quarto, a posição frequentemente chamada de "problema do mal": se Deus existe e é bom, por que há tanto mal no mundo? Como veremos, os quatro argumentos são fortes. Mas este último deve ser o mais dramaticamente persuasivo para os ateístas, e também o mais problemático para os teístas. É com certeza a rocha contra a qual a fé religiosa de muita gente se despedaça.

A ocultação divina

O filme australiano de 1976, *The Devil's Playground*,* escrito por Thomas Keneally (do famoso *A lista de Schindler*), focaliza as dúvidas religiosas de um grupo de seminaristas de uma época anterior ao Concílio Vaticano II. Um deles, um garoto de 13 anos que luta com vigor contra seu despertar sexual adolescente, é particularmente atormentado pela crescente atração que sente pela vida no mundo. A certa altura do filme ele se retira para um galpão abandonado no terreno do

---

* N.d.E.: O parque de diversões do diabo.

seminário e em agonia suplica a Deus uma palavra de consolo e conselho. Clama que segue todas as regras, que reza dia e noite por uma luz, mas que Deus fica silencioso – como também fica desta vez. Logo depois dessa última falta de resposta do céu, o jovem sai do seminário.

A comovente sensação de desespero em *The Devil's Playground* surge do fato de Deus, em vez de ser presença palpável, revelar-se mais como *deus absconditus* ou "divindade oculta". Muita gente jamais experimentou uma revelação de Deus. Até os crentes geralmente recorrem só a revelações de segunda mão relatadas em suas Sagradas Escrituras. Como reconhece o Evangelista João: "Ninguém jamais viu a Deus" (Jo 1,18).

A ocultação de Deus convida-nos à pergunta "por quê?". Se Deus existe, por que ele simplesmente não se revela para que afinal os seres humanos saibam, de uma vez por todas, que ele é real? Se ele quer estabelecer uma íntima relação afetuosa com a humanidade, essa é com certeza a melhor maneira de fazê-lo. Como podemos amar uma abstração, uma entidade que não tem rosto, por assim dizer? E se Deus é verdadeiramente onipotente, ele não deve ter dificuldade para imaginar um meio de se revelar que os seres humanos compreendam. Ele poderia, por exemplo, fornecer informações detalhadas e verificáveis a respeito de eventos futuros. Poderia realizar milagres. Poderia mostrar ao mundo que ele existe, de maneira tal a eliminar de uma vez por todas o desespero e o desamparo experimentados por milhões de pessoas que, como o jovem seminarista, aguardam um sinal de sua existência. Ele poderia se fazer presente de maneira não misteriosa, como o Sol de Carlin.

Mas ele não o faz e a explicação para essa ocultação é ou que Deus não pode, ou que Deus não quer, ou que Deus não existe. No primeiro caso, a onipotência divina deve ser posta em dúvida. No segundo, devemos duvidar da benevolência divina. Mas tire um desses atributos e o que resta é muito menos que a tradicional noção teísta de Deus. A única opção razoável parece ser a terceira: Deus não está oculto; Deus simplesmente não é real.

O teólogo Richard Swinburne, bem ciente da força dessa objeção à existência de Deus, responde a ela dizendo que Deus escolhe ser *absconditus*, mas que essa ocultação ressalta, em vez de pôr em dúvida, sua bondade e sua sabedoria. Deus escolhe permanecer oculto porque uma revelação indubitável de sua parte seria indevidamente coercitiva. Privaria os seres humanos de sua liberdade moral, pois naturalmente eles fariam o bem ou pelo menos se absteriam do mal por medo do castigo divino irado e certo. A certeza absoluta da existência de Deus reduziria os seres humanos a escravos morais (Swinburne 1991, pp. 211-212).

Argumento semelhante à preocupação de Swinburne com a coerção moral é outrora (mas já não mais) defendido por Alasdair MacIntyre. MacIntyre se propõe a responder aos crentes que se preocupam com o fato de argumentos convencionais a favor da existência de Deus raramente convencerem. Nesse contexto, Deus permanece oculto do instrumento crítico da lógica ou da razão. O ateísta afirma que é porque Deus não é real. Mas o teísta, diz MacIntyre, afirma que a ocultação de Deus aqui é deliberada, porque uma prova teísta constituiria coerção que não deixa espaço para a escolha da fé. A conclusão é que a ocultação de Deus é virtude divina em vez de motivo de pesar ou ceticismo.

> Se pudéssemos produzir argumentos logicamente irrefutáveis, deveríamos produzir o tipo de certeza que não deixa espaço para a decisão; onde a prova é adequada, a decisão não é. Não decidimos aceitar as conclusões de Euclides; simplesmente confiamos na exatidão de suas proposições. Se a existência de Deus fosse demonstrável, ficaríamos tão privados da possibilidade de tomar a decisão espontânea de amar a Deus como ficaríamos se cada declaração de dúvida ou descrença fosse respondida por trovões do céu (MacIntyre 1957, p. 197).

Essas duas justificações teístas da ocultação de Deus são fracas. Em resposta a Swinburne, podemos perguntar por que a certeza da existência de Deus deveria ser mais coercitiva que a certeza de leis que proíbem ações más ou a certeza de rápido castigo se essas leis forem transgredidas. O argumento de Swinburne também subentende estranhamente que, de modo geral, o comportamento moral do ateísta é mais puro que o comportamento do teísta, pois o ateísta não é coagido de maneira nenhuma por medo do julgamento de Deus. Igualmente estranha é a negação subentendida de que a crença em Deus *não é* conducente ao comportamento moral, já que uma afirmação teísta comum é de que Deus é o fundamento do valor moral (falaremos mais sobre isso no Capítulo 6).

O argumento da coerção religiosa de MacIntyre também fracassa. Como John Hick observa, uma "prova verbal da existência de Deus não pode por si só arruinar nossa liberdade humana". Invocando a distinção que o Cardeal Newman faz entre anuência "nocional" e "real", Hick afirma que, embora uma anuência nocional ou abstrata ao argumento possa coagir a lógica desse argumento, de modo algum coage uma anuência real no sentido de "crença e fé vivas e reais em Deus" (Hick 1971, p. 107). Além disso, se levado a sério, o argumento de MacIntyre conduz a um fideísmo que rejeita todos os esforços de investigação racional da existência e natureza de Deus – posição satirizada pela parábola deliciosamente ambígua de Douglas Adams, *Babel Fish*, onde Deus teimosamente se recusa a provar que existe, "pois a prova nega a fé e sem fé não sou nada" (Adams 1979, p. 60).

Uma objeção óbvia teísta ao argumento da ocultação ateísta é que ele é excessivo. Deus *realmente* se revela. Em todas as tradições religiosas, milhões de pessoas alegam ter tido experiências pessoais dele. Em sua forma mais básica, o argumento é simplesmente declarado. Há certas experiências que simplesmente contêm em si mesmas uma incontestável "sensação" de verdade, um tipo de credibilidade básica de que nenhuma pessoa razoável pensaria em duvidar. As pessoas razoáveis geralmente sabem distinguir, por exemplo, entre estados de vigília e estados oníricos. Os primeiros têm para elas arestas da realidade que na maioria das vezes é inconfundível. Do mesmo modo, experiências genuínas de Deus, tais como encontros místicos ou revelações milagrosas, são igualmente difíceis de confundir com outra coisa, exceto elas mesmas. O grau de certeza imediata a que elas dão origem é incontestável, da mesma maneira que é inapropriado duvidar da experiência que um indivíduo tem do gosto da baunilha ou da sensação do amarelo.

Mas apesar de toda a sua popularidade, esse apelo à experiência é problemático. O óbvio cabelo na sopa é sua substituição da persuasão lógica pela autenticidade experimental. Experiências subjetivas podem, na verdade, ser fidedignas, mas a dimensão de sua credibilidade não pode ser sua intensidade. Podemos estar intensamente certos e ainda assim totalmente errados quanto ao sentido de qualquer número de experiências. Quem já experimentou uma "paixão intensa e passageira" ou um "amor de adolescente" reconhece como é fácil interpretar mal os sinais de outra pessoa. É muito mais fácil interpretar mal as pistas que parecem ter origem divina. Os psicólogos nos lembram de como é comum a neurose religiosa e dramas como *Equus*, de Peter Shaffer, e *Inês de Deus*, de John Pielmeier, que focalizam a ilusão inspirada na religião, são fascinantes porque são totalmente plausíveis.

Os críticos desse apelo insistem que experiências subjetivas devem ser consideradas levando-se em conta como se correlacionam com estados de coisas que realmente existem. O valor da verdade, não a intensidade, é a medida apropriada. Se alguém alega sentir o gosto da baunilha, é razoável testar se o bocado de sorvete que acaba de tomar tem grãos de baunilha espremidos dentro dele (ou, mais provavelmente, que pena, sabor artificial de baunilha). Pode ter ou não. Se não tem, e a pessoa ainda insiste em ter sentido gosto de baunilha, não cabe a nós contestar sua experiência particular. Porém, *podemos* dizer que ela não corresponde à realidade.[1]

Do mesmo modo, com supostas experiências de Deus, podemos invocar a regra prática que David Hume propôs para a investigação de milagres. Onde está a preponderância dos indícios (indícios aqui significando o verdadeiro estado das coisas, não a intensidade da experiência): do lado da experiência de Deus ou contra ela? Hume acha claro que "nenhum testemunho é suficiente para estabelecer um milagre, a menos que o testemunho seja de tal espécie que sua falsidade seria

---

[1] Um problema ao tentar determinar o valor verdadeiro das experiências subjetivas, em especial as que se proclamam revelações de Deus, é a dificuldade para imaginar como testá-las. Thomas Hobbes reconheceu isso. "Se um homem finge para mim que Deus lhe falou de maneira sobrenatural e imediata e eu duvido disso, não percebo facilmente que argumento ele pode produzir para me obrigar a acreditar. Se o homem diz que a voz divina lhe veio em um sonho, isso só quer dizer que ele sonhou. Se, por outro lado, ele afirma que a voz lhe veio enquanto estava acordado, como isso difere do devaneio?" (Hobbes 1904, p. 270).

mais milagrosa que o fato que ele procura estabelecer" (Hume 1998, p. 112).

Entretanto, há uma justificativa teísta para a ocultação divina que merece ser levada a sério. A alegação ateísta comum é que, se Deus existe, mas está *absconditus*, então a onipotência divina deve ser questionada: Deus *não pode* se revelar. Mas muitas tradições religiosas afirmam que a ocultação é mais provavelmente resultado de uma fraqueza dos seres humanos e não de Deus: em virtude de sua finitude, os seres humanos simplesmente não são capazes de uma experiência madura do Deus infinito. Essa experiência nos destruiria ou estaria além de nossa compreensão. Assim, Deus deliberadamente se abstém de se revelar diretamente em consideração a nós. Ao contrário, ele prefere revelações mais seguras, menos inflamáveis, o que deixa sem resposta a pergunta de como um Deus infinito é capaz de revelações finitas "seguras" ou por que só alguns, não todos, experimentam as revelações. Mas, mesmo assim, esse é um argumento intrigante.[2]

A impossibilidade divina

Talvez o primeiro cético a contestar a existência de Deus com base na impossibilidade divina tenha sido Carneades de Cirene, que conhecemos no Capítulo 1. Ele observou que o conceito de Deus defendido por teístas é internamente inconsistente ou contradiz a si mesmo. Como é impossível existir uma contradição de si mesmo, a existência de Deus é igualmente impossível. Especificamente, Carneades argumentou que Deus não pode ser onipotente e também bom ou virtuoso. Onipotência subentende um estado de eterna perfeição, mas virtude moral subentende imperfeição superada. A coragem, por exemplo, é virtude que consiste em dominar o medo de uma situação perigosa. Que sentido faz dizer que um Deus Todo-Poderoso, que presumivelmente não tem nada a temer, já esteve em um lugar para praticar a virtude da coragem? Talvez Carneades estivesse totalmente equivocado ao presumir uma identidade entre a bondade divina e a virtude.

---

[2] Duas fontes muito boas que examinam defesas e objeções ao argumento da ocultação contra Deus são Howard-Snyder e Moser (2001) e Schellenberg (2006).

Mesmo assim, ele concluiu que inconsistências internas como essa distorcem de tal maneira a crença racional em Deus que seria melhor abandonarmos a ideia toda de divindade (Thrower 2000, p. 41).

Depois de Carneades, o argumento da impossibilidade divina geralmente segue o espírito de sua estratégia adotando três abordagens correlacionadas: 1) encontre dois atributos ou qualidades de Deus consideradas necessárias e mostre que são inconsistentes; 2) mostre que ao exercer qualquer um de seus atributos Deus necessariamente contradiz esse atributo e 3) mostre que um atributo normalmente predicado a Deus é impossível.

Considere, por exemplo, a alegação teísta comum de que Deus é onipotente (todo-poderoso) e onisciente (que tudo sabe). Se é onisciente, Deus pode predizer tudo, inclusive seus próprios atos futuros. Mas se é onipotente, Deus pode anular tudo, dessa maneira tornando incertas todas as predições sobre o futuro, inclusive predições sobre seu próprio comportamento. Assim, os atributos de onipotência e onisciência são inconsistentes. Deus pode ser ou um ou outro, mas não os dois, da mesma maneira que Carneades argumenta que Deus pode ser onipotente ou virtuoso, mas não as duas coisas.

Um jeito simples de ilustrar a segunda estratégia do argumento da impossibilidade divina – mostrando que, ao exercer um atributo, Deus contradiz o atributo – é recordar uma pergunta que muitos estudantes do primeiro ano de filosofia encontram. Poderia Deus fazer um rochedo tão pesado que nem ele mesmo pudesse erguê-lo? Superficialmente, a pergunta parece tola. Mas ela aponta para um enigma mais sério: pode Deus desempenhar um ato que acarrete a sua própria limitação? Se Deus é onipotente, então a resposta óbvia é "sim". Entretanto, se é assim, então a onipotência de Deus destrói sua onipotência. Se, assustados com esse resultado, respondermos "não", então nossa alegação será que afinal de contas Deus não é onipotente. E, se esse for o caso, por que chamá-lo "Deus"?

Outro exemplo da segunda estratégia vem de Antony Flew, que afirmou serem inconsistentes os atributos de "incorporeidade" e "pessoa". Os teístas afirmam que Deus é pessoal e os teístas cristãos até falam de Deus em termos de uma trindade de pessoas. Mas também

Por que Deus não pode existir

insistem que, sendo eterno e infinito, Deus é sem corpo. Entretanto, no uso comum, a noção de "pessoa" só faz sentido em termos de corporificação. A noção de uma pessoa sem corpo, diz Flew, é contraditória (Flew 1966).

Todavia, esse argumento não é tão persuasivo quanto o anterior. Como vimos no Capítulo 1, na discussão do Deus teísta "pessoal", muitos teístas afirmariam que atribuem pessoalidade a Deus em um sentido análogo, não da maneira unívoca que Flew atribui. Deus existe de uma forma que é semelhante, mas não idêntica, à forma como os seres humanos existem. Uma dessas semelhanças é a posse de características "pessoais", tais como a capacidade de amar, conhecer etc., o que não precisa significar que a pessoalidade de Deus acarreta a corporificação divina. Os teístas que fazem essa distinção, certamente, ainda estão obrigados a justificar a afirmação de que Deus é, em alguns sentidos, análogo aos seres humanos, e fazer isso pode levar a afirmações inconsistentes ou contraditórias.

A terceira maneira de argumentar contra a existência de Deus com base na impossibilidade consiste em mostrar que determinado poder atribuído a Deus simplesmente não pode ser o caso. Tome a onisciência, a capacidade de conhecer tudo que é conhecível. Certamente o que é conhecível inclui experiências como fazer o mal, ciúme, doença e desejo sexual. Contudo, não parece que Deus seja capaz de qualquer desses tipos de experiências, precisamente por causa do tipo de entidade – perfeitamente boa, imortal e assexuada – que ele é. Assim, Deus não pode ser onisciente; a onisciência é uma impossibilidade para Deus.

Uma objeção óbvia e forte aos argumentos da impossibilidade divina é que eles proclamam mais do que realizam. O que eles claramente mostram é que existem problemas – talvez insuperáveis – com a noção clássica de uma divindade que possua todos os atributos. Mas isso não leva necessariamente à conclusão de que Deus não existe. Talvez signifique apenas que, se Deus existe, Deus não pode ser o ser possuidor de todos os atributos, no qual muitos teístas creem. O ateísta supõe que mostrar que Deus não pode ser onipotente ou onisciente não deixa outra alternativa além da negação da existência de Deus. Não obstante, diversas escolas de teologia contemporânea afirmam que Deus existe e, contudo, não é onipotente nem onisciente nos sentidos clássicos das palavras. No Capítulo 1, vimos que teólogos do processo, como Charles Hartshorne, afirmam que o conhecimento de Deus é necessariamente limitado, porque nem mesmo Deus pode saber com certeza o que ainda não aconteceu. Na melhor das hipóteses, Deus conhece a soma total das possibilidades (Hartshorne 1983). Outros teólogos das tradições judaica e cristã também contestam a onipotência divina, afirmando que Deus não é nem inacessível nem impenetrável ao sofrimento, ao contrário do que teólogos influenciados pela filosofia grega insistem há séculos. Deus sofre em resposta às aflições da humanidade. De outro modo, argumentam teólogos como Wolfgang Pannenberg, Dietrich Bonhoeffer e Reinhold Niebuhr, não há nenhum sentido no qual se possa dizer que Deus é "pessoal". Essa noção de que Deus é limitado de alguma maneira remonta pelo menos a Tomás de Aquino, que afirmou ser Deus incapaz de desempenhar impossibilidades lógicas (por exemplo, fazer um círculo quadrado). Mas a percepção de que Deus é muito mais limitado que isso se tornou comum na teologia cristã de hoje – já em 1959 o teólogo Daniel Day Lewis chamou-a de "mudança estrutural na mente cristã" – e ateístas que desejam apelar aos argumentos da impossibilidade divina precisam levar a mudança a sério (Lewis 1959, p. 138).[3]

A falta de sentido do discurso religioso

A sátira de Carlin de que ele prefere o culto ao Sol porque o vê todos os dias e pode, portanto, evitar lutar contra o mistério aponta para um terceiro tipo de argumento ao qual os ateístas apelam para mostrar que Deus não existe. É a demonstração de que o "mistério" por trás do discurso sobre Deus é apenas um eufemismo para tolice. O que quer que seja dito a respeito de Deus não tem sentido.

Em rigor, este não é tanto um argumento contra a existência de Deus, é antes de tudo contra levar a sério o discurso a respeito de Deus. Afinal de contas, há uma possibilidade de que algo que podemos

---

[3] A discussão adicional do argumento da impossibilidade pode ser encontrada nos ensaios de Martin e Monnier (2003, em especial pp. 323-438).

Por que Deus não pode existir

chamar de "Deus" exista realmente, mesmo que tudo que dissermos a respeito de Deus seja tolice. E, de fato, alguns teólogos ultrafideístas assumem exatamente essa posição, embora ela seja difícil e talvez impossível de aplicar consistentemente (por exemplo, é o discurso a respeito da falta de sentido do discurso de Deus contraditório?). Mas quando os ateístas invocam o argumento, é bem claro o que têm em mente. Se nada pode ser dito a respeito de um assunto que não seja despropositado ou sem sentido, por que levá-lo a sério? Sua intuição é semelhante à que motiva os proponentes dos argumentos da impossibilidade divina quando alegam que uma contradição não pode existir: se a linguagem que simula descrever uma entidade é tolice, um bom caso sem exame pormenorizado apresenta-se para presumir que a entidade é uma ilusão. Como afirmou o ateu Charles Bradlaugh, no século XIX, "o ateísta não diz 'Não existe nenhum Deus', e sim: 'Não sei o que você quer dizer com Deus; estou sem a ideia de Deus; a palavra 'Deus' é para mim um som que não transmite nenhuma afirmação clara ou distinta" (Bradlaugh 1980, p. 10).

David Hume preparou admiravelmente o caminho para a afirmação de que o discurso religioso não tem sentido em *An Enquiry Concerning Human Understanding*,* quando expressamente o destaca como tolice: "Se tomarmos nas mãos qualquer volume, de divindade ou metafísica escolar, por exemplo, vamos perguntar: Ele contém algum raciocínio experimental concernente à quantidade ou número? Contém algum raciocínio experimental concernente a assunto de fato e existência? Não. Atire-o, então, ao fogo; pois não contém nada além de sofisma e ilusão" (Hume 1955, p. 173). Para Hume, só as proposições ou declarações que expressam as relações entre ideias ("raciocínio abstrato") ou fatos ("raciocínio experimental") fazem sentido. As primeiras podem ser testadas pela consistência lógica e as últimas podem ser medidas por estados de coisas observáveis. Nenhum outro padrão de avaliação está disponível ou é necessário. Proposições que deixam de satisfazer os dois critérios de Hume não têm nenhum valor de verdade, mas, ao contrário, são ilusórias ou sem sentido. E o valor

---

* N.d.E.: Edição em português *Investigação sobre o entendimento humano*, Editora Escala, São Paulo, 2006.

de afirmações sem sentido é sugerido pelo conselho de Hume para atirá-las ao fogo.

Inspirados por Hume, proponentes da escola filosófica do século XX conhecida como positivismo lógico propuseram uma teoria de sentido baseada na verificabilidade. Segundo esse modelo, as declarações podem possuir sentido formal, sentido fatual e sentido cognitivo. Uma condição necessária e suficiente para o sentido fatual é que a declaração seja, pelo menos em princípio, empiricamente verificada ou tenha sua falsidade provada (segundo o padrão de Hume). Toda declaração que satisfaça um desses dois padrões de sentido possui sentido cognitivo, é ou verdadeira ou falsa e merece ser levada a sério. Qualquer outra declaração não é nem verdadeira nem falsa, mas despropositada e boa somente para o fogo.

Ora, proposições a respeito de Deus – tais como "Deus existe" – não demonstram sentido formal nem fatual e, portanto, também não têm sentido cognitivo. Não são nem analíticas (apesar de Anselmo), nem tautológicas, nem contraditórias. Assim, não há jeito de estabelecer sua verdade ou falsidade em bases puramente formais. Adicionalmente, não há um jeito de verificar a proposição ou provar sua falsidade apelando para a experiência, porque usuários da palavra "Deus" querem com ela se referir a um ser transcendente – isto é, não empírico. Consequentemente, o discurso de Deus é sem sentido. Em rigor, não podemos nem afirmar nem negar a existência de um Deus, porque todas essas alegações são absurdas. Como A. J. Ayer observou, "se a afirmação de que existe um deus é despropositada, então a afirmação do ateísta de que não existe nenhum deus também é despropositada, já que é apenas uma proposição significativa que pode ser significativamente contestada" (Ayer 1952, p. 115). Mas, como já vimos, mostrar que o discurso sobre Deus é tolice significa, para todos os propósitos práticos, rejeição de toda a questão de Deus.[4]

Embora a pergunta sobre se o discurso religioso é verificável ou não pusesse grandemente à prova os filósofos durante grande parte

---

[4] O *locus classicus* da discussão filosófica do sentido da linguagem religiosa (ou da falta dele) é Flew e MacIntyre (1955). Martin (1990, pp. 40-78) apresenta um resumo informativo. Excelente estudo teológico da linguagem religiosa encontra-se em Macquarrie (1967).

do século XX, o debate já não é tão animado como foi outrora. Isso não acontece porque os teístas acharam um meio de compatibilizar o discurso religioso com o princípio da verificabilidade, embora alguns tenham tentado. A tentativa mais famosa (e extravagante, aos olhos de muitos) veio de John Hick, que argumentou que afirmações religiosas são "escatologicamente" verificáveis – isto é, sua verdade ou falsidade são comprovadas somente depois da morte (Hick 1966, pp. 176-199). A principal razão para essa perda de interesse é que muitos filósofos, inclusive os antigos positivistas lógicos, puseram em dúvida a teoria do sentido da verificabilidade. Afirmam que ela não tem justificação (deve a própria teoria adaptar-se ao princípio de verificabilidade?), ou parece arbitrária (por que a verdade ou falsidade se limitaria somente a proposições formais ou concretas?), ou é porosa demais para impedir que afirmações metafísicas ou transcendentes vazem para o discurso fatual.

Embora sejam significativas, essas críticas não justificam relegar o debate para a lixeira da história filosófica. Há pelo menos duas razões para isso. A primeira é que os críticos do discurso religioso estão muito certos ao observar que a linguagem religiosa é escorregadia. Seus usuários insistem frequentemente em uma margem mais ampla do que permitiríamos em outros contextos linguísticos. Uma das melhores expressões de sua qualidade escorregadia é a bem conhecida parábola do Jardineiro, de Antony Flew:

> Certa vez dois exploradores chegaram a uma clareira na floresta. Na clareira cresciam muitas flores e muitas ervas daninhas. Um explorador diz: "Algum jardineiro deve cuidar deste terreno". O outro discorda: "Não há nenhum jardineiro". Assim, erguem suas tendas e montam uma vigília. Nunca veem o jardineiro. "Mas talvez ele seja um jardineiro invisível". Então, erguem uma cerca de arame farpado. Eles a eletrificam. Patrulham com cães de caça. (Eles se lembram como *O homem invisível* de H. G. Wells podia ser cheirado e tocado, embora não pudesse ser visto.) Mas nenhum grito sugere que um intruso tomou um choque. Nenhum movimento do arame trai um escalador invisível. Os cães de caça jamais latem. Contudo, o crente não se convence. "Mas há um jardineiro invisível, intangível, insensível a choques

elétricos, um jardineiro que não tem cheiro e não faz barulho, um jardineiro que vem secretamente cuidar do jardim que ele ama." Por fim, o cético se desespera: "Mas o que resta de sua afirmação original? Em que sentido como o que você chama de jardineiro invisível, intangível, eternamente esquivo difere de um jardineiro imaginário ou mesmo de absolutamente nenhum jardineiro?" (Flew e MacIntyre 1955, p. 96).[5]

O jardineiro de Flew é obviamente um substituto de Deus e sua mensagem é que usuários da linguagem religiosa sentem pouco escrúpulo para estender suas definições de Deus a fim de responder a todo e qualquer desafio. Nenhuma objeção que um cético possa apresentar prova a falsidade da afirmação do crente em Deus porque a resposta é emendar a definição original com qualificações suficientes para absorver a objeção. Com certeza, até por questão de bom senso, há alguma coisa tão suspeita nesta estratégia que depressa perderíamos a paciência com ela em outros contextos. Para ser significativa, qualquer asserção precisa excluir *alguma coisa*. Por que, então, devemos privilegiar a asserção religiosa que não exclui *nada*?

A segunda razão para levar a sério a tese da falta de sentido da linguagem religiosa é a análise apresentada pelo filósofo canadense Kai Nielsen, talvez o mais conhecido defensor contemporâneo de uma revisão da teoria de sentido baseada na verificabilidade. Para Nielsen, o padrão de verificabilidade simplesmente apresenta um critério para distinguir entre declarações fatualmente significativas e fatualmente sem sentido, estipulando que as primeiras dependem da possibilidade de pelo menos uma declaração observacional que valeria pró ou contra ela (Nielsen 1971).[6]

Ao contrário dos defensores (como Ayer) de padrões verificáveis anteriores, Nielsen afirma que sua versão não reduz todas as proposições

---

[5] A recente conversão de Flew ao deísmo, examinada no Capítulo 2, reverte de maneira interessante a pergunta feita implicitamente aos céticos em sua parábola: "O que seria preciso para um crente não crer no jardineiro/Deus?". Flew agora pensa que se deveria perguntar aos céticos: "O que seria preciso para vocês levarem a sério a possibilidade de Deus?".

[6] Veja uma boa discussão de Nielsen sobre a verificabilidade da linguagem religiosa em Martin (1990, pp. 45-55).

religiosas à tolice. Declarações frequentemente associadas à religião popular, em especial descrições antropomórficas grosseiras a respeito de Deus, são claramente falsificáveis. Se ouvirmos a afirmação de que Deus é um ser espacial-temporal poderoso que mora no firmamento, entendemos o que a afirmação significa e também podemos razoavelmente inferir, devido a tudo que sabemos sobre a realidade, que é muito falsa. Além disso, Nielsen admite que afirmações religiosas mais sofisticadas possuem, sintática e semanticamente, sentido suficiente para nos permitir tirar inferências delas. Se alguém nos diz que "Deus é imaterial e, contudo, age no mundo", entendemos claramente a sentença o suficiente para inferir, por exemplo, que o modo de Deus agir no mundo deve ser diferente do nosso modo humano corporificado.

Assim, é simples demais dizer que as afirmações religiosas são pura tolice. Algumas proposições religiosas ("Deus é um homem grande com uma barba branca") são significativas e é fatualmente possível comprovar sua falsidade. Outras ("Deus é imaterial, mas age no mundo") são significativas no sentido de que é possível tirar inferências delas. Mas para Nielsen o ponto saliente é que isso não torna o segundo conjunto de declarações *fatualmente* significativo. O sentido fatual depende de saber o que valeria pró ou contra uma proposição e o discurso a respeito de um Deus transcendente com qualidades transcendentes, como infinidade, eternidade, onisciência etc. (pense no jardineiro invisível de Flew), simplesmente não passa neste teste.

A virtude da posição de Nielsen é permitir ao cético distinguir cuidadosamente entre diferentes tipos de proposições religiosas em vez de tratá-las todas igualmente de um jeito meio impreciso. Além disso, Nielsen acredita que sua posição também fala às experiências dos teístas que eles mesmos distinguem entre diversos níveis de discurso religioso. Mas enquanto um teísta aceitaria o discurso sofisticado sobre Deus como significativo e um tanto metafórico ou alegoricamente verdadeiro, Nielsen insistiria que seu sentido não se estende longe o bastante para permitir conclusões quanto à sua verdade ou falsidade.

O problema do mal

Quanto mais Charles Darwin descobria sobre o mundo orgânico, mais convencido ficava de que o sofrimento e a morte eram as duas grandes constantes nele. Animais atacam animais, grande parte da prole perece antes de poder se reproduzir, e fome, doença e predação matam espécies inteiras. Embora a frase seja de Tennyson e não de Darwin, ele não teve dificuldade para avaliar a natureza como tendo "dentes e garras agressivos".

A vespa icnêumone, bela e delicada criatura, veio a simbolizar, para Darwin, a crueldade inerente da natureza. A fêmea da espécie põe ovos dentro de lagartas vivas que ela paralisa com uma ferroada. As larvas chocam dentro da lagarta viva e a devoram de dentro para fora. Depois de descrever esse modo horrivelmente carnívoro de parir em uma carta ao biólogo de Harvard Asa Gray, Darwin concluiu: "Não vejo, tão claramente quanto outros veem, provas do desígnio e da caridade em nenhuma parte à nossa volta. Parece-me haver miséria demais no mundo". Em carta posterior a Gray, Darwin voltou ao assunto. "Um homem bom e inocente está debaixo de [uma] árvore e é morto por [um] relâmpago. Você acredita (e eu realmente gostaria de saber) que Deus intencionalmente matou esse homem? Muitas ou a maioria das pessoas acreditam realmente nisso; eu não posso acreditar e não acredito" (Darwin 1993, pp. 224, 275).

As reflexões de Darwin na presença palpável de "miséria demais no mundo" indicam um argumento contra Deus que muitas pessoas, ateístas e igualmente teístas, consideram mais forte que qualquer outro. É frequentemente chamado de "problema do mal" ou "argumento do mal", embora um título mais correto para ele talvez devesse ser "problema do sofrimento inocente" ou "argumento do sofrimento inocente". Em termos mais simples, ele põe em dúvida a existência de Deus com base no sofrimento difundido e indiscriminado que aflige seres humanos e animais. O argumento é tão forte porque focaliza um fenômeno – sofrimento – que está pessoalmente próximo de todos os seres humanos. Sempre que ocorre um desastre natural que mata centenas de pessoas, sempre que uma criança morre de leucemia, sempre que um cônjuge ou um pai afunda na demência, a reação óbvia é se perguntar como essas tragédias se harmonizam com a existência de um Deus sábio, bom e poderoso. Disseram que o grande terremoto de Lisboa de 1755, que aconteceu no Dia de Todos os Santos, destruiu a cidade e matou mais de 100 mil pessoas, fez mais para abalar a fé religiosa da era moderna que os escritos de livres-pensadores como Voltaire, Diderot e Hume.

A fim de avaliar o argumento, é importante entender o que seus proponentes querem dizer com "mal" ou "sofrimento inocente". Eles não se referem a uma dor transitória que não prejudica permanentemente (um arranhão no joelho) ou, na verdade, leva a algum bem maior (a picadela de uma agulha de inoculação). Nem precisam se referir à dor de curto prazo ou ao sofrimento de longo prazo que voluntariamente atraio para mim por uma ação ou inação (o câncer de pulmão, por exemplo, causado por minha deliberada decisão de fumar cigarros). Ao contrário, o que eles têm em mente é uma calamidade que impõe grande perda física e mental ou a morte, que não serve a nenhum propósito salutar e que é imerecida. A calamidade pode ser breve e intensa (ser assassinado ou morto por um terremoto) ou prolongada e debilitante (suportar a doença de Lou Gehrig ou ser devorado por larvas de vespas icnêumones). Pode ser causada por uma força da natureza como terremoto, enchente, maremoto, animal não humano ou vírus, ou pode ser imposta por outro ser humano. A primeira é geralmente citada como ato de "mal natural" e a segunda, "mal moral".

Uma das primeiras formulações do argumento do mal nos vem do filósofo estoico Epicuro (341-270 a.C.). Ao pensar na relação entre Deus e o sofrimento inocente, ele sugeriu um dilema quádruplo ou conjunto de quatro possibilidades: 1) Deus quer eliminar o mal, mas não pode; 2) Deus pode eliminar o mal, mas não quer; 3) Deus não pode nem quer; 4) Deus quer e pode (Hume 1998, p. 63). Se 1) devemos descartar a onipotência divina, um dos clássicos atributos totais; se 2) devemos abandonar a benevolência divina; se 3) devemos concluir que Deus é mau; e se 4) somos obrigados a explicar por que há tanto sofrimento inocente no mundo. A mensagem de Epicuro é que qualquer uma das quatro possibilidades que consideremos é indesejável. Somos subjugados seja por um Deus defeituoso, um Deus mau ou um Deus que não tem nenhuma ligação óbvia com o mundo real. Em qualquer caso, os teístas pós-Epicuro ficam com um Deus que está muito longe do entendimento tradicional. A esta altura eles devem se perguntar qual é o modelo mais provável para entender o sofrimento inocente: que Deus ou é menos que perfeito ou é categoricamente malévolo, ou que Deus não existe e o sofrimento inocente é simplesmente um irredutível fato da vida. É óbvio que o ateísta considera a segunda opção a mais razoável.

Com certeza, muitos teístas também chegam a essa conclusão, embora não consigam se resolver a fazer o rompimento com a crença que os ateístas recomendam. Como o Jó bíblico, alternam entre a irada rebelião contra o que parece ser a indiferença de sua divindade ao sofrimento e a silenciosa submissão ao "mistério" de como um Deus Todo-Poderoso, onisciente e perfeitamente bom pode coexistir com o sofrimento inocente.

O cético religioso pode ser impaciente ou mesmo desdenhoso de seu apego à crença em Deus em face de tal prova contrafactual. Porém, dificilmente deixa de simpatizar com o peso existencial que eles assumem no processo. A inquietude e até o desespero que o teísta experimenta pela dissonância entre o mal barulhento e um Deus silencioso foi, de maneira fascinante, descrita por Dostoievski em sua personagem Ivan Karamazov. Embora o próprio Dostoievski fosse profundamente religioso, Ivan, o ateu, com certeza fala por ele quando clama, com raiva e desespero: "Quero ver com meus próprios olhos o leão deitar-se com o cordeiro e o assassinado levantar-se e abraçar o assassino. Quero estar lá quando todos de repente descobrirem para que serviu todo [sofrimento]" (Dostoievski 1980, p. 225).

Todavia, Jó e Ivan apresentam-nos clamores existenciais do coração em vez de argumentos filosóficos que justifiquem ou absolvam Deus da presença do mal no mundo. (Tais argumentos são conhecidos como "*teodiceias*": *theos* = Deus; *ceia* = justiça.) Mas, antes de nos voltarmos para alguns deles, é bom tirar do pensamento uma resposta ao problema do mal que se manifesta mais na literatura da Nova Era, em certas distorções do pensamento hindu e na mística cristã ocasional do que no teísmo em voga. É a afirmação de que o mal é ilusório ou irreal.

Por que Deus não pode existir

O argumento geral a favor dessa afirmação é que tudo que acontece é apenas um passo na expressão de um plano divino cósmico que vai culminar em um estado de perfeita inteireza e gratificação. De uma limitada perspectiva humana, alguns ou mesmo muitos desses passos parecem maus. Mas se pudéssemos ao menos adquirir uma visão a partir do olho de Deus e experimentar a totalidade das coisas, veríamos os componentes individuais da totalidade de modo muito diferente. Reconheceríamos sua conveniência e motivação no plano grandioso e veríamos que, embora possam ocasionar sofrimento, não são maus.

A objeção óbvia a essa negação da realidade do mal é que ela desaparece em face da experiência comum. Com certeza nenhuma pessoa razoável negaria que o assassinato sexual de uma criança ou a matança sistemática de Tutsis por Hutus é uma coisa má. Fazê-lo é não só recusar-se a abrir os olhos ao mundo em que vivemos, mas também arriscar-se a cair na passividade moral. Além disso, é também razoável tirar do pensamento, como sofisma, a afirmação de que o sofrimento é real, mas o mal não é. Muita gente considera que o sofrimento *é* o mal.

Em vez de negar a realidade do mal, o teísta tipicamente reconhece sua existência e depois o justifica de maneira tal a evitar o dilema quádruplo de Epicuro, o que tipicamente acarreta o distanciamento de Deus do mal e dessa forma o absolve da responsabilidade direta por ele. A esperança é que esse distanciamento permita ao crente manter o Deus tradicional possuidor de todos os atributos e, ao mesmo tempo, reconhecer que coisas más acontecem a pessoas boas.

Talvez o meio mais popular de fazer isso é invocando o livre-arbítrio humano. O livre-arbítrio, assim reza o argumento, é bom. É melhor ser uma criatura capaz de tomar decisões livres do que ser um autômato programado para agir de determinado jeito, mesmo que esse jeito pareça bom. Em sua onisciência, Deus sabia disso quando concedeu o livre-arbítrio aos seres humanos, mas também sabia que a dádiva do livre-arbítrio podia ser maldosamente empregada de forma incorreta para praticar o mal e causar sofrimento no mundo. Ainda assim, a bondade concreta do livre-arbítrio tem mais valor que o mal potencial a que ele pode dar origem – tanto, na verdade, que seria um mal maior para Deus não ter concedido o livre-arbítrio originalmente, ou transgredir o livre-arbítrio, intervindo para impedir um ato humano mal. O caráter dessa teodiceia é duplo: embora a realidade do mal pareça sugerir que Deus não é todo sábio, todo bom, nem todo-poderoso, o argumento do livre-arbítrio manipula a própria existência do mal para salientar o fato de Deus possuir todos os atributos (ele sabe que é melhor não interferir nas ações humanas, embora possa fazê-lo); e Deus é libertado da obrigação moral com a afirmação de que o mal se origina do abuso deliberado do livre-arbítrio pelos seres humanos.

Pondo de lado as restrições sobre se faz ou não sentido em primeiro lugar pressupor o livre-arbítrio nos seres humanos (vamos examinar este assunto mais de perto no Capítulo 7), há diversas objeções a esse argumento. Uma é que nem todo mal vem da imoralidade humana ou do uso maldoso do livre-arbítrio. Muitas vezes ele se origina do erro humano. Calculo mal a rapidez com que posso fazer a próxima curva na estrada, perco o controle e bato em outro carro, matando todos os seus ocupantes. Se esse for o caso, então não é verdade que todo mal provocado pelos seres humanos é resultado de perversidade, o que, por sua vez, põe em dúvida a interpretação um tanto simplista do mal como resultado da premeditação humana aceita pelos defensores do argumento do livre-arbítrio.

Uma resposta mais incisiva é negar a afirmação do argumento de que a interferência divina no livre-arbítrio humano é um mal maior que não interferir. Essa negação ganha peso quando em vez de pensar em Deus passamos a pensar nos seres humanos. É absurdo afirmar que a intervenção de um pai para impedir o filho de brincar com fogos de artifício é um mal maior do que permitir que os fogos de artifício arranquem um ou dois dedos. Se o teísta responde dizendo que o exemplo não é análogo porque a criança não alcançou a idade da razão e não é capaz do julgamento seguro que um pai exerce, o ateísta reage dizendo a mesma coisa dos adultos. Em comparação com Deus, nossos julgamentos são imaturos e potencialmente perigosos. Se é moralmente apropriado um pai intervir para proteger o filho, por que não é até mais apropriado nosso Deus Pai intervir para evitar nossa propensão para a autodestruição? Quando pensamos no curso sanguinolento e devastador da história recente onde os Hitlers, Stalins e Pol Pots do mundo fizeram tanta devastação, o problema assume certa urgência.

Dois pontos adicionais precisam ser considerados. Um é que há uma distinção entre livre-arbítrio e livre ação. Quando um pai impede o filho de brincar com fogos de artifício, tudo no que ele interfere é obviamente a liberdade de agir do filho. A capacidade de livre-arbítrio da criança fica incólume. Do mesmo modo, a intervenção divina para impedir ou evitar atos maus não precisa prejudicar a capacidade humana de livre-arbítrio. A capacidade de Hitler de livremente desejar o mal perdura, mesmo que Deus limite sua capacidade de agir conforme esse desejo. O segundo ponto é que nem todos os constrangimentos do livre-arbítrio são coercitivos e, portanto, injustificáveis. Sempre que nos empenhamos em uma discussão ponderada com os outros na esperança de persuadi-los a abandonar suas opiniões e adotar as nossas, procuramos com certeza influenciar o exercício da vontade deles. Por que não pode Deus do mesmo modo pressionar – mas não coagir – os Hitlers do mundo para opiniões mais esclarecidas?

Nesta conjuntura, o teísta pode adotar uma tática de teodiceia diferente, afirmando que certa quantidade de sofrimento/mal é necessária para o estímulo espiritual e moral dos seres humanos. O sofrimento, como diz o teólogo John Hick (seguindo Irineu, do século III), forma a alma. Serve de catalisador espiritual, sacudindo-nos para fora da complacência e do embotamento. Incentiva a introspecção, a reflexão profunda e a compaixão por outros seres sofredores. Sem a presença do sofrimento os seres humanos possuiriam menos profundidade e bondade do que possuem. Assim, o sofrimento, se assim você quiser, é uma *felix culpa* que nos magoa, mas ao mesmo tempo nos acalma (Hick 2007).

Todavia, há no mínimo três objeções a esse argumento. O primeiro apela à experiência comum: nem sempre ou nem mesmo habitualmente o sofrimento nos melhora moral ou espiritualmente. Ao contrário, mais tipicamente arrasa nossa saúde física e nosso bem-estar psicológico a ponto de tornar a vida insuportável. São Paulo diz aos coríntios (1Cor 10,13) que Deus não permite que os seres humanos sejam provados além de suas forças. Mas o menor conhecimento do mundo mostra que isso é claramente falso. A segunda objeção, relacionada com a primeira, é que a extensão e a intensidade do sofrimento que acomete os seres humanos parecem desproporcionais ao objetivo de formação da alma e contrárias à bondade de Deus. Com certeza os seres humanos não precisam contorcer-se tanto a fim de alcançar introspecção e compaixão. Mesmo que o sofrimento seja necessário, por que é necessário *tanto* sofrimento? A terceira objeção leva-nos de volta a Darwin: o sofrimento no mundo animal não humano é surpreendentemente horrível. Parece sem sentido e, portanto, cruel da parte de um Criador permiti-lo.

Até aqui a discussão concentrou-se no mal moral – a espécie de mal que o teísta afirma vir do uso mal-intencionado do livre-arbítrio. Entretanto, o lembrete darwiniano de que os animais não humanos também sofrem recorda o segundo tipo de mal no mundo: o mal "natural" causado por desastres, doenças e, no fim, a morte. Como o teísta absolve Deus da responsabilidade por isso?

O mais forte argumento da teodiceia apresentado (e é argumento forte) é que, embora Deus, de sua onipotência, onisciência e benevolência total tenha criado o melhor mundo possível, o melhor mundo possível inclui necessariamente o risco de desastres naturais e a inevitabilidade da doença, da decadência e da morte. Criar um mundo físico que contém criaturas conscientes, corporificadas, e governado por leis naturais uniformes, é um gigantesco ato de equilíbrio da parte de Deus. O mundo tem de operar de acordo com certas leis naturais constantes que geralmente nutrem a vida, mas ocasionalmente admitem condições locais que resultam em tsunamis, terremotos e erupções vulcânicas. Além disso, a mesma corporificação consciente que traz prazer acarreta necessariamente certos custos ocasionais, tais como a capacidade de experimentar dor excruciante, o risco de ser morto por uma bactéria microscópica e a necessidade da vida alimentar-se da vida. Tudo isso é simplesmente o preço que se precisa pagar por ser humano. Muita gente concordaria que a recompensa vale a pena (Reichenbach 1982; Lewis 2001).

Parece inquestionável, independentemente de sermos teístas ou ateístas, que a dor natural, a decadência e a morte são inevitáveis nas criaturas orgânicas. A pergunta que pode ser apresentada ao teísta é se é preciso haver tanta dor e decadência como há. Alguma transgressão da lei natural desequilibraria o cosmos se Deus, por exemplo, fizesse regiões da terra que são particularmente propensas a desastres naturais e tão inóspitas aos seres humanos e aos animais que elas acabam ficando praticamente inabitadas? É necessário que haja tantos vírus horríveis lá fora à espera de nos atacar? É realmente verdade que um Deus Todo-Poderoso não poderia ter criado um mundo físico mais amigo? Ou, se não, um Deus completamente bom teria ido em frente, de qualquer modo? Afinal de contas, os adultos às vezes se recusam a procriar sob a alegação de que este mundo é um lugar sinistro demais para se trazer vida nova a ele.

O argumento do mal é um ataque devastador ao teísmo. Persuade-nos a ampliar argumentos abstratos a favor e contra a existência de Deus com o material sombrio da vida real. Muita gente que antigamente se considerava religiosa voltou-se para o ateísmo não porque foi persuadida por um argumento lógico, mas porque o horror do mal do mundo abalou sua fé. Elie Wiesel fala por essas pessoas de maneira comovente ao recordar suas experiências em um campo de extermínio nazista: "Nunca me esquecerei daquelas chamas que consumiram minha Fé para sempre. Nunca me esquecerei daquele silêncio noturno que me privou, para toda a eternidade, do desejo de viver. Nunca me esquecerei daqueles momentos que assassinaram meu Deus e minha alma e transformaram meus sonhos em pó. Nunca me esquecerei dessas coisas, mesmo que eu seja condenado a viver tanto quanto o próprio Deus. Nunca" (Wiesel 1982, p. 32).

O argumento do mal ronda os teístas. Por mais que queira modificar seu entendimento de Deus, a fim de distanciar a divindade da responsabilidade pelo mal, o teísta, não menos que o ateísta, está dolorosamente consciente de como todos os argumentos são insuficientes. O problema do mal é um peso descomunal para o teísta. É sua grande tragédia.

À guisa de conclusão, uma perspectiva assustadora

Os argumentos ateístas positivos contra a existência de Deus buscam tomar a iniciativa dos teístas alegando que não há indícios de realidade divina (argumento da ocultação), que as qualidades tipicamente atribuídas a Deus se contradizem umas às outras (argumento da impossibilidade), que na maioria das vezes não temos a menor ideia do que pretendemos quando empregamos a palavra "Deus" (argumento da falta de sentido) e que a presença do sofrimento do mal no mundo é incompatível com a existência de um Deus onisciente, amantíssimo e todo-poderoso (o problema do argumento do mal). Tudo considerado, as pessoas que acham esses argumentos persuasivos concordariam, com George Carlin, que uma forma muito menos problemática de devoção seria o culto ao Sol. Seja como for, devemos nos lembrar de que os argumentos têm escopo mais limitado do que às vezes seus defensores admitem. Como argumentos ateístas, eles especificamente adotam o Deus do teísmo: a divindade pessoal que tem todos os atributos e é cultuada por judeus, cristãos e muçulmanos. A esse respeito, são curiosamente diferentes das "provas" teístas convencionais da existência de Deus examinadas no capítulo anterior, porque todos os últimos, com exceção do argumento ontológico, concluem com uma única e impessoal Causa Primeira, ou Ser Necessário, ou Grande Planejador.

Assim como os argumentos teístas convencionais não estabelecem, de modo algum, a existência da divindade teísta, também os argumentos ateístas positivos examinados neste capítulo de modo algum desacreditam a existência de um Deus impessoal. Deus poderia existir, digamos, como a Causa Primeira, desprovida de quaisquer características pessoais. Nesse caso, a ocultação de Deus seria perfeitamente compreensível e as outras objeções, todas as quais giram ao redor de inconsistências entre características pessoais divinas ou entre elas e a experiência factual, seriam irrelevantes. Ou Deus podia ter existido outrora, mas não mais existe (aliás, uma das possibilidades levantadas por David Hume), mais uma vez tornando irrelevantes os argumentos positivos discutidos neste capítulo. Naturalmente, se Deus existiu outrora, mas já não existe, é tecnicamente correto dizer que o ateísmo é verdade. Mas essa situação difícil com certeza exigiria que se reescrevesse o naturalismo no qual o ateísmo se baseia. E essa é uma perspectiva assustadora.

5

A história natural da religião

A religião se baseia, creio eu, primordial e principalmente no medo.
É, em parte, o terror do desconhecido.
Bertrand Russell, *"Por que não sou cristão"*

Talvez a religião não tenha um valor direto de sobrevivência exclusivamente seu, mas é subproduto de alguma outra coisa que tem.
Richard Dawkins, *The God Delusion* (Deus, um delírio)

Na opinião do ateísta, não existe uma boa razão para crer em Deus. A convicção essencial do naturalismo é que a natureza é tudo que existe e que tudo que a ciência revela a respeito do universo confirma essa crença. Os argumentos tradicionais a favor da existência de Deus não funcionam e há argumentos persuasivos contra a crença em Deus. O fervor religioso tende a diminuir nas sociedades onde melhoram os níveis educacionais e econômicos. E os que se apegam à religião tendem a ser surpreendentemente tíbios em suas crenças ou assustadoramente fanáticos – nenhum deles sendo um modelo particularmente inspirador.[1]

---

[1] Desconfio de que esta alegação mais tardia exagere. Mas, é uma convicção frequentemente manifestada principalmente pelos Novos Ateístas, que afirmam que a tepidez

Tudo isso deixa o ateísta com um enigma. Se a convicção religiosa – cuja definição ampla mais essencial é crença no sobrenatural[2] – é tão irracional, por que ainda é tão predominante? Afinal de contas, como vimos no Capítulo 1, ainda é a opinião da maioria no mundo de hoje. Como justificar esse fato curioso? Por que tanta gente persiste em crer no que, para o ateísta, é tolice na melhor das hipóteses, e na pior, é tolice perigosa?

Independentemente de como qualquer ateísta trata de responder a essa pergunta, uma coisa é certa: sua suposição inicial é a de que a religião, como tudo o mais, é fenômeno natural que pode e deve ser examinado sem inventar explicações sobrenaturais.

O crente em Deus, principalmente o da variedade teísta, afirma que sua tradição religiosa origina-se, em última análise, de uma revelação divina, em geral registrada em um conjunto de textos que ele considera sagrados e que Deus subsequentemente aumentou a revelação original por meio de milagres, experiências místicas e tradição eclesial. Em outras palavras, ele defende o que se pode chamar "história divina" da religião. Mas o ateísta, ao contrário, procura uma "história natural" da religião, que justifique suas origens e tendências sem apelar à revelação ou ao sobrenatural. Para ele, a religião é apenas outro fato no mundo, embora um dos mais influentes, que revela bastante a respeito dos seres humanos e da sociedade, mas absolutamente nada a respeito de Deus. Como afirma Kai Nielsen: "o naturalista [deve presumir] que é falso dizer que não há nada real que fundamente os símbolos religiosos. Ali existe verdadeiramente uma coisa muito real [...] só que a realidade não é o que o crente pensa que é" (Nielsen 1997, p. 408).

---

tolerante dos crentes liberais concede um implícito selo de aprovação aos excessos dos fundamentalistas.

[2] Definir a religião é um empreendimento notoriamente difícil e aqui optei pela definição que parece mais inclusiva. Pensar em religião unicamente em termos da crença em Deus é controverso porque fazer isso exclui, por exemplo, os budistas, que não adoram nenhuma divindade. Alguns estudiosos da religião preferem definições *substantivas* que definam a religião em termos do conteúdo conceitual ao qual as pessoas religiosas se dedicam. Outros optam por uma definição *funcional* que focaliza mais estritamente como a religião opera do que as crenças que a compõem. É a abordagem tipicamente adotada por ateístas interessados em analisar a história natural da religião. Veja uma discussão esclarecedora das dificuldades para definir a religião em Pals (1996, pp. 3-15, 268-284).

Um jeito naturalista de explicar a persistência da religião é concluindo que, de modo geral, as pessoas são irracionais. Um ateu meu conhecido certa vez assim explicou: "Muitas pessoas são estúpidas, o que significa que se apegam a crenças das quais não há, absolutamente, nenhuma prova – tais como a existência de Deus". Se comentários em dezenas de blogues ateístas são padrões confiáveis, esse tipo de rejeição é extremamente popular. Mas apesar de dados que sugerem que intelectuais inclinam-se *realmente* a ser descrentes[3] (Beit-Hallahmi 2007, pp. 306-313), a afirmação de que as pessoas são religiosas porque são irracionais é uma explicação tola. Em primeiro lugar, não está em absoluto claro o que se quer dizer com "irracional" (muito menos a minha familiar categoria de "estúpido"). Significa rude? Obtuso? Emotivo demais? Supersticioso? Inclinado a formar opiniões sem provas? Incapaz de pensar logicamente? Mas com certeza os crentes não têm o monopólio dessas qualidades. Segundo, atribuir a persistência da crença religiosa à irracionalidade só suscita a questão de *por que* as pessoas irracionais são religiosas. O que falta é uma explicação que ligue as duas.

Talvez mais fortemente, não está em absoluto claro que a crença religiosa seja irracional em qualquer sentido simples da palavra. Max Muller (1823-1900), E. B. Tylor (1832-1917) e James Frazer (1854-1941), pioneiros na investigação antropológica da religião, afirmaram que, em seu estado histórico mais primitivo, a religião foi uma tentativa genuinamente intelectual de entender o mundo fazendo ligações entre experiências diferentes e tirando conclusões. Muller afirmou que a crença em deuses surgiu do desejo de explicar grandes objetos (mares, montanhas, o sol, o céu) e acontecimentos (temporais, secas, enchentes sazonais) na natureza (Muller 2002, pp. 109-123). Tylor sustentou que a crença em seres espirituais era um meio de entender a aparente

---

[3] De fato, tornou-se convenção entre os Novos Ateístas referir-se aos descrentes como "inteligentes" com a conclusão associada de que os crentes são obtusos. Christopher Hitchens é o único Novo Ateísta de renome que acha o rótulo ofensivo e admite que ficou contrariado com "o professor Dawkins e com Daniel Dennett pela proposta aviltante de que os ateístas devem presunçosamente indicar-se para ser chamados 'inteligentes'" (Hitchens 2007, p. 5). Um website dedicado aos inteligentes está disponível em <http//the-brights.net> (acessado em 15 de dezembro de 2009).

vitalidade de objetos inanimados (o florescimento anual das árvores, por exemplo) e também o fato de os mortos reaparecerem em sonhos como se ainda estivessem vivos (Tylor 1903). Frazer afirmou que primeiro a magia e depois a religião eram estratégias para entender e também manipular as forças naturais (Frazer 1998). Em cada um desses modelos os crentes primitivos adotaram uma espécie de metodologia protoindutiva. Ideias eram associadas a experiências e eram feitas inferências, e essa capacidade, diz Tylor, "está no próprio fundamento da razão humana" (Tylor 1903, v. 1, p. 116). Os crentes primitivos podem ter tido falsas crenças. Mas eles não foram necessariamente irracionais na maneira como chegaram até elas. Simplesmente operaram a partir de pressuposições imperfeitas.

Afirmação semelhante a respeito da racionalidade da crença religiosa foi feita pelo sociólogo Rodney Stark. Ele entende a religião nos termos da teoria da escolha racional. A religião é um sistema de compensação baseado em pressuposições sobrenaturais. Os seres humanos, diz Stark, são basicamente guiados por objetivos e adeptos de explorar meios de alcançar seus objetivos ao menor custo para si mesmos em proporção ao valor daquilo que desejam. Negar a si mesmo prazeres mundanos e transitórios pensando em uma eternidade de recompensas (a compensação) pode ser uma barganha sem nenhuma base na realidade, mas é mais irracional que um aperto no cinto econômico no presente a fim de adquirir dividendos futuros. Vista dessa maneira, a crença religiosa é uma espécie de cálculo de custo-benefício, embora seja improvável que os crentes a descrevam nesses termos (Stark e Bainbridge 1996).

Assim, a tese da irracionalidade não serve. Mas o modelo de Stark indica um caminho mais proveitoso para justificar a continuação da crença religiosa, e esse caminho é examinar sua função. O que ela dá ao indivíduo e também ao grupo? Para Stark, a religião funciona como um cálculo de custo-benefício para o devoto individual. Para outros pensadores, como Auguste Comte (1798-1857), Emile Durkheim (1858-1917), Bronislaw Malinowski (1884-1942) e A. R. Radcliffe-Brown (1881-1955), a principal função da religião é social, não individual. Serve para criar e perpetuar a identidade do grupo – da comunidade,

A história natural da religião

se assim você quer – por meio da história específica da tradição, do mito, do ritual e dos valores. Ao lado de Stark, eles concordam que a religião pode ser falsa, mas mesmo assim tem uma função útil.[4]

Na maior parte, os ateístas adotaram uma abordagem funcionalista para registrar a história natural da religião e explicar sua persistência. No fim do século XVIII e no século XIX, a explicação preferida era que a religião resiste porque desempenha a função consoladora de aplacar o medo da morte, a dor e o sofrimento, e uma sensação de vulnerabilidade. Depois de Darwin, surgiu outro foco: a religião como fenômeno evolucionário com uma persistência que pode ser entendida em termos de seleção natural. Os dois conjuntos de explicação não são incompatíveis, pois está claro que, se a religião é produto da evolução, deve servir a algum tipo de função seletiva ou útil (como a consolação). Onde realmente diferem é na ênfase. O modelo consolador enfatiza o medo e o desespero humanos que criam a religião. Embora simpatizem com indivíduos que precisam da religião para lidar com a vida, os ateístas consideram a religião uma estratégia apenas parcialmente bem-sucedida (se tanto), porque ela tem a mesma probabilidade tanto de alimentar como de amenizar o medo. O modelo evolucionário não nega a função consoladora da crença religiosa, mas sua ênfase está em revelar as raízes biológicas da religião em vez de analisá-la em seus termos estritamente psicossociais. Alguns evolucionistas admitem que a religião ainda desempenha uma função útil, enquanto outros afirmam que ela é um remanescente evolucionário cujo tempo já passou e cuja persistência deve-se à inércia. Mas independentemente da abordagem que adotarmos, o objetivo, como Nielsen o descreve, é proporcionar uma razão que:

> explique as origens da religião, sua alegação de verdade, como essa mesma alegação está equivocada, a profundidade desse equívoco, sua persistência, apesar disso, em vários contextos institucionais e nas vidas pessoais dos seres humanos, suas várias formas culturais e históricas, como e por que ela muda e se desenvolve desse jeito e sua contínua persistência e apelo em uma ou outra forma (Nielsen 1997, p. 408).

---

[4] Veja Radcliffe-Brown (1976), Malinowski (1992), Durkheim (2008) e Comte (2009).

No restante deste capítulo vamos examinar vozes representativas dos campos consolador (David Hume, Karl Marx e Sigmund Freud) e evolucionário (Richard Dawkins, Daniel Dennett e E. O. Wilson). Depois, concluiremos com uma avaliação geral do projeto para entender a crença religiosa como fenômeno natural.

Hume: a religião e as tristes paixões

No Capítulo 3, examinamos o estrago que, em sua obra póstuma *Dialogues Concerning Natural Religion,* Hume fez à existência de Deus ao contestar o argumento do desígnio. Um tratamento igualmente importante da religião como fenômeno natural é o objeto de sua *The Natural History of Religion,** de 1757. Hume lançou as bases para a afirmação de que a função primordial da religião é nos consolar em nossos sofrimentos.

Assim como faria nos *Dialogues* quase vinte anos depois, Hume enche sua *Natural History* com afirmações de que "toda a estrutura da natureza revela um autor inteligente" (Hume 1956, p. 21) e que a "regularidade e uniformidade é a prova mais forte de desígnio e de uma inteligência suprema" (p. 42). E exatamente como na obra posterior, não está claro se devemos levar a sério essas declarações. Uma interpretação possível é que Hume estava guardando seus trunfos para escapar da acusação de infidelidade. Outra é que ele de fato desejava diferenciar o "autor inteligente" abstrato alcançado pela reflexão filosófica e a divindade pessoal da religião popular, afirmando o primeiro como inferência razoável, enquanto rejeitava a segunda como superstição. Mas, seja como for que leiamos Hume, as certezas das crenças com as quais ele entremeia seus textos parecem estar em conflito com o tema global da *Natural History.*

Uma indicação de que a discussão de Hume sobre um "autor inteligente" é insincera é sua convicção inequívoca de que há um largo abismo entre qualquer afirmação de que a crença em Deus seja racionalmente defensável e o que se sabe da verdadeira origem histórica

---

* N.d.E.: Edição em português *A História Natural da Religião,* Editora Unesp, São Paulo, 2005.

da religião. O exame da segunda revela que a sensibilidade religiosa baseia-se em alguma coisa bastante contrária à reflexão racional. Nem é a crença em Deus um "instinto natural" – uma ideia inata, ou talvez a noção de Alvin Plantinga de uma crença básica que analisamos no Capítulo 1. Ao contrário, é um artefato histórico que surge das respostas humanas à natureza.

Essa resposta é fundamentalmente negativa. Hume nega explicitamente que uma sensação de grato espanto com a ordem da natureza e com as dádivas que ela concede sejam o ímpeto original para a religião. Quanto mais acostumados estamos com a regularidade da natureza, observa ele, mais natural a achamos como pano de fundo quase não notado: "A prosperidade é facilmente recebida como direito nosso". Mas prestamos *realmente* atenção àquelas rupturas percebidas na uniformidade da natureza – um colapso na saúde, uma seca ou enchente que arruína a colheita, a morte de um ente querido – que evocam em nós ansiedade, medo e pânico. São essas emoções negativas que inspiram a crença religiosa, não as positivas de "animação e atividade, entusiasmo e satisfação jovial de todo prazer social e sensual".

> Se examinarmos nossos corações, ou observarmos o que se passa à nossa volta, descobriremos que os homens são com muito mais frequência levados a ficar de joelhos pela tristeza do que pelas paixões agradáveis [...]. Todo acidente desastroso nos alarma e nos põe a fazer perguntas concernentes aos princípios dos quais se originou. Surgem apreensões com respeito ao futuro. E a mente, afundada em desconfiança, terror e tristeza, recorre a todos os métodos para apaziguar aqueles poderes inteligentes secretos, dos quais se supõe que nossa sorte dependa inteiramente (Hume 1956, p. 31).

Essa análise de Hume faz lembrar o conhecido ditado de que não existem ateus em trincheiras. É só quando as coisas estão ruins que nos sentimos particularmente religiosos e, mesmo então, apenas para suplicar aos poderes divinos constituídos que nos tirem de uma encrenca. O sentimento religioso, então, fundamenta-se em um motivo nada saudável: o impulso desesperado, aterrorizado, de agradar um Protetor bastante poderoso para nos manter em segurança.

Uma crítica do argumento de Hume até este ponto poderia ser que sua descrição se adapta a tradições religiosas "primitivas", mas não às modernas mais "sofisticadas". As culturas politeístas ofereciam regularmente sacrifícios aos deuses na esperança de conquistar suas graças ou aplacar sua ira. Mas com o surgimento de tradições monoteístas mais reflexivas, por um lado, e o progresso científico no entendimento das forças da natureza pelo outro, os antigos terrores e superstições que inspiravam o suborno de deuses volúveis desapareceram. Assim, mesmo que a afirmação de Hume de que a religião se originava de "tristes paixões" seja historicamente correta, não há razão para pensar que as mesmas paixões motivem a crença religiosa de hoje.

De sua parte, Hume é cauteloso ao traçar esse tipo de distinção complexa entre politeísmo "primitivo" e monoteísmo "sofisticado". Ele considera o monoteísmo nada mais que crentes que hipotecam sua fidelidade ao deus que lhes parece mais poderoso que todos os outros. Portanto, o monoteísmo não é um afastamento do antigo terror, mas antes um último esforço para procurar proteção contra ele.

Não deve ser nenhuma surpresa, continua Hume, que o monoteísmo esteja saturado de fragmentos de rituais e modos de pensar politeístas, o que o torna inerentemente ambíguo e até instável em pelo menos dois sentidos. Em primeiro lugar, há a tendência de antropomorfizar Deus a fim de torná-lo pessoal, compassivo e, acima de tudo, alguém a quem podemos dirigir súplicas, o que é remanescente do politeísmo. Mas há também a tendência filosófica mais tardia gerada pelo monoteísmo de reificar Deus, tornando-o abstratamente impessoal e incompreensível. Do mesmo modo, nosso medo de perigos presentes e futuros, a motivação original para a religião, às vezes nos leva a um desespero antigo que execra Deus como cruel e insensível. Outras vezes, entretanto, o "espírito de louvor e elogio" monoteísta persuade-nos de que Deus é benevolente e amoroso. Essas duas instabilidades no monoteísmo criam um perpétuo "fluxo e refluxo na mente humana" que ilude as emoções dos crentes, fazendo-os "sair da idolatria para o teísmo e afundar novamente do teísmo para a idolatria" (pp. 46-47).

Assim, o monoteísmo não está de modo algum imune às "tristes paixões" que inspiraram o politeísmo. Ao contrário, elas são realçadas pelo entendimento fundamentalmente ambíguo que o monoteísmo tem da divindade: por um lado, pessoal e generoso, por outro, abstrato e cruel. Hoje, os crentes "flutuam entre esses sentimentos opostos" (p. 48) – o que nos leva de volta à afirmação fundamental de Hume de que não existe base racional para a crença religiosa. Se ela fosse fundamentada na razão, não daria origem a inconsistências como essas, nem à intolerância sectária que estas inevitavelmente provocam. Em uma mudança totalmente irônica nos acontecimentos, a religião com demasiada frequência exacerba as mesmas emoções negativas contra as quais seus crentes buscam socorro. Hume acha esse um estado de coisas tão banal quanto deplorável.

> Pesquise muitas nações e muitas épocas. Examine os princípios religiosos que, de fato, prevalecem no mundo. Dificilmente será persuadido de que eles são qualquer coisa além de sonhos de homens doentios. Ou talvez os considere mais caprichos divertidos de macacos em forma humana do que afirmações de um ser humano que se dignifica com o nome de racional (p. 75).

A conclusão para Hume é que a estratégia consoladora da religião é irracional demais para funcionar bem. Ao mesmo tempo, entretanto, os mesmos medos, sofrimentos e pavores que originalmente a motivaram persistem e o mesmo acontece com o anseio supersticioso, em especial em nossos momentos mais sombrios, de encontrar deuses para subornar.

Marx: a religião como sustentáculo do privilégio

Hume tinha o tipo de temperamento friamente racional que é associado (de modo não muito preciso) aos pensadores do Iluminismo. Suas dissecações da religião nunca eram mordazes nem mesmo acaloradas. Não havia, se me permitem, nada "pessoal" em sua discordância com os crentes em Deus. Ele apenas achava que estavam errados.

Karl Marx (1818-1883) tem um temperamento diferente, muito mais colérico, e suas denúncias da religião são quase sempre tão ácidas que dá para desconfiar que ele se sentisse pessoalmente afrontado por ela. Já na tese de doutorado de 1841 ele adotou como sua uma frase de *Prometeu acorrentado*, de Ésquilo: "Na verdade, odeio todos os deuses!" (Niebuhr 1969, p. 15). Mas há também uma razão menos pessoal para a intensidade da aversão. Marx estava convencido de que era papel da filosofia entender o mundo e também mudá-lo. O sucesso na primeira tarefa revelou que a ordem econômica do mundo estava "invertida", exatamente o oposto da maneira como as coisas deveriam ser. Seguia-se, para Marx, que todas as ideologias que se originavam dessa ordem dissonante do mundo estão igualmente invertidas e, o que é pior, ocupadas em fornecer defesas intelectuais e emocionais do *status quo*. Uma das mais poderosas é a religião. Assim, a vivissecção dela é uma maneira pela qual a filosofia pode agir a fim de mudar as coisas para melhor. E Marx era apaixonadamente comprometido com a mudança.

Para entender o que Marx queria dizer quando afirmou que a ordem do mundo e a religião à qual ela dá origem estão invertidas, é útil nos voltarmos para um seu contemporâneo mais velho, Ludwig Feuerbach (1804-1872). Feuerbach argumentou admiravelmente que Deus não é nada mais que uma ficção, a projeção para fora de qualidades humanas nobres, tais como sabedoria, amor, esperança e compaixão.[5] Os seres humanos, evidentemente, não têm consciência de que criam Deus à (melhor) imagem deles. Os mesmos medos a respeito dos quais Hume escreveu os estimulam a sentir a necessidade de um protetor divino que os salve ou ao menos os tranquilize em tempos de perigo. E que melhor protetor que um Deus que, embora pessoal e dotado de todas as qualidades admiradas pelos seres humanos, não tem o defeito da fraqueza humana? (Feuerbach 2004).

Entretanto, observou Feuerbach, há um alto preço para esse tipo de projeção. Ele rouba dos seres humanos o sentimento de orgulho de

---

[5] O argumento de Feuerbach, certamente, tem longa linhagem. Lembre-se da menção de Xenófanes no Capítulo 1, que afirmava que, se pudessem, os animais modelariam os deuses à sua semelhança. É um precursor menos sofisticado da tese de projeção de Feuerbach.

A história natural da religião **135**

seus melhores atributos e do controle deles, tirando-os e atribuindo-os a uma fonte divina exterior. Essa atribuição é realmente um insidioso esgotamento da vitalidade; os seres humanos diminuem para que Deus possa crescer. Como seria de se prever, o esgotamento deixa uma insegurança ou um sentimento de identidade pessoal que é "invertido", dissociando o sujeito de sua verdadeira natureza, fazendo sua própria essência parecer estranha a ele. Feuerbach tinha esperança de que, quando soubessem discernir o mecanismo projetivo por trás de suas crenças religiosas, os seres humanos poderiam redesignar como suas as qualidades "divinas", fechar a torneira do esgotamento, endireitar a inversão e superar a dissociação. Quando os deuses morrem, os seres humanos tornam-se plenamente humanos.

Marx foi influenciado pela análise de Feuerbach e tocado em especial pela afirmação de que a crença religiosa e a inversão que ela provoca prejudicam a consciência humana de si mesmo. Mas ele se preocupou porque Feuerbach, em primeiro lugar, não explicara *por que* a inversão ocorrera. O que motiva as pessoas a pensar menos em si mesmas a fim de pensar mais em uma projeção de Deus? Marx acreditava que responder a essa pergunta é entender a origem da religião e abrir caminho para romper sua influência.

Como materialista não apologético, Marx afirmou que os sistemas ideológicos que caracterizam uma sociedade – religiões, filosofias, jurisprudências, as artes, a cultura popular etc. – são reflexos diretos da base econômica e material dessa sociedade. As ideias não são os motores da história. As condições econômicas o são, e as condições econômicas que por acaso predominam em qualquer período histórico determinado inevitavelmente geram justificações ideológicas (o que Marx chama de "a superestrutura") da ordem estabelecida.

A base econômica com a qual Marx estava particularmente preocupado era, naturalmente, o capitalismo. Embora reconhecesse sua eficiência, Marx insistia que o capitalismo era um sistema falido que fundamentalmente deformava o valor criativo do trabalho humano transformando-o em mercadoria: "comprando-o" do trabalhador e, desse modo, quantificando-o como produto objetivo a ser vendido, comprado e possuído pelos compradores. Ao agir assim, o sistema capitalista alienava (ou dissociava) o trabalhador do objeto de seu trabalho, porque ele não se sentia nada além de peça descartável da engrenagem; dos colegas de trabalho, porque estava sempre competindo com eles ao tentar vender seu trabalho; e de si mesmo, porque seu trabalho não lhe permitia nenhuma saída para a expressão individual e a criatividade – sem mencionar que ele tipicamente vivia em um estado de quase penúria porque os patrões capitalistas recusavam-se a pagar o preço justo pelo trabalho que compravam dele. O capitalismo prometia trazer prosperidade e progresso, mas de fato levava a uma situação social na qual os que faziam todo o trabalho para produzir prosperidade compartilhavam pouco de seus benefícios, enquanto os que não tinham participação direta para criar prosperidade gozavam seus benefícios. Em outras palavras, pensava Marx, o capitalismo dá origem a uma ordem invertida no mundo.

Esse é o ponto em que a análise que Marx faz da crença religiosa dá a explicação causal que ele achava que Feurbach não alcançara. Como todas as outras ideologias superestruturais, a religião reflete a base natural em que se apoia. Como Marx escreveu em *O capital*, "o mundo religioso é apenas o reflexo do mundo real" (Niebuhr 1969, p. 135). Como já vimos, se o mundo real do capitalismo está invertido, então as ideologias às quais ele dá origem também devem estar. Portanto, a alienação provocada pelo sistema econômico espelha-se na religião. No primeiro, o trabalho humano está dissociado da criatividade do trabalhador individual. No segundo, como Feuerbach observou, as virtudes e potencialidades são dissociadas dos seres humanos e entregues a uma projeção de Deus. Nessa "ordem invertida do mundo" o ser humano não alcança "nenhuma verdadeira realidade" (Marx 1982, p. 131). A religião é apenas o sol ilusório ao redor do qual o homem gira, contanto que não gire ao redor de si mesmo" (p. 132). Reajustar a órbita humana exige total revisão da inversão do capitalismo.

> Já que a existência da religião é um defeito, só se pode procurar a fonte desse defeito na natureza do estado em si [...]. Não mudamos questões seculares por questões teológicas. Mudamos questões teológicas por questões seculares. A história tem por bastante tempo se

A história natural da religião   137

transformado em superstição: agora transformamos a superstição em história (McClellan 1976, p. 26).

Como todas as ideologias, a religião está convenientemente a serviço do *status quo* econômico. Seus princípios sociais "justificaram a escravidão da Antiguidade, glorificaram a servidão da Idade Média e igualmente sabem, quando necessário, defender a opressão do proletariado, embora finjam lamentá-la" (Niebuhr 1969, pp. 83-84). A religião alcança seu objetivo "pregando a necessidade de uma classe governante e uma classe oprimida", incentivando a primeira a uma caridade sem riscos e a segunda a uma submissa aceitação do jeito como as coisas estão. Desestimula a discordância, condenando-a como rebelião pecaminosa contra a ordem divina. E corrompe os crentes, incentivando um código moral que efetivamente produz "covardia, desprezo de si mesmo, aviltamento, submissão, desalento, em uma palavra, todas as qualidades da plebe" (pp. 83-84).

Mas – e esta é a astúcia inconfundível da religião – também procura consolar os crentes em sua aflição ao mesmo tempo que defende a estrutura política e social que os trata mal. Em uma passagem que contém uma das frases mais famosas que ele escreveu, Marx afirmou que "a miséria da religião é ao mesmo tempo expressão da miséria real e protesto contra ela. A religião é o suspiro da criatura oprimida, o coração de um mundo sem coração e a alma de condições sem alma. É o ópio do povo" (Marx 1982, p. 131).

A observação de Marx de que a religião é sintoma e também protesto, quando se trata de desgraça, é astuta e demonstra que, apesar de toda a sua animosidade para com a religião, ele era capaz de simpatia pela dolorosa necessidade que as pessoas (pelo menos as pessoas comuns) sentiam do consolo religioso. A religião como esteio superestrutural do privilégio econômico e político é cúmplice da ordem econômica que condena os desprivilegiados à desgraça. Mas, ironicamente, o anseio religioso pessoal – por uma pátria celeste onde a justiça jorre como água e o sofrimento já não exista – é um protesto, apesar de um protesto sem clareza nem compreensão de si mesmo, contra condições materiais empobrecedoras e alienantes. O conselho da religião institucional de humilde paciência neste mundo e promessa de uma vida melhor no outro pode, na verdade, ser um narcótico que obscurece o discernimento e diminui a ira necessária para endireitar a ordem invertida do mundo. Talvez seja uma compensação totalmente falsa e, em última análise, perniciosa pelos males que os crentes suportam nas mãos da Igreja e do Estado. Mas também, mesmo que involuntariamente, oferece uma consolação genuína, embora míope, e como tal tem mais resistência que a mera superstição ou ilusão.

Freud: a religião como fantasia

O argumento de Hume de que a crença religiosa é, em última instância, atribuível ao medo e à propiciação exerceu notável influência nos céticos seguintes. Contudo, é improvável que sua *História natural da religião* fosse amplamente conhecida, muito menos lida pelo público em geral. Hoje muita gente reconhece instantaneamente o comentário jocoso de Marx sobre a religião ser o "ópio" do povo. Mas pouca gente tem alguma noção do contexto e do completo significado da declaração. Entretanto, as coisas são diferentes com a explicação naturalista dada por Sigmund Freud para a crença religiosa. Seu relato parece tão plausível para tantos que se tornou quase sabedoria aceita. Esse relato é, sem dúvida, o mais influente de todos os esforços para descrever a crença religiosa como fenômeno natural.

Freud, que segundo sua filha Anna gostava de se julgar um "pagão perverso" e criou os filhos de maneira "totalmente irreligiosa", era, apesar disso, fascinado pela religião (Freud 1963, p. 17). Escreveu três livros dedicados à análise da psico-história da crença religiosa: *Totem e tabu* (1913), *O futuro de uma ilusão* (1927) e *Moisés e o monoteísmo* (1939).

O primeiro e o terceiro dos estudos freudianos da religião são estimulantes, mas estapafúrdios. Em *Totem e tabu*, ele afirmou que a crença em Deus é uma tentativa de lidar com a antiga memória traumática de rivalidade sexual entre filhos e pai que culmina no parricídio. Depois do parricídio, os filhos são oprimidos pela culpa e a necessidade de expiação. Por isso, conferem a um totem, ou espírito animista, as qualidades do pai assassinado (que, afinal de contas, é a única pessoa capaz de conceder-lhes o perdão que eles desejam). O conflito sexual e a culpa não resolvida, então, são as bases da religião. Em *Moisés e o monoteísmo*, Freud afirmou que Moisés era, na verdade, um egípcio, e o monoteísmo que ele apresentou ao povo hebreu era uma ramificação dos ensinamentos do faraó herético Akenaton. Em última análise, Freud presume, os judeus assassinaram Moisés e repete-se a mesma dinâmica (menos a rivalidade sexual manifesta) de culpa e expiação parricidas introduzida em *Totem e tabu*.

O argumento de Freud em *O futuro de uma ilusão* é menos especulativo e, em consequência, mais convincente. A civilização, ele afirma, torna-se possível pela sublimação de medos destrutivos e impulsos instintivos que, se incontidos, criariam um clima hostil de todos contra todos. Entretanto, por bem ou por mal, os seres humanos topam com algumas estratégias pelas quais canalizar as paixões para saídas menos violentas. Freud menciona a expressão artística como um dos caminhos para os quais os instintos são direcionados. Os sistemas jurídicos, presumivelmente por transformarem o desejo impetuoso de vingança em sistemas racionais de justiça, são outro. Mas nenhum deles é, nem de longe, tão eficiente para controlar os medos e os instintos quanto a religião.

A religião presta-se de modo particular a supervisionar as paixões que ameaçam a civilização porque aborda especificamente três medos humanos primitivos: medo da natureza, medo de outros seres humanos e medo da morte. Aqui a pressuposição de Freud, embora ele não o declare de modo explícito, é que o medo é um forte catalisador para outras paixões mais explicitamente violentas. Portanto, os mecanismos sociais que dominam o medo estabilizam as comunidades e aumentam a possibilidade de civilização.

A religião promete aos crentes que, apesar do fato de parecer friamente indiferente ao bem-estar humano, a natureza é, na realidade, a criação de uma benevolente divindade pessoal e, portanto, traz a marca de seu Criador sumamente bondoso. A religião trata do medo da morte, assegurando aos crentes que a morte não é a extinção pessoal, mas sim o início de uma nova vida melhor. E porque Deus é bom será feita justiça na vida após a morte. (No próximo capítulo, veremos o filósofo Immanuel Kant fazer afirmação semelhante.) Os que prejudicam os outros nesta vida serão punidos na outra e suas vítimas receberão coroas de glória. Portanto, não há nenhuma verdadeira razão para temer os outros, porque, no fim, as coisas serão endireitadas.

Em suma, tanto para Freud como para Hume e Marx a religião é funcionalmente consoladora. Ajuda os seres humanos a lidar com medos que, de outra forma, seriam opressivos demais para suportar e, ao fazer isso, ela historicamente promove a estabilidade nos níveis individuais e sociais. O que torna o relato freudiano da religião sem precedentes é sua insistência em que a crença em Deus não é apenas errônea (como Hume sugeriu), nem opressiva (como disse Marx), mas uma forma de psicopatologia. Para ser mais preciso, Freud diagnostica a crença religiosa como neurose obsessiva infantil.

A religião é infantil porque a divindade a quem os crentes homenageiam é realmente um substituto do pai. Quando somos crianças, procuramos em nossos pais proteção, conselho e consolo. Mas quando chegamos à idade adulta nossos pais biológicos morrem, ou a confiança infantil que outrora depositávamos neles diminui. Contudo, a essa altura o hábito de precisar de uma figura paterna poderosa está tão inculcado que não vivemos sem ela. Assim, tem lugar uma projeção comparável àquela sobre a qual Feuerbach escreveu (bem como à analisada por Freud em *Totem e tabu*): o pai terreno é substituído por um pai celeste purificado de todas as fraquezas e defeitos. A crença em Deus é produto de um "complexo de pai" que não foi "nunca totalmente superado" no processo de amadurecimento (Freud 1961, p. 30). É sintoma de desenvolvimento interrompido ou infantilismo.

Além disso, essa fixação em uma figura paterna divina é obsessiva, uma preocupação constante com uma ideia fixa da qual o crente simplesmente não consegue imaginar um precursor e que ele "confere" regularmente, consultando as Sagradas Escrituras, frequentando os cultos e rezando. A obsessão é tão forte porque são muito ameaçadores os três medos primitivos que perseguem os seres humanos, que a crença em Deus atua para aquietar.

Mas a acusação freudiana de que a crença religiosa é infantil e obsessiva é encerrada por sua terceira acusação: a religião é também neurótica. A marca da neurose neste contexto é a insistência em crer que existe alguma coisa, mesmo quando não há o mais leve indício racional para crer – e, quando, de fato, há muita contraprova à mão. Em vez de aceitar o que seus sentidos e razão lhe dizem, o neurótico insiste em se apegar ao que ele *deseja* crer. A crença religiosa não é nada mais que fantasia neurótica. É um "conto de fadas" que os fiéis sobrepõem à experiência a fim de submeter a realidade à sua vontade (p. 29).

Eis o segredo da persistência da religião: ela nos afirma nos termos mais firmes, mais confiáveis, o que queremos crer. As crenças religiosas são "realizações dos desejos mais antigos, mais fortes e mais urgentes da humanidade; o segredo de sua força é a força desses desejos" (p. 30). Mas são suspeitas, precisamente porque *são* reflexos de nossos desejos mais ardentes. Freud pressupõe a regra geral de que toda crença que está mesmo só ligeiramente corrompida por uma fantasia é, por isso, duvidosa. Devemos sempre desconfiar de interpretações do mundo que se adaptam muito comodamente àquilo que queremos crer. "Seria muito bom se houvesse uma ordem moral no universo e uma vida após a morte; mas é um fato muito convincente que tudo isso é exatamente como estamos destinados a desejar que seja" (p. 33).

Mas um crítico poderia perguntar a Freud ou, aliás, a qualquer outro defensor de um modelo de religião consoladora se existe realmente algum mal em crer que o mundo seja como desejamos que ele seja. Certamente, o indivíduo tem direito de crer no que quer que o ajude, desde que sua crença não prejudique os outros. Como Thomas Jefferson escreveu: "não me causa nenhum dano meu próximo dizer que há vinte deuses ou nenhum deus. Isso não bate minha carteira, nem quebra minha perna" (Jefferson 2002, p. 59). O filósofo William James concordava. Em seu clássico ensaio *The Will to Believe** ele argumentou que na ausência de provas de um jeito ou de outro, o indivíduo está perfeitamente autorizado a crer em Deus se a crença melhorar sua qualidade de vida (James 1911).

Freud tem duas respostas a essa objeção. Uma delas é prática e a outra tocantemente idealista para um realista intransigente. A observação prática é que quanto mais firmemente uma falsa crença é abraçada

---

* N.d.E.: Edição em português *A vontade de crer*, Edições Loyola, São Paulo, 2001.

mais dura provavelmente será a reação adversa quando os crentes descobrirem que foram enganados. "A civilização corre um risco maior se mantivermos nossa atual atitude para com a religião do que se desistirmos dela [...]. Não há aqui perigo que a hostilidade [...] das massas à civilização lance-se contra o ponto fraco que descobriram em sua mestra?" (Freud 1961, pp. 35, 39). Além disso, Freud estava convencido de que existe uma alternativa prática à religião. As ciências estão agora prontas para assumir o papel que historicamente a religião desempenhou. A ciência pode suavizar os aspectos mais selvagens da natureza, influenciar o comportamento humano para amenizar o crime e a guerra e prolongar a vida e a saúde, mesmo que não consiga derrotar a morte. Assim, a ilusão da religião, por mais útil que fosse outrora para estabelecer e manter a civilização, não é mais necessária para diminuir os três medos primitivos. E Freud está confiante de que, assim como adultos saudáveis acabam por romper os laços protetores e se põem a caminho sozinhos, também o gênero humano gradualmente amadurecerá até o ponto onde já não mais se apegue a um pai divino.

A objeção idealista é a convicção freudiana sólida como uma rocha de que "ignorância é ignorância" e não deve jamais ser tolerada, independentemente dos benefícios temporários que possa conceder (p. 32). Freud acreditava firmemente na afirmação de que a liberdade nos liberta. Afinal de contas, essa era a estrela-guia de seu método psicanalítico: os pacientes são libertados da escravidão de traumas reprimidos, enfrentando-os. Para ele, o engano de si mesmo era ofensa intolerável contra a verdade, e a superstição religiosa, independentemente de ser consoladora, o era ainda mais. "No longo prazo nada resiste à razão e à experiência, e a contradição que a religião apresenta a ambas é palpável demais" (p. 54). Há uma obrigação moral para consigo mesmo e para com os outros de crer somente no que foi comprovado.[6] Não está inteiramente claro em que bases Freud pressupõe essa obrigação. Mas

---

[6]   A afirmação de Freud de que temos o dever de ir ao encalço da verdade, independentemente de como uma falsidade pode ser consoladora, é comparável ao famoso argumento do filósofo W. K. Clifford em *The Ethics of Belief*, de que somos moralmente, não apenas intelectualmente, obrigados a acreditar apenas no que conhecemos definitivamente. Veja Clifford (1999, pp. 70-96). William James adotou a tese de Clifford em *The Will to Believe*.

seu compromisso apaixonado com ela é inegável, como é sua oposição à religião.

Dawkins, Dennett e Wilson: a religião como produto evolucionário

Os ateus pós-darwinistas não descartam as explicações consoladoras anteriores para a persistência da religião, mas afirmam ser preciso complementá-las com a análise evolucionária. Richard Dawkins e Daniel Dennett são os mais conhecidos defensores contemporâneos dessa posição. Embora reconheçam as informações úteis do modelo consolador, preocupam-se por ele não ir tão fundo quanto necessário. Ele não indaga *por que* a crença religiosa é o mecanismo mais elevado que os seres humanos tipicamente invocam quando confrontados por medos e ansiedades. Mas se não fazemos essa pergunta, diz Dennett, os pesquisadores das origens da crença religiosa sucumbem à "prematura satisfação da curiosidade" (Dennett 2006, p. 103). Dawkins concorda. Os modelos consoladores, diz ele, seguem a direção das explicações psicológicas "aproximadas". Não obstante, sua preocupação, e também a de Dennett, é com modelos "definitivos" que explicam a religião em termos de seleção natural (Dawkins 2006, p. 168).

Ao procurar uma explicação evolucionária da religião, a tentação é presumir que haja especificamente alguma coisa sobre crença no sobrenatural que tem valor de sobrevivência. Como Dawkins diz, a pergunta em torno da qual muitos evolucionistas moldam sua pesquisa é: "Por que aqueles nossos antepassados que tinham tendência genética a criar um núcleo divino sobreviveram e tiveram mais netos que os antagonistas que não tinham essa tendência?" (Dawkins 2006, p. 169). O biólogo E. O. Wilson, por sua vez, aceita a suposição da "tendência genética a criar um núcleo divino". "A predisposição à crença religiosa", escreve ele, "é a força mais complexa e poderosa na mente humana e, com toda a probabilidade, parte inerradicável da natureza humana" (Wilson, 1978, p. 169). Não dá para detectar o acidente genético que deu origem a ela. Mas a razão para sua sobrevivência não é nenhum mistério.

Em nível social, as convicções compartilhadas por correligionários criam um laço que os serve bem em conflitos com outras comunidades.[7] Esse laço nutre qualidades como amor, dedicação e esperança, que são necessárias para um senso de identidade e lealdade de grupo. Além disso, a convicção do crente de que existe uma ordem hierárquica no universo, que termina nos deuses, depois seguida por xamãs e líderes tribais, é outra fonte de estabilidade do grupo. Na ausência de um sistema de liderança, lutas mutuamente destrutivas enfraquecem uma comunidade em um piscar de olhos. A religião propicia líderes e, por esse meio, serve à necessidade humana fundamental de sociedade. Biológica, psicológica e evolucionariamente, os seres humanos (e a maioria dos outros primatas) precisam da companhia dos outros.

Em nível individual, a predisposição religiosa estável tem a mesma importância. Ali ela proporciona aos seres humanos um sentimento de transcendência que, segundo Wilson, é essencial para uma vida gratificante. "Para muitos, a ânsia de crer na existência transcendental e na imortalidade é irresistível. O transcendentalismo, principalmente onde é reforçado pela fé religiosa, é psiquicamente pleno e rico; dá uma sensação de legitimidade" (Wilson 1998, p. 261). Como naturalista, Wilson, obviamente, crê que as alegações sobrenaturais feitas pela fé religiosa são totalmente falsas. Mas, ele conclui, "a mente humana evoluiu para crer nos deuses; não evoluiu para crer na biologia" (p. 262). Porém, se essa predisposição é agora "parte inerradicável da natureza humana", é razoável supor que, como todos os outros aspectos essenciais do que significa ser humano, ela se apoia em um gene ou grupo de genes. Formas e práticas específicas de religião podem ser transmitidas culturalmente, mas o ímpeto inicial – o que Wilson considera a fome de transcendência – precisa ser estável. O geneticista Gene Hamer concorda e acredita ter localizado um "gene de Deus". Esse gene, que tem o rótulo científico VMAT2, é correlativo ao traço de personalidade da autotranscendência, termo que denota altruísmo, forte sentimento de união com a realidade, tendência para o misticismo (mas também psicose) e um senso moral altamente desenvolvido. As pessoas

---

[7] Ao dizer isso, Wilson sugere que a seleção natural favorece grupos e também indivíduos. Outros evolucionistas, inclusive Daniel Dennett, discordam.

autotranscendentes não creem necessariamente em Deus nem apoiam determinada tradição religiosa, mas com certeza têm mais probabilidade de fazê-lo que indivíduos que não tenham o VMAT2 (Hamer 2004). Há uma correspondência óbvia entre os traços de caráter associados ao VMAT2 e as qualidades comportamentais que Wilson considera necessárias para os seres humanos primitivos desenvolverem um senso de lealdade ao grupo.

A tese de Hamer é controversa e ele mesmo admite que atribuir a crença religiosa a um único gene é perigosamente reducionista – não porque ele aceite a possibilidade do sobrenatural, mas porque é provável que mais de um gene seja responsável pelo traço de autotranscendência.[8] Essa dificuldade de isolar ou mesmo fazer sentido de um gene ou grupo de genes, que justifica a predisposição religiosa de Wilson e a autotranscendência de Hamer, é uma das razões de Dawkins e Dennett sugerirem que talvez os evolucionistas estejam fazendo a pergunta errada. Em vez de pensar na religião como traço específico que resiste porque possui valor de sobrevivência em sua força, o que aconteceria se a julgássemos um "subproduto de outra coisa que resiste?" (Dawkins 2006, p. 172).

Dawkins acha que os méritos dessa abordagem fazem dela um sério competidor. A religião como subproduto nos libera de ter de pressupor um gene de Deus, muito menos uma fome biologicamente programada pelo transcendente. As duas alegações são simplesmente problemáticas demais – por um lado não verificáveis, pelo outro conceitualmente confusas – para gerar explicações proveitosas. Além disso, a hipótese de subproduto justifica a persistência da crença religiosa, apesar de sua total irracionalidade e propensão para destruição: segue de perto alguma outra qualidade que possui valor de sobrevivência genuíno. Para usar outra metáfora, essa crença é um parasita que se alimenta de um hospedeiro e com ele se movimenta, incapaz de sobreviver sozinha. É, como Dawkins muitas vezes se refere a ela, um "vírus da mente".

Assim, qual é o traço de bases biológicas favorecido pela seleção natural que acidentalmente incentiva a crença religiosa? Dawkins desconfia que é uma credulidade pueril.

---

[8] Veja mais sobre os esforços para localizar um gene de Deus em Noelle (2003).

Mais que qualquer outra espécie, sobrevivemos pela experiência acumulada de gerações anteriores, e essa experiência precisa ser transmitida às crianças para a proteção e o bem-estar delas. Teoricamente, as crianças podem aprender por experiência própria a não se aproximar demais de um precipício, não comer frutas vermelhas desconhecidas, não nadar em águas infestadas de crocodilos. Mas, para dizer o mínimo, há uma vantagem seletiva nos cérebros infantis que possuem a regra prática: creia, sem duvidar, em tudo que os adultos de sua família lhe disserem (Dawkins, 2006, p. 174).

A afirmação de Dawkins de que a credulidade tem sólido valor de sobrevivência é irresistível, especialmente dado o período de amadurecimento prolongado que os seres humanos precisam. Mas, como ele diz, o traço "pode dar errado". A mesma tendência biológica a crer em antepassados experientes com confiança inquestionável pode ser dirigida não só a conselhos práticos a respeito de quais frutas comer e quais evitar, mas também a conselhos religiosos de xamãs e sacerdotes. Como Wilson argumentou, seguir tais conselhos pode conduzir à sobrevivência, tendo em vista que fortalece a coerência do grupo. Mas, nesse caso, o que a seleção natural favorece não é tanto uma predisposição religiosa quanto uma credulidade subjacente que, neste caso, simplesmente acontece de falhar religiosamente. Portanto, pode ser que não haja um *gene* de Deus, conclui Dawkins, mas, definitivamente, há um *meme* de Deus – isto é, uma unidade de sentido culturalmente transmitida – que surgiu como subproduto de um gene de credulidade que aprimora a sobrevivência. O meme de Deus, bem como todo o "memeplexo" do qual ele faz parte, é transmitido de uma geração a outra em proporção à qualidade da abordagem de necessidades psicológicas, tais como segurança, inibidores de ansiedade e amor – o que nos traz de volta a explicações consoladoras anteriores para a persistência da religião.

A religião como tese de subproduto evolucionário, embora impressionante, pode ser acusada de um curioso ponto cego. Lembre-se de que Dawkins e Dennett insistiram que uma história natural da religião precisa visar explicações definitivas da religião (no sentido darwinista) em vez de aproximativas (no sentido consolador). De outro modo, é

A história natural da religião **147**

muito grande a tentação de se contentar com a "satisfação prematura da curiosidade". Mas uma crítica razoável da posição deles é terem confundido o que é na verdade uma explicação aproximativa com uma explicação definitiva. Se supomos que a religião surgiu de uma predisposição biologicamente selecionada para obedecer à autoridade, isso levanta, em primeiro lugar, a questão sobre como surgiu a da obediência à autoridade religiosa.

Daniel Dennett reconhece essa dificuldade e tem resposta para ela. Afirma que a seleção natural favorece a tendência de parte dos seres humanos (e também de outros animais) a passar do limite na atribuição de função. Aqui o princípio básico de sobrevivência é que em um mundo predatório é melhor ser cauteloso de mais que de menos. Essa tendência, diz Dennett, é a origem da crença no sobrenatural.

> Na raiz da crença humana em deuses está um instinto prestes a disparar: a disposição para atribuir função – crenças e desejos e outros estados mentais – a qualquer coisa complicada que se mova. Os alarmes falsos gerados por nossa disposição hiperativa de procurar agentes onde quer que esteja a atividade são os estimulantes ao redor dos quais crescem as pérolas da religião (Dennett 2006, p. 114).

O ponto central da postulação de Dennett de uma "disposição" instintiva "em atribuir função" – que na verdade parece pouco mais que uma reafirmação da tese antropológica de E. B. Tylor – é argumentar que a matéria-prima para a falha religiosa do gene da credulidade *pode* ser justificada. Operando separadamente, mas em conjunto, as predisposições biologicamente seletivas quanto à atribuição de atividade e à credulidade têm relação simbiótica uma com a outra. A primeira confere ao mundo exterior atividade na forma de espíritos ou deuses e a segunda perpetua a crença em espíritos e deuses por meio da autoridade dos antepassados, xamãs, sacerdotes, Escrituras Sagradas e instituições religiosas.

Fusões, duendes e alegria

Os ateístas que desejam justificar a persistência da crença religiosa por caminhos que transcendem asserções simplistas como os que afirmam serem os fiéis "estúpidos" estão muito certos de buscar explicações naturalistas. O modelo pré-darwinista da religião como consolo que reconcilia os seres humanos com os duros fatos da vida e também o modelo pós-darwinista que considera a religião produto da evolução biológica são informativos e, como vimos, modelos complementares. Considerados em conjunto, não só apresentam uma descrição coesa (embora com certeza incompleta) da origem e do notável poder resistente da religião. Também resistem à tentação de reduzir a religião a um fenômeno unidimensional. Até mesmo críticos firmes como Marx, Freud e Dawkins reconhecem que, em alguns períodos históricos e em alguns contextos, a religião é capaz de afetar a vida das pessoas para melhor.

Embora intrigantes e perspicazes, as histórias naturais da religião tais como as examinadas aqui não são sem deficiências. Uma das objeções mais comuns a elas é sua frequente incapacidade de traçar distinções claras entre a crença individual em Deus e as instituições religiosas. Admitimos que há discordância sobre se a crença individual em Deus é ou não separável de sua expressão social. Comte, Durkheim e Radcliffe-Brown, por exemplo, defendem essa posição. Mas outros (William James é o exemplo mais famoso)[9] acham que há uma diferença crucial entre o que o indivíduo faz quando está a sós com seu Deus e o que faz quando interage publicamente com a instituição religiosa ou a tradição de fé da qual faz parte. Se essa distinção tem algum mérito, então é possível que as histórias naturais da religião cometam um equívoco quando juntam as duas coisas em uma única categoria. Em palavras simples, a religião como *instituição social* pode ser um fenômeno natural perfeitamente explicável em termos de psicologia de grupo e seleção natural. Mas se a religião não for idêntica à crença em

---

[9] Segundo a bem conhecida definição de James, "os sentimentos, os atos e as experiências individuais dos homens em sua solidão, tendo em vista como eles entendem a posição que ocupam em relação a seja o que for que possam considerar ser o divino", é a religião (James 1994, p. 36).

Deus então explicações naturalistas da primeira não se aplicam necessariamente à segunda.

A tendência a juntar em uma coisa só todas as noções de Deus e religião está estreitamente relacionada com a fusão entre crença em Deus e religião. Tipicamente, os ateístas que querem explicar a religião como fenômeno natural tomam alguma variedade de teísmo como modelo. Assim, a crítica marxista da religião como defensora superestrutural do capitalismo tem claramente em mente o Cristianismo (e particularmente o Cristianismo europeu e russo do século XIX). (Também ignora os achados de pensadores mais tardios, como do comunista italiano Antonio Gramsci, e dos teólogos da libertação latino-americanos, de que o Cristianismo pode ser uma força de oposição ao *status quo* econômico e político.) Da mesma maneira, quando afirma que Deus não é nada mais que a figura projetada de um pai, Freud pensa nos três grandes monoteísmos e ignora totalmente outras religiões (tais como o Budismo, ou o Jainismo) onde um Deus Pai está ausente.

Outra objeção possível é que as histórias naturais da religião tendem a cair vítimas da falácia genética: a suposição de que a origem histórica de um fenômeno esgota seu sentido ou estabelece seu valor de verdade. Mas isso, obviamente, não precisa ser o caso. Mesmo que os ateístas que estudamos neste capítulo estejam certos a respeito das origens e dos apelos de religião, não se segue necessariamente que a crença religiosa é falsa. Talvez os crentes estejam corretos em suas convicções – pode realmente haver um Deus –, embora tenham suas convicções por todas as razões erradas. A causa da crença deles em Deus pode ser a necessidade de ter um progenitor divino que tome conta deles ou o fato de sua predisposição de credulidade biologicamente adaptável ter falhado. Mas isso só apresenta uma explicação causal de como eles chegaram à crença, não uma refutação dela. Se lhe pergunto quantas moedas tenho no bolso, você pode apenas prestar atenção e me dar a resposta certa, embora ache que acertou porque um duende invisível sussurrou a resposta para você. Posso, com certeza, pôr em dúvida sua teoria do duende. Mas sua resposta ainda será correta.

Finalmente, o ateísta que deseja dar uma descrição naturalista da religião precisa estar consciente de que sua descrença e talvez aversão à religião possa influenciar sua descrição. Um dos exemplos mais óbvios disso é a alegação frequente de que a crença religiosa nasce das "tristes paixões", como Hume as chama. Muitos ateus pré e pós-darwinistas presumem, como Bertrand Russell diz na epígrafe deste capítulo, que a religião se baseia em uma resposta de medo ao mundo. Mas se o testemunho de milhares de crentes for levado a sério, a crença religiosa tem a mesma probabilidade de se originar da pura alegria celebrativa pela beleza do mundo ou do deslumbramento impressionado com sua sublimidade. A religião pode emergir de paixões que são tudo menos tristes. Se é assim, então o modelo consolador, e também os pós-darwinistas que o aceitam como explicação aproximada, precisam ser revistos.

6

Uma moralidade sem Deus

É atribuir um valor muito alto às próprias conjecturas ridicularizar
alguém por causa delas.
Montaigne, *"On the Lame"*

Embora considerado autor da frase, Dostoievski na verdade nunca
escreveu: "Se Deus não existe, tudo é permitido". Mas é um sentimento que ele teria endossado com entusiasmo. É também a preocupação
por trás de um dos desafios mais comuns ao ateísmo, a saber, que a
negação de Deus dá origem ao niilismo moral. O raciocínio por trás
da preocupação é que Deus é um fundamento necessário para a moralidade genuína, porque só Deus estabelece deveres morais objetivos
e universais. Quando se elimina o fundamento, elimina-se a base da
responsabilidade moral e as pessoas perdem o controle de suas paixões
mais inconfessadas.

É importante deixar claro que muitos defensores dessa posição não
dizem que o ateísmo é um terreno escorregadio para o niilismo moral
porque os ateístas são maus. Talvez essa seja a opinião de uma minoria
de fundamentalistas religiosos, mas não é partilhada por crentes mais
ponderados. Ao contrário, a questão é que sem uma garantia metafísica de que os valores são objetivos não há nenhuma razão compulsiva

para se fazer a coisa certa. Nessa situação, de fato, não existe nenhuma "coisa certa".

Há duas respostas ateístas para isso, uma negativa e outra positiva. A resposta negativa é que na verdade é a religião, não o ceticismo, que incentiva a imoralidade, porque o fanático, como Montaigne observou, está disposto a matar por sua fé. A resposta positiva é que uma ética independente da crença religiosa – uma moralidade sem Deus – não só é possível, mas mais desejável que as baseadas na religião. Neste capítulo vamos analisar as duas respostas.

"São tão grandes os males aos quais a religião pode levar!"

Um dos primeiros e mais eloquentes críticos da moralidade religiosa foi o filósofo romano Lucrécio (94-55 a.C.), que, em *Sobre a natureza do universo*, vituperou contra a "superstição" religiosa, não só porque ela incentivava falsas crenças sobre a realidade, mas porque também "dá origem a ações pecaminosas e profanas", como o sacrifício humano. Lucrécio exemplifica sua afirmação repetindo o relato horripilante do sacrifício que Agamenon fez da filha Ifigênia na véspera da Guerra de Troia e conclui a triste narrativa com a observação: "São tão grandes os males aos quais a religião pode levar!" (Lucrécio 1940, pp. 70-71). Não nos surpreende que a Igreja Primitiva não tenha posto fé em Lucrécio.

As críticas da religião baseadas na ética – em especial as do Cristianismo – acertaram o passo durante o Iluminismo, no século XVIII. Embora aceitassem uma divindade da Causa Primeira minimalista e impessoal, os deístas britânicos foram quase unânimes na denúncia da imoralidade da religião institucionalizada. No continente, ficou famoso o grito de guerra de Voltaire contra a Igreja: *"Ecrasez l'infame!"* (Esmagar o infame). O barão d'Holbach asperamente lembrou os leitores de que não foram os céticos como Epicuro, Lucrécio e Hobbes que mataram por suas crenças: "Hobbes não provocou derramamento de sangue na Inglaterra, onde durante sua vida o fanatismo religioso matou um rei no cadafalso" (Thrower 2000, p. 108).

E Denis Diderot, a força propulsora por trás da maior realização do Iluminismo, a *Encyclopedie*, expressou sua repugnância pela imoralidade da religião ao escrever uma parábola em que um misantropo, abrigado em uma caverna e pensando em como mais prejudicar a raça humana, tem de repente uma inspiração. Correndo para fora da caverna, põe-se a berrar: "Deus! Deus!". "Sua voz ressoou de um polo a outro", escreve Diderot, "e eis que homens começaram a brigar, a odiar-se e a cortar a garganta uns dos outros. E vêm fazendo a mesma coisa desde que esse nome abominável foi pronunciado e vão continuar agindo assim até se completar o processo dos séculos" (Thrower 2000, p. 106).

As denúncias da religião por razões morais continuaram durante os dois séculos seguintes. Mas o surgimento do fundamentalismo cristão nos Estados Unidos, a violenta repressão praticada pelo Taleban, no Afeganistão, o terrorismo de inspiração religiosa da Al-Qaeda e os horríveis ataques às torres gêmeas de Manhattan, em 11 de setembro de 2001, infundiram uma urgência sem precedentes – alguns diriam veemência – à crítica da religião. Os Novos Ateístas Sam Harris, Richard Dawkins, Christopher Hitchens e Daniel Dennett foram particularmente expressivos ao insistir que a crença religiosa gera intolerância, repressão e violência.

Harris afirma que a raiz da imoralidade da religião é a irracionalidade de seus dogmas essenciais. As pessoas religiosas em geral podem não ser insanas, escreve ele, "mas suas crenças principais o são completamente" (Harris 2004, p. 72). Essas crenças incluem a afirmação de que Deus exige obediência absoluta, que seus mandamentos ultrapassam os deveres éticos comuns e que a tradição de fé específica da pessoa é a única correta. Essas "crenças loucas" inspiram a violência de duas maneiras: os fiéis matam "infiéis" porque acreditam que é isso que Deus quer e identificam a comunidade moral com sua filiação religiosa e, portanto, pelo menos implicitamente, negam que têm obrigações éticas para com alguém, exceto os irmãos de fé (Harris 2006, pp. 80-81). A crença em Deus, então, é "intrinsecamente perigosa" (Harris 2004, p. 44).

Harris é bastante severo na condenação moral da religião, principalmente do Islamismo. Mesmo assim, é menos impertinente que Richard Dawkins ou Christopher Hitchens. É conhecida a afirmação de Dawkins de que as normas religiosas em geral, e as cristãs e muçulmanas em particular, são tão opressivas que expor os jovens à educação religiosa é uma forma de abuso infantil que lhes faz lavagem cerebral por meio da exclusividade e intolerância que gera violência (Dawkins 2006, Capítulo 9).[1] Além disso, ele se recusa a traçar distinções morais entre crentes moderados e fundamentalistas. "Os ensinamentos da religião 'moderada', embora não extremistas em si, são convite franco ao extremismo" (p. 306). Hitchens concorda, afirmando laconicamente que "a religião mata" e citando como prova de modo aliterativo suas experiências pessoais de violência inspirada na fé em Belfast, Beirute, Bombaim, Belgrado, Belém e Bagdá (Hitchens 2007, Capítulo 2).

Dennett, Novo Ateísta com um tom geralmente menos inflamado que o dos colegas, concorda com eles quanto aos perigos morais da crença religiosa. Afirma que a religião é como uma piscina, no sentido de ambas serem "o que é conhecido no Direito como incômodo atraente". As duas atraem pessoas com pouco discernimento – jovens no caso da piscina, teístas no caso da religião – e a consequência é não raro uma lesão grave. Assim como os proprietários das piscinas são corretamente considerados responsáveis pelo dano que acontece a pessoas inocentes, também a religião deveria ser considerada responsável. "Os que mantêm as religiões e tomam providências para torná-las mais atraentes devem ser considerados igualmente responsáveis pelo dano produzido por alguns daqueles que atraem e a quem fornecem um manto de responsabilidade" (Dennett 2006, p. 299).

Embora não seja membro do grupo dos Novos Ateístas, o filósofo ateu Michel Onfray concorda que a religião é moralmente condenável. Sua contestação dos que adotam uma atitude de viver e deixar viver é uma contestação que Harris, Dawkins e Hitchens aprovariam:

---

[1] Hitchens (2007, Capítulo 16) entusiasticamente concorda com essa avaliação. Dennett (1996, pp. 321-328) concorda mais reservadamente (e racionalmente).

Todos os discursos não têm o mesmo peso: o discurso de neurose, histeria e misticismo procede de outro mundo que não o do positivista [Onfray quer dizer "naturalista"]. Não podemos tolerar neutralidade e benevolência para com toda forma concebível de discurso, inclusive a do pensamento mágico [fé] mais do que podemos juntar algoz e vítima, bom e mau. Devemos permanecer neutros? Ainda podemos arcar com isso? Não acho (Onfray 2008, p. 219).

Há estridência de tom e tendência a generalização apressada na denúncia moral da religião pelos Novos Ateístas e por Onfray, o que rapidamente cansa o leitor mais atento. Eles ignoram o fato de que no século XX regimes totalitários seculares perpetraram muito mais violência que a repressão religiosa. Juntam indevidamente grupos religiosos marginais e propensos à violência com grupos já estabelecidos, talvez porque considerem o "11 de Setembro" símbolo do que a crença religiosa traz inevitavelmente. E fecham os olhos à complexa mistura de cultura, política e fé que pode levar à violência prontamente justificada pela retórica religiosa, mas na verdade inspirada por fatores bastante seculares.[2] As seis cidades de violência "religiosa" que Hitchens analisa são um exemplo característico.

Ainda assim, não se pode negar que a crítica moral que os Novos Ateístas fazem da crença religiosa, embora polêmica demais, tem algum mérito. A fé é muitas vezes usada como clava contra os descrentes. Basta lembrar a perseguição aos hereges, a Inquisição, as guerras religiosas europeias, ou a colaboração da Igreja com os maus-tratos dos índios americanos e dos escravos africanos. Até Pascal, que com certeza não era ateísta, observou que "os homens nunca fazem o mal tão completa e alegremente como quando o fazem por convicção religiosa" (Pascal 1958, p. 254).

A observação faz eco à de Montaigne de que as crenças religiosas, como alegam basearem-se na absoluta e inquestionável revelação de Deus, não só permitem, como incentivam os crentes a uma calma ou ruidosa intolerância às pessoas de outras tradições religiosas ou

---

[2] Veja em Fine (2008) uma análise interessante das complexas semelhanças e diferenças entre a violência religiosa e a secular.

de nenhuma tradição. É porque a discordância não é simplesmente intelectual ou abstrata. Baseia-se, ao contrário, em um profundo investimento na identidade sectária, que acarreta compromisso emocional e também cognitivo. A possibilidade de estar enganado em suas convicções religiosas é inimaginável para muitos crentes, porque exporia sua vida inteira a um erro – ou pior, à decepção com eles mesmos. Em consequência, é altamente estimulada a hostilidade contra o que identificam como desafios heterodoxos. Mesmo que não seja fisicamente violenta, a hostilidade inflige grave perda emocional por meio de censura sectária ou excomunhão. Aqui pensamos na cena arrepiante do filme de Luis Buñuel *Via Láctea*, em que estudantes católicas de fisionomia doce são apresentadas em uma exposição escolar para pronunciar solene anátema contra diversas heresias. Ou nos lembramos da passagem pungente da *Autobiografia* de Charles Darwin, em que ele expressa tristeza indignada com a insistência do Cristianismo em separar as ovelhas ortodoxas dos cabritos heterodoxos:

> Na verdade, dificilmente vejo como alguém deva desejar que o Cristianismo seja verdade; pois nesse caso a linguagem simples do texto [bíblico] parece mostrar que os homens que não creem serão punidos eternamente, e isso incluiria meu pai, meu irmão e quase todos os meus melhores amigos. É uma doutrina abominável (Darwin 1958, p. 87).

Deus e a moralidade

O teísta pode razoavelmente responder aos que desprezam moralmente a religião que, mesmo que tenham mérito, suas críticas não tratam de maneira alguma nem da existência de Deus nem da ligação entre moralidade e Deus. Os seres humanos são propensos ao erro, ao preconceito e à irracionalidade levados pela paixão. As instituições, mesmo as religiosas – talvez *principalmente* as religiosas, devido a seu apelo à autoridade divina – são propensas a ser monolíticas, resistentes à reforma interna e hostis a desafios externos.

Assim, não nos surpreende que, historicamente falando, sejam comuns a intolerância e a violência religiosas. Mas, apesar das ações e atitudes perversas perpetradas em nome da religião, a própria possibilidade da moralidade ainda depende da existência de um Deus que dá leis morais universais, objetivas e absolutas que estabelecem nossas responsabilidades éticas. O próprio fato de serem os ateístas capazes de criticar a religião com pretextos éticos indica que têm alguma noção de certo e errado objetivos. Mas a objetividade normativa é possível somente por causa da existência de um Legislador divino cuja simples existência já estabelece valor. O filósofo Hastings Rashdall assim resumiu a posição teísta:

> Em uma visão não teísta do universo [...] não se pode pensar que a lei moral tem existência real. Na verdade, a validade objetiva da lei moral pode ser, e sem dúvida é, afirmada, acreditada, e exerce influência sem se referir a nenhum credo teológico; mas não se pode defendê-la ou plenamente justificá-la sem a pressuposição do teísmo (Rashdall 1963, p. 92).

Muitos teístas estão tão convencidos da dependência que a moralidade tem de Deus que defendem argumentos a favor da existência de Deus baseados na moralidade. Embora não cosmológicos, esses argumentos muitas vezes operam como aqueles, focalizando um fenômeno no mundo – neste caso, a capacidade de fazer julgamentos de valor e reconhecer deveres morais – e procurando uma explicação definitiva para ela. Em geral se considera os argumentos morais a favor da existência de Deus pouco consistentes, mas com frequência se apela a eles a fim de consolidar a suposta conexão entre a moralidade e Deus. Também tentam abordar o problema do mal.

Talvez o mais famoso argumento moral a favor da existência de Deus seja o defendido por ninguém menos que Immanuel Kant. Ele afirmou que a moralidade não faz nenhum sentido se não exigir que estabeleçamos nossos conceitos normativos em um fim supremo, o bem completo ou mais alto. Toda lei moral necessariamente "nos manda fazer o maior bem possível em um mundo que é o objeto final de toda a nossa conduta" (Kant 1909, p. 34). Mas o bem completo ou maior não significa apenas um mundo onde todos obedecem à lei moral. Também significa um mundo onde todos que obedecem à lei moral são recompensados com a felicidade. Afinal de contas, o maior bem certamente inclui a proporcionalidade: as pessoas recebem o que merecem. É a exigência da justiça, que é, ela própria, uma virtude e, portanto, inseparável do maior bem.

Entretanto, não é preciso ter experiência do mundo para perceber que não raro a recompensa é desproporcional ao comportamento. Os maus prosperam e os bons sofrem. Assim, para a moralidade ser salva – para o maior bem ser levado a sério como nosso padrão normativo – é postulação necessária a existência de um Deus justo e caridoso que em última análise garante que os justos serão recompensados com a felicidade. "É", Kant conclui, "moralmente necessário presumir a existência de Deus" (p. 130).

O que quer mais que ele faça, o argumento de Kant dá claramente voz à convicção de que um fundamento divino é necessário para a moralidade. Sem Deus garantir a realidade da justiça diante de um mundo injusto e, portanto, garantir a realidade do maior bem, nossa luta moral seria ridícula. Observe também que seu argumento parece apresentar um caminho para o problema do mal: os bons que não forem recompensados por sua retidão nesta vida – isto é, os que suportam sofrimento imerecido – receberão justiça na próxima.

Nossa preocupação aqui não é com o argumento de Kant como demonstração da existência de Deus – para ser justo com Kant, ele próprio negou ser possível "provar" a existência de Deus e apresentou seu argumento apenas como "prático" ou "prudente" –, o mesmo que fez com sua afirmação subjacente de que justiça e felicidade só são possíveis se Deus garanti-las. Essa alegação pode ser contestada por vários motivos, não sendo o menor deles a simples negação que aspirações éticas são, de certa forma, inautênticas ou vazias na ausência de uma proporcionalidade com base divina entre a retidão e a felicidade. Entretanto, o desafio mais pertinente no contexto deste capítulo é que Kant pressupõe, mas deixa inexplicada, a relação entre o bem e Deus. O que ela é exatamente? É um enigma que Platão analisou admiravelmente no diálogo *Eutifron*, e essa análise enfraquece seriamente a alegação do teísta que a moralidade depende de Deus.

No diálogo, o epônimo Eutifron, jovem sincero e meio pedante, estava a caminho das autoridades para acusar seu pai de assassinato quando encontra Sócrates. Eutifron diz a Sócrates que esse ato chocante de desrespeito filial é motivado pela piedade e isso dá início a uma conversa entre os dois sobre como definir a piedade: é ato amado pelos deuses porque é piedoso, ou é ato piedoso porque é amado pelos deuses? No contexto de nosso exame da relação entre ética e religião, podemos reformular a pergunta: Deus ordena que um ato seja moralmente bom porque o ato é bom independentemente de Deus ordená-lo, ou o ato é moralmente bom precisamente porque Deus assim o ordena? Lealdade, caridade e justiça são intrinsecamente virtuosas ou são virtuosas porque Deus decide que elas o sejam? É uma proporcionalidade kantiana entre retidão e felicidade boa em si mesma ou boa por que Deus assim o diz?

O que surge é um dilema cujas alternativas muitos teístas acham igualmente inaceitáveis. Se Deus ordena determinado ato por ser um ato intrinsecamente bom, isso presume que há alguma coisa independente de Deus e que o antecede: o bem. Mas isso parece pôr em dúvida sua soberania e também sua primordialidade. Na verdade, essa alternativa do dilema de Eutifron efetivamente divide qualquer conexão explícita entre Deus e o moralmente bom. Na melhor das hipóteses, o papel de Deus reduz-se a exortar os seres humanos a fazer o bem. Sua autoridade é a de um endossante. Em outras palavras, Deus não parece necessário para a moralidade.

Mas a outra alternativa do dilema – um ato é bom porque Deus assim ordena – é ainda mais problemática. Essa posição, quase sempre chamada "teoria da ordem divina", afirma que a única razão de um ato ser moral é porque foi ordenado por Deus – ponto final. Essa posição recupera a autoridade divina, mas ao preço exorbitante de basear a moralidade no que parece ser capricho ou, no mínimo, arbitrariedade. Se um ato é moral simplesmente porque Deus o designa como tal, não há razão para Deus não mudar de ideia um dia e designar como moral tudo que agora está proibido por ele. Assim, no modelo de ordem divina é concebível que atos como tortura, estupro e assassinato em série tenham a possibilidade de ser não só moralmente aceitáveis, mas obrigatórios. O ateísta afirma ser esse um fundamento apavorante para a ética.

A essa altura, o teísta pode responder que, embora tenha o poder e a prerrogativa de reverter o que ele agora designa como bom, Deus não vai reverter. Deus não está prestes a considerar morais atos maus porque Deus é todo bondoso. A bondade essencial de Deus é salvaguarda contra o capricho ou a arbitrariedade nas ordens divinas.

Mas essa não é uma boa resposta, porque dá a questão como provada. Como lembra o filósofo Kai Nielsen: "sem uma concepção prévia de Deus como bom ou de sua ordem como certa, Deus não teria mais direito à nossa obediência do que Hitler ou Stalin, exceto que Ele teria mais poder" (Nielsen 1990, 54). A ideia de Nielsen é que a pessoa tem confiança em que Deus não vai abusar de sua autoridade, revertendo a ordem moral somente se já acredita que Deus é irrepreensivelmente bom. Mas tipicamente nenhum argumento é apresentado a favor desse direito. Os crentes simplesmente presumem que ele faz "parte da definição" daquilo que a palavra "Deus" significa (aliás, atitude nitidamente anselmiana). Há uma razão para isso: quem enfrenta a dificuldade de perguntar por que Deus é bom arrisca-se a ter de concluir que a mesma "bondade independente de Deus" que fundamenta os atos morais também fundamenta Deus. A própria bondade de Deus, então, seria uma qualidade que depende, para existir, de uma coisa fora de Deus. É uma variação da primeira alternativa do dilema de Eutífron.

Existe outra dificuldade com o modelo de ordem divina que é sugerida pela famosa narrativa na Bíblia Hebraica (Gn 22,1-24), quando Abraão quase sacrifica o filho Isaac. Vamos supor que um ato seja moral unicamente porque Deus assim ordena. Isso significa que a razão humana é totalmente desnecessária quando se trata de agir moralmente. Tudo que se precisa é ouvir a ordem de Deus, como fez Abraão, e obedecer. Mas o problema é este: mesmo se supusermos que podemos confiar em Deus para fazer bons julgamentos quando dá ordens morais, como podemos ter certeza de que ouvimos essas ordens corretamente? Se recebemos o que parece ser uma ordem divina estapafúrdia – leve seu filho para o topo da montanha e o sacrifique a Deus –, como podemos pô-la em dúvida? Uma ordem é uma ordem, não um pedido racional. Mas isso, por sua vez, abre uma caixa de pandora onde parece não haver nenhum jeito confiável de distinguir entre ordens divinas genuínas e ilusão psicótica.

O dilema de Eutífron é uma forte objeção à afirmação teísta de que, em última análise, a moralidade é de algum modo dependente de Deus. Há uma última objeção à conexão entre a moralidade e a religião que merece menção. Não é particularmente forte, mas é invocada com frequência.

Muitos ateístas rejeitam a ética religiosa sob a alegação de que todo sistema moral que incentiva as pessoas a ser boas unicamente por causa da recompensa (céu) ou a abster-se de fazer o mal unicamente para escapar do castigo (inferno) é indigno do nome. Como Daniel Dennett explica, "o papel mais importante da religião no apoio à moralidade" é dar aos crentes uma "razão imbatível para fazer o bem: a promessa de uma recompensa infinita no céu e [...] a ameaça de um castigo infinito no inferno" (Dennett 1996, p. 279). Mas o filósofo Colin McGinn afirma que "fazer o bem só por causa da recompensa é corrupção" (McGinn 2005), e o humanista Jim Herrick rejeita a ética religiosa afirmando que ela tende a apresentar "uma abordagem de punições e recompensas à moralidade" (Herrick 2005, p. 22). Muita gente concorda.

Há no mínimo duas respostas a essa crítica. A primeira é que ela é uma interpretação errônea grosseiramente econômica do que motiva eticamente os crentes religiosos. Seria surpreendente se não houvesse teístas que trilhassem o caminho certo primordialmente porque o considerava uma passagem de ônibus para o céu. Mas se as escrituras religiosas, bem como séculos de testemunho pessoal, forem levados a sério, o motivo do amor é mais comum que o interesse pessoal na ética religiosa. O amor de Deus e do próximo são incentivos mais fortes ao comportamento moral entre pessoas religiosas do que a esperança do céu ou o medo do inferno. A segunda resposta é que uma abordagem de punições e recompensas não é exclusiva da ética religiosa. Todo modelo normativo secular que incentiva o comportamento moralmente aceitável com um sistema de punições acena com a punição e a recompensa. À primeira vista não há nenhuma razão para supor que agir assim tente os agentes morais à hipocrisia ou revele que o modelo normativo sob o qual eles operam seja corrupto. Consequentemente, também não há razão para considerá-lo forte crítica da ética baseada na religião.

Mesmo assim, dificilmente podemos negar que a punição religiosa do desprazer e condenação divinos complicam os motivos do teísta para fazer o bem, prendendo o motivo do amor ao interesse pessoal. Essa possibilidade levou a filósofa Louise Antony a formular um argumento inteligente que ressalta a "opinião contraditória", como ela diz, de supor que a moralidade é dependente de Deus.

Antony observa que, em sua juventude católica romana, ela desejava fazer um ato de contrição perfeito: isto é, queria se arrepender de cometer pecados *porque era errado*, não por medo da condenação eterna. No entanto, percebeu que o único meio possível de se arrepender desse jeito puro era não crer em Deus.

> Tive uma ideia perversa: que a perfeita contrição que me escapara até então poderia finalmente ser alcançada *se eu me tornasse ateia*. Se eu não acreditasse em Deus, então o medo da condenação eterna dificilmente seria razão para me arrepender de alguma coisa. Se eu, como descrente, me sentisse contrita por ter feito alguma coisa errada, só poderia ser porque ela *era errada*. Se eu cessasse de temer o julgamento divino, então a única razão possível que eu teria para fazer o bem seria a *bondade* em si (Antony 2009, p. 69).

A polêmica que essa ideia gerou é deliciosamente paradoxal e também reveladora. Se a contrição perfeita, mesmo sem crença, é mais agradável a Deus que a contrição imperfeita, mesmo com crença, e se o único meio para os seres humanos alcançarem a contrição perfeita é não crendo em Deus, e se os seres humanos devem fazer o que é mais agradável a Deus, então eles devem cessar de crer em Deus, a fim de melhor honrá-lo. A lição a ser tirada dessa encantadora polêmica não é diferente da lição que Platão nos deu em *Eutifron*: basear a moralidade pessoal na religião é um empreendimento que, quando examinado de perto, só confunde.

Ética sem religião

Devido a muita maldade ser estimulada pela crença religiosa e ao fato de serem problemáticos os esforços para estabelecer a conexão necessária entre Deus e os bons, muitos ateístas acreditam que estaríamos melhor com uma moralidade secular autoconsciente. Ao contrário do medo de muitos teístas (e, como veremos no final deste capítulo, alguns ateístas), a falência da crença em Deus não leva necessariamente ao niilismo moral. Como Richard Dawkins escreve, "parece-me ser preciso um amor-próprio muito pequeno para pensar que, se a crença em Deus desaparecesse de repente do mundo, todos nos tornaríamos hedonistas insensíveis e egoístas, sem nenhuma benevolência, nenhuma caridade, nenhuma generosidade, nada que merecesse o nome de bondade" (Dawkins 2006, p. 227).

Dawkins e outros ateístas acreditam ser improvável um retrocesso pós-Deus ao hedonismo insensível e egoísta, porque os seres humanos têm o equipamento necessário – uma propensão permanente ao comportamento moral e à capacidade racional de cogitar conflitos morais – para comportar-se eticamente sem apelar a punições e recompensas. Não são necessários legisladores transcendentais nem garantias metafísicas. De fato, eles não são nada mais que mitos que acrescentam peso psicológico a intuições morais que os seres humanos já possuem. De acordo com a visão naturalista do mundo endossada pelos ateístas, tudo que é preciso para estabelecer uma moralidade objetiva é a análise das espécies de criaturas que somos, dos tipos de necessidades que temos e da melhor maneira de satisfazer essas necessidades. Com certeza acontecerá de uma moralidade secular não ter o fundamento transcendental imutável reivindicado pela moralidade religiosa. Mas, da perspectiva do ateísta, essa é uma virtude, não uma desvantagem, porque o que faz um dado ato moralmente bom ou mau é, em parte, determinado pelo contexto. Uma vez separados da religião, os valores ainda podem ser objetivos. Mas cessam de ser absolutos e, desse modo, desaparece um dos incentivos à violência religiosa – a rejeição dogmática da flexibilidade moral como, de certa forma, desagradável a Deus.

Richard Dawkins é um dos mais expressivos defensores da posição ateísta cada vez mais na moda de que a evolução leva os seres humanos a se comportar eticamente. À primeira vista, ele admite, "a seleção natural parece inadequada para explicar a bondade que possuímos e nossos sentimentos de moralidade, decência, empatia e compaixão" (Dawkins 2006, pp. 214-215). Mas, de fato, nossos "genes egoístas" fazem precisamente isso na busca de assegurar a sobrevivência em relação a outros genes. Segundo Dawkins, isso é conseguido de quatro maneiras diferentes.

Primeiro e mais obviamente, "um gene que programa organismos individuais para favorecer seus parentes genéticos tem probabilidade estatística de beneficiar cópias de si mesmo" (p. 214). Se bem-sucedida, a reprodução do gene em gerações sucessivas chega ao ponto onde o altruísmo aparentado é normativo. Insetos como abelhas, vespas, formigas e cupins, e alguns vertebrados, tais como toupeiras e suricatos, cuidam dos irmãos mais novos. Numerosas espécies exibem padrões altruístas de cuidado materno pela prole.

Segundo, Dawkins afirma que genes egoístas que favorecem o altruísmo recíproco aumentam suas chances de sobrevivência e reprodução. O altruísmo recíproco é a cooperação simbiótica entre membros de espécies diferentes na qual são "agenciadas" transações que resultam em benefício mútuo. Exemplo típico é a relação entre abelhas e flores: a abelha precisa do néctar e a flor precisa da polinização. Essa predisposição genética para iniciar "relações de necessidade e oportunidade assimétricas", quando apresentada em um contexto humano, incentiva a retribuição comportamental de favores e também a antecipação da recuperação proporcional do investimento (p. 217). Nossos genes "sabem" que é de seu interesse cumprir promessas para que esse comportamento faça surgir a reciprocidade.

O parentesco e a troca, diz Darwin, são as "colunas gêmeas" do altruísmo natural, mas dão origem a duas qualidades comportamentais secundárias que servem para fundamentar mais as ações morais humanas. Uma é a reputação, a exibição habitual de comportamento que conquista para um animal a "reputação de ser um bom reciprocador". A outra é a propaganda, onde os animais comportam-se "altruisticamente" como sinal para os outros de sua predominância ou superioridade. Pássaros conhecidos como tagarelas árabes, por exemplo, "altruisticamente" doam comida uns aos outros para se exibir. Essas exibições de superioridade têm resposta favorável por parte de parceiros sexuais, aumentando, assim, a probabilidade dessa propaganda altruísta ser transmitida à prole.

Todos os quatro fenômenos que Dawkins observa em animais não humanos são explicáveis em termos darwinianos totalmente naturalistas. Não há nada misterioso quanto a suas origens – genes – ou sua função – aumento da sobrevivência. Quando transpostas para a espécie humana, Dawkins conclui, é fácil perceber como as tendências genéticas para o altruísmo favoreceram a sobrevivência de nossos antepassados pré-históricos. Parentesco, troca, reputação e propaganda estabeleceram padrões comportamentais entre membros da família de interesses comuns, bem como de retribuidores de fora que, por sua vez, prepararam o caminho para virtudes morais explícitas, como lealdade, falar a verdade, probidade, generosidade e cooperação.

Mas surge imediatamente a dúvida quanto a como os comportamentos do grupo íntimo, que Dawkins descreve, deu o salto para virtudes morais que têm aplicação mais ampla. Como nossos antepassados mudaram do favorecimento da própria família para comportamentos generalizados, tais como lealdade e generosidade?

Em uma ação semelhante à sua análise da religião como produto secundário evolucionário, a resposta de Dawkins é que nossos "impulsos de Bom Samaritano" são "falhas" biológicas. Às vezes, "regras práticas" genéticas que promovem o comportamento conducente à sobrevivência são mal aplicadas. A regra prática que diz a um pássaro para alimentar a prole, embora usualmente boa para a perpetuação dos genes dos pássaros, falha se os filhotes que ele alimenta não são sua prole – se, por exemplo, um cuco põe ovos no ninho desse pássaro. A regra prática é mal aplicada e o resultado é a alimentação do intruso.

No caso dos seres humanos, o privilégio que nosso antepassado deu à família falhou e se transformou em consideração moral para todos os seres humanos ou, no mínimo, para uma faixa mais ampla de seres humanos. Exatamente como o impulso sexual, que em termos darwinianos tem como único propósito a procriação, perdura mesmo quando os parceiros sexuais não têm intenção de ter filhos, também padrões comportamentais que se originaram do altruísmo do parentesco perduram quando não há necessidade de limitá-los especificamente a um grupo íntimo. Agora fazem parte de quem nós somos, embora as condições ambientais que favoreceram seu surgimento tenham mudado. Assim, como diz Dawkins: "Não podemos deixar de sentir compaixão quando vemos um desventurado (que não está ligado a nós e é incapaz de retribuir) chorar, do mesmo modo que não podemos deixar de sentir desejo por um membro do sexo oposto (que talvez seja infértil ou de outro modo incapaz de reproduzir). Os dois casos são falhas, erros darwinianos: benditos erros consumados" (Dawkins 2006, p. 220).

É essa uma irremediável redução da ética à biologia, uma injustificada pressão de um "deve" para um "é", como diria David Hume? Admitindo que nossos antepassados, bem como outras espécies, apresentaram comportamentos que aumentam a sobrevivência, assim como altruísmo aparentado e troca para com o grupo de fora, e dando razão a Dawkins em sua afirmação de que uma falha das regras práticas genéticas que selecionaram para esses comportamentos justificou para eles um alvo mais amplo além do parentesco: é legítimo pular do *fato* de que esses comportamentos aumentam a sobrevivência para a norma que *devemos* adotá-los? É uma pergunta que não só contesta o relato evolucionário da moralidade feito por Dawkins, mas qualquer ética que reivindique ser naturalista em vez de sobrenaturalista. Como descrição pode gerar preceito?

Daniel Dennett responde afirmando que o desafio "é/deve", embora faça perfeito sentido para o teísta, parece constrangedor para alguém que tenha adotado uma visão naturalista do mundo. Se uma pessoa opera na suposição de que não há nenhuma explicação do mundo que não seja naturalista, de onde essa pessoa poderia derivar valores exceto de fatos? Parece estranhamente mal orientado preocupar-se demais com a distinção. "Se 'deve' não pode derivar de 'é', exatamente do que 'deve' pode ser derivado? É a ética um campo de indagação *inteiramente* 'autônomo'? Flutua solta para fatos de qualquer outra disciplina ou pesquisa?" (Dennett, 1995, p. 467). Há uma distinção, Dennett diz, entre alegar que fatos, como o comportamento seletivo evolucionário de Dawkins, são necessários para fundamentar valores morais e dizer que eles são suficientes para fundamentar valores morais. Exceto o "reducionista ganancioso", que busca desintegrar toda a realidade em algumas categorias fisicalistas, nenhum naturalista quer defender a segunda alegação. Em vez disso, a primeira, mais modesta, é adotada como fundamento, mas não como explicação completa da moralidade:

> A ética deve ser, de algum modo, baseada em uma apreciação da natureza humana – em um senso do que um ser humano é ou pode ser e no que um ser humano pode querer ter ou querer ser [...]. Ninguém pode conscientemente negar que a ética é sensível a esses fatos a respeito da natureza humana. Podemos apenas discordar sobre onde procurar os fatos mais significativos a respeito da natureza humana – em romances, em textos religiosos, em experimentos psicológicos, em investigações biológicas ou antropológicas (p. 468).

O que Dennett defende é um reducionismo moderado ou não ganancioso que use a racionalidade para refletir sobre os fatos naturais e as potencialidades da natureza humana e, então, invocando uma ampla série de disciplinas, delas gere regras normativas de comportamento. Isso requer um equilíbrio que evite dois erros: por um lado, pensar que "mais racionalidade, mais regras, mais justificações" sejam a varinha mágica, por outro lado, pensar que empilhar cada vez mais fatos irracionais resolva o problema (p. 506). Nunca chegaremos a um algoritmo normativo que automaticamente prescreva a resposta moralmente correta a todas as situações. (Nem, aliás, a ética religiosa, embora às vezes finja fazê-lo.) Mas isso não é motivo de desespero, conclui Dennett, porque "temos as ferramentas mentais de que precisamos para nos planejar e replanejar, sempre procurando soluções melhores para os problemas que criamos para nós e para os outros" (p. 510).

Ética ateísta: dois exemplos

Independentemente da direção específica que uma moralidade ateia tome, os ateístas concordam que ela tem algumas características gerais. É *naturalista*, firmemente fundamentada no entendimento do que significa ser uma pessoa. Isso acarreta recorrer não só às ciências sociais e físicas para informações, mas também, como Dennett afirma, às artes e até a textos religiosos para discernimento. A moralidade ateísta é *humanista*, fortemente centralizada no ser humano, não em Deus. Suas metas são terrenas, não celestes. Uma moralidade independente de Deus defende *valores objetivos* no sentido de estarem *racionalmente* fundamentados e não serem subjetivos. Mas esses valores também são flexíveis o bastante para levar em consideração circunstâncias atenuantes que surgem de contexto, agente e situação. Em suma, os valores ateístas são *relativos*, não absolutos.

Dois filósofos que pensaram profundamente a respeito dos contornos da ética ateísta são Kai Nielsen e Paul Kurtz. Um breve exame de seus respectivos modelos normativos dá alguma ideia de como os princípios gerais do naturalismo – humanismo, objetividade, racionalidade e relativismo – podem ser traduzidos em uma moralidade viável.

Nielsen começa negativamente: a religião não é necessária, diz ele, para entender a moralidade. De fato, a pessoa que diz o contrário, em especial a pessoa que cai em desespero existencial diante da ideia de que Deus está morto e conclui que nada importa, "é uma criança mimada que nunca olhou para seu semelhante com compaixão" (Nielsen 1990, p. 118). A morte de Deus não deve nos lançar ao niilismo, nem nos absolver de toda responsabilidade para com os outros. Pelo contrário: precisamente porque Deus não existe, os riscos são muito maiores e o fardo é muito mais pesado.

O que exatamente está em risco? Para Nielsen, é a felicidade. Quer sejam religiosos, quer não, os seres humanos desejam a felicidade e a esperança de evitar o sofrimento: nossas atividades no mundo são, em última análise, motivadas por nosso desejo de ser feliz, o que sugere que a felicidade é um "bem muito fundamental". (Nielsen não nega que pode haver também outros bens. Mas reconhecer isso, diz ele, "só complica a imagem secular da moralidade em vez de oferecer motivo para apelar a conceitos teístas" [p. 119]). A razão é necessária para classificar perguntas difíceis sobre se determinada ação conduz à felicidade genuína ou constitui sofrimento incômodo, mas o que não está em discussão é o fato de a felicidade ser um bem. Nielsen admite não poder "provar" esse fato, mas também não sentir necessidade de

Uma moralidade sem Deus

fazê-lo. Para ele, a crença de que a felicidade é desejável e também boa é crença básica confirmada vezes sem conta em nosso comportamento e discurso. (Vale a pena mencionar que, se as críticas ateístas da teoria da ordem divina são irrefutáveis, o teísta também é incapaz de "provar" seus valores básicos).

Devido à importância da felicidade, o objetivo de uma ética humanista secular é sua criação e maximização. A vida boa é uma vida feliz, e os seres humanos estão justificados em se conduzir de modo a alcançá-la. Mas isso, é claro, imediatamente formula a pergunta de como lidar com conflitos de interesses. Se a busca de minha felicidade interfere na sua, devo me incomodar com sua situação? De fato, devo consideração moral aos outros que também desejam a felicidade?

Nielsen responde afirmativamente e invoca o princípio de imparcialidade e justiça. A moralidade exige que respeitemos o bem comum para assegurar que a felicidade seja distribuída o mais uniformemente possível, e fazer isso às vezes até com o sacrifício de nossos interesses imediatos. A razão me diz que, se considero a felicidade um bem para mim, devo considerá-la também um bem para os outros. Em última análise, os interesses humanos vitais são os que geram o cálculo de direitos e deveres (p. 203). Meu interesse pessoal me diz que renunciar a alguns de meus interesses ou privilégios em prol da distribuição mais equitativa dos recursos necessários para a felicidade é, no fim, conducente ao meu bem-estar. E quando surgem conflitos, como é inevitável, são julgados racionalmente em vez de se apelar a algum juiz sobrenatural.

Ainda assim, e se alguém simplesmente se recusar a agir racionalmente, por ignorância mal orientada ou por rancor?[3] O que deve impedir alguém em um mundo ateu privado de padrões morais absolutos – muito menos o medo do castigo divino – de fazer um gesto de desprezo a quaisquer valores, o que quer que sejam?

É uma possibilidade real, admite Nielsen. Não pode ser dada nenhuma justificativa secular persuasiva para que alguém decida respeitar o desejo que os outros têm de felicidade. As pessoas são sempre livres para escolher o que quiserem. Mas isso não é exclusivo da ética

---

[3] Essa pessoa tão infeliz foi brilhantemente retratada em Dostoievski (2009).

ateísta. Todos nós, religiosos ou não, precisamos, em última análise, decidir que tipo de pessoa desejamos ser e agir de acordo. A aceitação de qualquer (ou nenhum) código moral envolve uma escolha, independentemente de se acreditar que esse código moral foi decretado por Deus ou de considerá-lo oriundo de um reconhecimento naturalista das necessidades e interesses humanos. Em suma, não há garantias morais para o ateísta nem para o teísta (pp. 122-123). A diferença crucial entre eles é que o teísta não quer ou não pode viver com isso.

Paul Kurtz concorda com a afirmação de Nielsen de que uma ética naturalista é incapaz (e relutante) de fazer afirmações categóricas. "Pesquisadores éticos críticos", como Kurtz se refere a pesquisadores não teístas seculares, não aceitam nenhuma "regra inalterável". Reconhecem certa contingência ou condicionalidade para todos os pronunciamentos morais porque acreditam que o discurso de direitos e obrigações baseia-se nos fatos da natureza humana e são relativos a referentes sociais, culturais e históricos. Sua base fatual significa que não são subjetivos. Mas sua relatividade significa que também não são absolutos (Kurtz 1988, p. 64). Como Kurtz escreve: "Embora à primeira vista haja algumas diretrizes gerais, o que fazemos depende, em última análise, do contexto no qual decidimos" (Kurtz 2007, p. 43).

Como Dawkins, Kurtz acredita que muitos comportamentos que chamamos "morais" estão biologicamente enraizados "na natureza do animal humano e nos processos de evolução pelos quais a espécie adapta-se e sobrevive" (Kurtz 1988, p. 66). A adaptação é decisiva. As exigências envolvidas em ser animais sociais, as tarefas comuns da vida e a ampla diversidade de condições exigem que os códigos morais gerados pelos fatos da biologia humana "tenham função adaptativa". Princípios éticos podem ser considerados hipóteses, embora seus defensores muitas vezes não os vejam como tais. Como hipóteses, um dos testes de um princípio ético putativo é o tipo de consequências que sua aceitação ou rejeição acarreta. O altruísmo para com os parentes e a troca expandem-se em máximas morais como "seja bondoso e gentil para com as pessoas" e "seja sincero e verdadeiro". Imediatas avaliações vividas dessas hipóteses normativas baseiam-se nos resultados para os indivíduos e as comunidades que eles criam. As justificações filosóficas vêm depois e, em geral, só se as hipóteses produzirem o tipo de consequências benéficas que lhes permite sobreviver como princípios morais.

Dessa postulação experimental, teste e afirmação ou rejeição de hipóteses morais, todas as quais constituem um processo de "indagação reflexiva", indispensável a uma ética humanista, surgem diversas virtudes que Kurtz chama de "docência moral comum", que, por sua vez, servem de fundamentos para o estabelecimento de direitos. As três principais regras de decoro são coragem, conhecimento e zelo. O ateísta moral deve ser corajoso o bastante para viver em um mundo sem garantias morais absolutas. Ele deve ser reflexivo, deliberativo e instruído o bastante para examinar criticamente conflitos e dilemas morais quando eles surgem. E deve ser sensível às necessidades dos outros para reconhecer a necessidade de equilibrar o interesse pessoal com o bem comum – às vezes, como Nielsen sugeriu, até o sacrifício. Além disso, diz Kurtz, devido ao contexto atual de crise ecológica global, a regra de decoro do zelo estende-se mais do que tradicionalmente se julgava. "Também temos certa obrigação com outras formas de vida consciente e com outras espécies do planeta Terra" (Kurtz 2007, p. 43).

Homo homini lupus est?*

Quatro anos antes de morrer, Benjamin Franklin – dificilmente um amigo do teísmo – escreveu a um correspondente cujo nome não chegou até nós (talvez fosse Thomas Paine), mas que pelo jeito defendia uma ética ateísta:

> Você mesmo pode achar fácil levar uma Vida virtuosa sem a Assistência dada pela Religião; tendo você uma clara Percepção das Vantagens da Virtude e das Desvantagens do Vício e possuindo Força de Vontade suficiente para possibilitar-lhe resistir às Tentações. Mas pense como uma grande Proporção da Humanidade consiste em Homens e Mulheres fracos e ignorantes e em Jovens de ambos os Sexos inexperientes e

---

* N.d.E.: Em latim, quer dizer *O homem é um lobo do homem?*

desatenciosos, que têm necessidade dos Motivos da Religião para impedi-los do Vício [e] apoiar sua Virtude.

Em suma, concluiu Franklin, "se os Homens são tão maus como agora os vemos *com a Religião*, o que seriam sem ela?" (Franklin 1963, pp. 294-295).

O medo de Franklin é advertência séria àqueles defensores de uma ética naturalista que supõem que razão e restrição vêm facilmente à humanidade. Como já mencionamos, é ilusório supor que a ética religiosa baseia-se exclusivamente em uma abordagem de punições e recompensas. Mas não se pode negar que a crença religiosa, apesar de toda a maldade que pode produzir e produz, historicamente também tem servido como uma espécie de entrave aos excessos individuais. Em outra carta, Franklin refere-se aos seres humanos como lobos, ávidos de poder, de haveres e de prestígio (Franklin 1995, p. 455). Uma ética independente por completo da crença em Deus tem a força persuasiva, pelo menos ocasionalmente fornecida pela religião, de reprimir nossos apetites lupinos?

Uma resposta afirmativa apressada pode ser tão ingênua quanto a convicção de Freud, examinada no Capítulo 5, de que os seres humanos superam a "neurose pueril" da religião aceitando racionalmente o fato de que a ciência é um meio muito melhor de explicar a realidade. Descartar toda uma visão de mundo nunca é fácil assim. Não escolhemos nossas crenças mais profundas, mais motivadoras, unicamente (nem mesmo primordialmente) com base na análise racional. Do mesmo modo, poucos de nós nos comportamos como nos comportamos porque consideramos cuidadosamente a série de possibilidades e racionalmente concluímos que uma atitude é mais conducente à felicidade pessoal e social do que outra. As paixões humanas são motivadores poderosos, e a razão sozinha – ou mesmo a razão ligada a incentivos e desincentivos sociais (leis, por exemplo) – parece cada vez mais incapaz de reprimi-las. Mas a crença religiosa em um Deus que recompensa ou castiga segundo os merecimentos da pessoa poderia ser capaz.

Essa era a opinião do filósofo do século V a.C. Crítias, contemporâneo de Sócrates e personagem em dois dos diálogos de Platão. Em seu drama *Sísifo*, ele argumenta que os deuses foram inventados para

Uma moralidade sem Deus · 173

serem testemunhas sempre presentes de atos humanos realizados em particular.

> Para que tudo que os mortais digam seja ouvido
> E tudo que for feito seja visível.
> Mesmo que você planeje em silêncio algum ato mau
> Ele não ficará oculto dos deuses: pois o discernimento
> Está neles. (Crítias 2001)

A fábula narrada por Platão no Livro Segundo da *República*, do pastor Giges, que usa um anel de invisibilidade no qual ele tropeça para roubar e matar, salienta o medo que Crítias tem de que, na ausência de deuses supervisores – ou, nas palavras de Platão, na ausência de visibilidade moral para eles –, a voracidade humana seja desenfreada. É interessante observar que Daniel Dennett, um dos mais sérios dos Novos Ateístas, parece concordar. A religião, diz ele, pode ser um "viagra moral". Algumas pessoas precisam de ajuda para ser boas e o sempre presente olho de Deus pode ser o empurrão extra de que precisam. Assim, a erradicação da religião como objetivo ateísta precisa ser abordada cautelosamente (Dennett 2005).

As razões podem ser ainda mais fortes. Embora a crença em um Deus onividente e punitivo possa ser a sacudidela extra que muita gente precisa para andar na linha, com certeza, do mesmo modo que muitos outros teístas, como já mencionamos, comportam-se moralmente por amor, não por medo de castigo ou expectativa de recompensa. Eles internalizaram normas como bondade, compaixão, caridade e abnegação pelo amor do Deus deles e o desejo de viver de um jeito que é agradável a ele, do mesmo jeito que uma criança deseja ser boa a fim de dar alegria aos pais. Por sua vez, essa interiorização os motiva a servir aos outros. Até Christopher Hitchens, para quem a religião "envenena tudo", admite (embora com relutância) que "alguns dos mais dedicados voluntários em serviços humanitários também são crentes" (Hitchens 2007, p. 192).

Essas considerações nos levam de volta à pergunta apresentada no início deste capítulo: um universo ateu leva ao niilismo moral? Parece que tanto a insistência teísta em responder afirmativamente como a preocupação ateísta a respeito do colapso moral se as ilusões religiosas forem eliminadas têm mais a ver no final das contas com o tema do sentido do que com a moralidade. A suposição é que um universo onde Deus desaparece é um universo onde qualquer noção de sentido ou motivação também desaparece. Privadas dessa base, que serve para orientar e sustentar indivíduos e também culturas, as inibições morais desaparecem porque parece não haver mais razão para elas do que para qualquer outra coisa. Se Deus não está em seu céu, então não está tudo certo com o mundo, a existência é sem pé nem cabeça e não há sentido na vida. Então, por que devo me preocupar em agir racionalmente e me comportar moralmente? De que adianta?

A profunda e desesperadora alienação espiritual e o cinismo moral que se originam da perda da crença em Deus são ameaças muito mais graves à moralidade que a possibilidade dos seres humanos considerarem a morte de Deus como oportunidade para comporta-se descontroladamente. O último cenário é incorrigível com o tempo e o apropriado policiamento social. O primeiro só pode ser abordado pela descoberta de fontes não religiosas alternativas de sentido profundo. É para uma análise dessas alternativas que se voltam os dois últimos capítulos.

A pergunta de Sísifo

"Quarenta e dois"
Douglas Adams, *The Hitchhiker's Guide to the Galaxy**

Sísifo, rei de Corinto, astuto manipulador de homens e mulheres e rebelde contra os deuses e a morte, foi finalmente humilhado por um Zeus zangado e vingativo. Graças, em grande parte, a Albert Camus, o destino de Sísifo é bem conhecido do mundo contemporâneo: condenação por toda a eternidade à tarefa totalmente fútil de empurrar uma pedra enorme para cima da encosta de uma montanha íngreme, só para vê-la rolar continuamente de volta para baixo.

Para Camus, o destino de Sísifo exemplificava a condição humana, e ele o usou como motivo para perguntar se a vida valia a pena. Se não há um objetivo supremo para a existência humana, se a vida é apenas uma coisa execrável atrás da outra, todas acabando em fracasso, então "só há um problema filosófico verdadeiramente sério e esse é o suicídio" (Camus 1955, p. 3). Em outras palavras, o problema é se é melhor livrar-se de uma existência aparentemente desprovida de propósito e sentido inerentes ou viver da melhor maneira possível.

---

* N.d.E.: *O guia do mochileiro das galáxias* é uma série escrita em seis livros. Publicado em português pela Editora Arqueiro.

Mas há uma pergunta que logicamente precede a que Camus fez. É fácil imaginar Sísifo pensando nela enquanto se arrasta para cima e para baixo em sua montanha. Essa pergunta é se de fato a vida *tem* sentido, independentemente de às vezes parecer absurda e fora de propósito. Os teístas acreditam poder responder afirmativamente à segunda pergunta por que supõem que a existência de um Deus infunde sentido e propósito no cosmo físico e também na existência humana, agora e em uma vida futura. Entretanto, os ateístas não têm o luxo de um Deus ao qual recorrer. Como naturalistas, acreditam mais ponderadamente que a condição humana é desprovida de um sentido abrangente e intrínseco. Para eles, a questão é se outros tipos de sentido mais compatíveis com uma visão naturalista do mundo compensam a ausência da visão teísta divinamente ordenada.

Não é uma questão pequena. Muitos teístas dizem que a ausência de Deus significa a perda total de motivação em sua vida pessoal – "Se eu não cresse em Deus, não teria nenhum motivo para sair da cama de manhã" é refrão ouvido comumente – e uma sensação de profunda alienação em face de um universo indiferente, sem propósito. Também os ateístas lutam com as mesmas preocupações. Tendo rejeitado o modelo religioso tradicional, precisam encontrar energia e motivo para passar o dia e força para suportar o silêncio dos céus e a aniquilação pós-morte que eles acreditam que os espera. Os ateístas militantes podem afirmar que essas preocupações não os incomodam. Mas mesmo se acreditarmos neles podemos ter certeza de que seu fracasso ou recusa a reconhecer a trágica dimensão de uma vida ateia não é compartilhado por muitos descrentes inteligentes. Se o problema do mal é o fardo do teísta, a evidente falta de sentido da vida é o do ateísta.

Para entender a pergunta

Uma das cenas mais engraçadas e memoráveis em *The Hitchhiker's Guide to the Galaxy*, de Douglas Adams, narra a história de um casal de filósofos galácticos que atribui a um megacomputador, Pensamento Profundo, a tarefa de responder à pergunta: "Qual é a resposta para a vida, para o universo e tudo?". Pensamento Profundo leva sete milhões e meio de anos para rodar os programas apropriados, mas finalmente o computador declara estar pronto para anunciar a resposta. Os descendentes dos dois filósofos ficam enlevados com a perspectiva. "Nunca mais", regozijam-se, "nunca mais acordaremos de manhã e pensaremos *Quem sou eu? Qual é meu propósito na vida? Cosmicamente falando, importa realmente se eu não me levantar e for trabalhar?* Pois hoje finalmente saberemos de uma vez por todas a resposta simples e direta a todos esses probleminhas persistentes da Vida, do Universo e de Tudo!".

E então chega o grande momento. Enquanto todos esperam calados a resposta, Pensamento Profundo "com infinita calma e majestade" diz: "Quarenta e dois". "Quarenta e dois!", grita a plateia aturdida. "Isso é tudo que você tem a mostrar para o trabalho de sete milhões e meio de anos?" Pensamento Profundo responde que trabalhou no problema meticulosamente e que quarenta e dois é mesmo a resposta. Mas então o computador acrescenta: "Para ser bem sincero com vocês, acho que o problema é que vocês nunca souberam realmente qual é a pergunta [...]. Quando souberem qual é realmente a pergunta, saberão o que a resposta significa" (Adams 1979, pp. 176-177, 181).

Além de ser engraçada, a parábola de Adams dá margem à reflexão. Sugere duas maneiras possíveis para pensar no sentido da vida.

Uma maneira é dispensar perguntas sobre o sentido da vida, por serem elas mesmas sem sentido. Seguir-se-ia, então, que a resposta de Pensamento Profundo à pergunta "Qual é o sentido da vida" é perfeitamente apropriada. Se a pergunta é disparatada, é adequado de um jeito à la Lewis Carroll que a resposta também seja um disparate. A razão comumente dada para essa dispensa é que sentido é função de declarações, não da existência. Faz sentido perguntar qual é o significado da declaração: "A vida tem sentido", mas perguntar se a vida em si é significativa é um erro de categoria semelhante a perguntar se maçãs jogam golfe às terças ou aos sábados. Como filósofo da linguagem, J. L. Austin disse certa vez: "Você precisa ter alguma coisa no prato antes de começar a comer" (Austin 1962, p. 142). Indagações sobre o sentido da vida não põem nada em nosso prato. Sigmund Freud, como era de seu feitio, dá uma interpretação psicológica desdenhosa ao fato de serem feitas essas perguntas. "No momento que um homem pergunta o sentido e o valor da vida, ele está doente". Tais perguntas, diz Freud, são indicativas de "uma abundância de libido insatisfeita", uma "fermentação" psíquica "que leva à tristeza e à depressão" (Cottingham 2006, p. 10).

Mas se é isso que a resposta de Pensamento Profundo indica, dificilmente satisfaz alguém, exceto um punhado de filósofos linguistas ou freudianos ortodoxos. Quando as pessoas querem saber o sentido e o propósito da vida, o que têm em mente é alguma coisa relativa às perguntas admiráveis que Gauguin rabiscou em um de seus quadros: *De onde viemos? O que somos? Aonde vamos?* O que querem dizer com "sentido" é parecido com "significado", "razão" ou "importância", e com "propósito" querem dizer senso de direção, um *telos* ou destino definido em vez de perambulação sem rumo. Responder a essas perplexidades profundamente sentidas sobre significado e destino, insistindo que se baseiam em um mal-entendido técnico sobre o que seja "sentido", não vai fazer desaparecer a inquietude que dá origem às perguntas. Nem, com toda a sinceridade, deveria.

A outra possibilidade levantada pela parábola de Adams é mais proveitosa. É que a pergunta "Qual é o sentido da vida (e tudo o mais)?" é a pergunta errada a fazer se procuramos algum indício do significado da existência. Não que a pergunta seja absurda, mas é ambiciosa demais, exatamente como a resposta tradicional a ela: "Deus", é ambiciosa demais (logo veremos por quê). Uma abordagem muito mais razoável é reformulá-la em partes viáveis, como: "Quais são as relações, atividades, metas, experiências etc. que tornam a vida significativa?". Em outras palavras, talvez Pensamento Profundo esteja sugerindo que a pergunta "Qual é o sentido da vida?" seja substituída por "Quais são os sentidos *na* vida?". De qualquer maneira, essa é a substituição que os ateístas preocupados com essas coisas inclinam-se a fazer.

Porém, antes de analisar possíveis respostas à pergunta mais modesta sobre sentidos na vida, seria útil abordar a insistência do teísta de que um universo sem Deus é totalmente destituído até mesmo da possibilidade de sentido. Um teólogo que adota essa abordagem é

William Lane Craig, que encontramos no Capítulo 3 como defensor do argumento *kalam* para a existência de Deus.

Craig afirma que, se Deus não existe, não há "significado supremo" nem "propósito final" para o universo. Mesmo que os seres humanos sobrevivessem à morte, sua fuga da destruição não infundiria sentido à vida na ausência de Deus. Não está inteiramente claro qual é o argumento de Craig aqui, mas parece que ele apela a uma espécie de argumento do desígnio. Sem Deus, escreve ele, "o homem e o universo [...] seriam simples acidentes do acaso, lançados à existência sem nenhuma razão" (Craig 2000a, p. 45). Na ausência de Deus, não há nenhum plano especial para o universo; se não há plano, não há direção; se não há direção, não há significado em nada que os seres humanos sabem ou fazem. Tudo é igualmente fora de propósito. Além disso, continua Craig, não adianta afirmar que podemos nos arranjar com sentidos menores escolhidos como substitutos para o sentido cósmico ausente. "É inconsistente dizer que a vida é objetivamente absurda e depois dizer que a pessoa pode criar sentido para sua vida [...]. Sem Deus, não pode haver nenhum sentido objetivo na vida". Supor outra coisa é "exercício para iludir a si mesmo" (p. 47). (Craig continua e caracteriza o movimento como "fingir" que o universo tem sentido, o que parece ser diferente de sua afirmação anterior sobre iludir a si mesmo. Mas sua ideia é entendida: em um universo ateu é impossível um sentido objetivo).

Variações desse argumento têm longa tradição na literatura filosófica e também na popular. Mas a versão que Craig dá a ele é, afinal, questionável em vários pontos. Em primeiro lugar, ele deixa de falar em significado ou propósito de vida "supremo" para falar em "sentido objetivo" da vida, como se as duas expressões fossem sinônimas ou pelo menos necessariamente relacionadas uma à outra. Entretanto, à primeira vista, não há nenhuma razão evidente para a afirmação de que a ausência de "significado supremo" signifique ausência de "sentido objetivo". Talvez o que Craig tenha em mente quando emprega a palavra "objetivo" seja "intrínseco" e, nesse caso, sua afirmação faz mais sentido: a menos que haja um Deus, o universo não traz embutido nenhum sentido primordial intrínseco. É uma afirmação com a qual o ateísta pode concordar. Mas o ateísta (bem como outros) não iguala "intrínseco" e "objetivo". Como vimos no capítulo anterior, os eticistas ateus afirmam que valores morais baseados em uma avaliação racional da natureza humana e critérios sociais para justiça e felicidade são, na verdade, objetivos no sentido de que qualquer pessoa razoável concorda com eles. A objetividade é função da razão, não sentido intrínseco.

Segundo, mesmo que a existência de uma divindade confira significado ou propósito à existência, como Craig afirma, não é nem claro, nem necessário, que o significado seja *inteligível* aos seres humanos. Se Deus é essencialmente incompreensível, como muitos teístas admitem, como ele poderia servir de explicação suprema de por que estamos aqui ou de justificação suprema de nossa existência? Como a simples existência de Deus confere sentido quando o próprio Deus está além de nossa compreensão? Se a resposta é que qualquer coisa criada por uma divindade precisa ter um objetivo, um propósito, um sentido, então é razoável responder perguntando qual é o objetivo de Deus. Afinal de contas, como observa o filósofo Thomas Nagel, "pode realmente haver alguma coisa que dê objetivo para tudo o mais, abrangendo-o, mas que não pode ter ou precisar, de nenhum objetivo em si?" (Nagel 2000, p. 7). Não vai ajudar se o teísta responder dizendo que o sentido que Deus confere à criação é *em princípio* inteligível, exceto para seres humanos. A certeza de uma inteligibilidade que está além do reconhecimento ou da estimativa humana não é consolo para alguém ávido por um sentido cósmico pelo qual orientar a vida.

Terceiro, não está claro se a simples existência de um objetivo conferido por Deus ao universo automaticamente confere sentido às nossas vidas. E se percebêssemos o sentido do universo como coercitivo ou repugnante? Nesse caso, saberíamos que Deus está em seu céu e que há uma explicação suprema para a existência, mas o conhecimento tolheria em vez de enriquecer nossa existência.

Finalmente, na afirmação de Craig de que "é inconsistente dizer que a vida é objetivamente [isto é, intrinsecamente] absurda e depois dizer que a pessoa pode criar sentido para sua vida" parece estar faltando, no mínimo, uma premissa vital. Ao que parece, a suposição de Craig é de que não se pode criar grupos de sentido a partir de uma situação aleatória ou fora dos padrões. Mas a experiência comum desmente essa suposição. Os escritores criam romances e poemas significativos manipulando letras e palavras aleatórias, e os músicos criam música significativa manipulando notas e acordes aleatórios. Craig pode responder afirmando que a própria existência de palavras e acordes pressupõe sentido no mundo, mas só à custa de incorrer em petições de princípio.

Essas dificuldades para afirmar que a existência de Deus necessariamente confere sentido à existência relembra uma sugestão dada anteriormente: exatamente como a pergunta "Qual é o sentido da vida?" é ambiciosa demais, o mesmo acontece com a resposta teísta: "Deus". A pergunta excessivamente ambiciosa é tão abrangente que só uma resposta igualmente abrangente condiz com ela. Mas isso permite e, na verdade, garante uma imprecisão na pergunta e na resposta que só pode originar perplexidades. O economista E. F. Schumacher observou certa vez que, quando se trata de medidas públicas, nem sempre é o caso de grandes problemas exigirem grandes soluções. Muitas vezes, grandes soluções só exacerbam o próprio problema que se propõem solucionar. Para Schumacher, os grandes problemas precisam ser repensados em uma escala diferente para que pequenas estratégias sejam pouco a pouco prefiguradas e aplicadas (Schumacher 1999). Até onde se trata do ateísta, essa regra prática aplica-se igualmente bem ao problema do sentido da vida. Seja ela qual for, a solução do problema não será a solução abrangente e vaga apresentada pelo teísta.

Além das dificuldades conceituais com a ideia de que a existência de Deus é condição necessária para o sentido objetivo, há, na estimativa de muitos ateístas, um efeito prático indesejável que, ironicamente, empobrece a vida. Teístas que insistem que o sentido é dependente de Deus arriscam-se a não ver as oportunidades reais de sentido que a vida oferece. Como escreve Paul Kurtz:

> Em última análise, é o teísta que não encontra nenhum sentido nesta vida e que a difama. Para ele, a vida por si própria não tem sentido. Esta vida aqui e agora é sem esperança, estéril e desamparada; é cheia de tragédia e desespero. O teísta só pode achar sentido deixando esta

vida por um mundo transcendental além da sepultura (Kurtz 1988, p. 235).

É provável que Kurtz exagere o caso. Com certeza muitos teístas acreditam que o universo tem um sentido definitivo dado por Deus que transcende, mas também impregna o reino natural e, portanto, celebra em vez de amaldiçoar a vida. Mas parece razoável supor que é bem possível o teísta subestimar o presente por causa de um sentido supostamente transcendental que nunca é muito compreensível, sempre fora de alcance por um triz. O filósofo Andre Comte-Sponville afirma que esse passo nos exila "da felicidade pela própria esperança que nos impele a ir ao encalço dela; isolados do presente (que é tudo) pelo futuro (que não é nada)". Nessa situação, "nós nos condenamos à impotência e ao ressentimento" (Comte-Sponville 2007, pp. 52, 53).

Finalmente, no outro lado da balança da preocupação de Kurtz e Comte-Sponville, de que uma insistência teísta no sentido definitivo afasta a atenção desta vida, estão os ateístas que afirmam que a quantidade colossal de dor e sofrimento no mundo demonstra que não há sentido abrangente para tudo ou, se há, só pode ser obra de um Deus malévolo. "O mundo em que vivemos", observou Bertrand Russell, "pode ser entendido como resultado de confusão e acaso; mas, se é resultado de propósito deliberado, tal propósito deve ter provindo de um demônio. De minha parte, acho o acaso uma hipótese menos dolorosa e mais plausível" (Russell 1957, p. 93).

Fontes de sentido

Se Deus não é garantia de sentido, de onde podemos derivar alguma percepção de importância e direção em nossa vida que nos liberte da existência aparentemente absurda de Sísifo e nos permita levar as três perguntas de Gauguin a sério?

Como naturalistas, os ateístas concordam com a conclusão de Steven Weinberg de que, "quanto mais o universo parece compreensível, mais ele também parece sem sentido" (Weinberg 1977, p. 154). Não há nenhum sentido abrangente para as coisas. Assim, se não há, em absoluto, nenhum sentido, eles argumentam, suas fontes devem ser encontradas focalizando o que parecem ser as necessidades básicas da humanidade para levar uma vida significativa e depois trabalhar para satisfazê-las. Nessa abordagem há forte lealdade ao senso comum, tanto quanto observamos ao examinar a moralidade ateísta: aferre-se aos fatos consistentes e depois deles deduza possibilidades. Portanto, ao analisar o sentido de uma perspectiva ateísta, a primeira tarefa é descobrir o que as pessoas realmente dizem que torna sua vida mais rica, mais significativa e mais motivada do que, de outro modo, ela seria.

Uma das primeiras condições para uma vida significativa que muitas pessoas citam é a capacidade de estabelecer objetivos para elas mesmas e de ir a seu encalço. Segundo o existencialista ateu Jean-Paul Sartre, a existência de um Deus planejador escravizaria as pessoas a uma essência predeterminada. Exatamente como um artefato humano – por exemplo, uma espátula – tem definição determinada (e restrita), porque designada para um propósito bem específico, os seres humanos, como artefatos de Deus, seriam igualmente limitados a um padrão estrito, preestabelecido. Tal restrição pode ser abstratamente significativa como parte do plano global, mas não empresta nenhuma percepção ou empresta percepção limitada de sentido e propósito para os seres humanos individualmente. Entretanto, felizmente, a ausência de Deus significa que os seres humanos não são artefatos em nenhum sentido da palavra. Na bem conhecida frase de Sartre, a essência (ou o desígnio, ou o plano) de um artefato precede sua existência. Mas quando se trata de seres humanos a existência precede a essência. Os seres humanos primeiro *são* e subsequentemente se definem por meio de suas livres escolhas e seu livre comportamento no mundo. Como Sartre diz:

> Antes de tudo, o homem existe, encontra-se, valoriza-se no mundo – e depois se define. Se o homem, assim como o existencialista o considera, não é definível, é porque, para começar, ele não é nada. Não será nada até mais tarde e, então, será o que ele faz de si mesmo. Assim, não há natureza humana, porque não há um Deus para ter uma concepção dela. O homem simplesmente é. Não que ele seja simplesmente o que se concebe ser, mas ele é o que deseja e como se concebe depois de já existir – como ele deseja ser depois daquele salto em direção à existência.

O homem não é nada mais que aquilo que ele faz de si mesmo (Sartre 1977, p. 10).

A existencialista Hazel Barnes expressa a limitação da existência humana com o que ela chama de exemplo "despretensioso" de um tabuleiro de xadrez chinês. A religião e a filosofia tradicional, diz ela, presumem que há um único padrão no qual os jogadores podem arrumar as peças no tabuleiro. Mas na ausência de um Deus planejador, o tabuleiro de xadrez em que os seres humanos se encontram não tem nenhum padrão "correto". Os seres humanos são livres para dispor suas peças como desejarem. "Embora essa falta prive o homem de guia e objetivo certo, deixa-o livre para criar um padrão próprio" (Barnes 1967, p. 107). Observe que a analogia do tabuleiro de xadrez não sugere que a falta de essência ou padrão preestabelecido contribua para uma série absolutamente ilimitada de possibilidades. A escolha humana está sempre circunscrita pelas peças de facticidade – temperamentos e talentos individuais, contextos sociais e históricos etc. Mas devido às peças que nos são dadas, não há nenhuma restrição divinamente ordenada quanto à maneira como escolhemos jogar com elas.

A objeção mais forte à liberdade observada por Sartre e Barnes não vem do campo teísta, mas do naturalista. Se a natureza é tudo que existe, e se os objetos e eventos da natureza harmonizam-se com as leis deterministas, há uma forte presunção de que os seres humanos, não menos que as vespas, os meteoros e os rins, estão presos àquelas leis. Como tal, tem realmente sentido falar de uma essência humana predeterminada. É que, neste caso, o ordenador é a natureza em vez de Deus.

De fato, deixando de lado Sartre, uma objeção comum ao naturalismo em geral e ao ateísmo em particular é que o universo defendido pelos naturalistas é determinista: objetos obedecem às leis físicas e são produtos de acontecimentos anteriores. Como o naturalismo nega a existência de Deus e também da alma, não há razão para crer que os seres humanos gozem, de alguma maneira, de isenção dessa obediência. Portanto, não há nenhum bom argumento a ser feito a favor do livre-arbítrio, e a fonte de sentido defendida por Sartre e de Beauvoir é apenas utopia. Podemos nos *sentir* livres. Mas, se vivemos em um universo naturalista, o sentimento é ilusório. Somos, na verdade, constrangidos, como tudo o mais que existe, por uma teia determinista de relações causais. É um grande desafio à possibilidade de sentido e motivação, para não dizer moralidade. Se os seres humanos estão determinados a se comportar como nos comportamos, como podemos ser considerados eticamente responsáveis – isto é, louváveis ou culpáveis – por nossas ações?

Este não é o lugar de iniciar um exame do debate livre-arbítrio *versus* determinismo. Mas vale a pena mencionar que esse é um problema para os naturalistas e que nem todos eles querem admitir que sua posição elimine o livre-arbítrio. Por sua vez, Daniel Dennett resiste ao que considera negação excessivamente reducionista da capacidade dos seres humanos para fazer escolhas. Ele afirma que os seres humanos são capazes de tomar decisões, mesmo que as condições físicas que permitem a tomada de decisão sejam imutáveis e biologicamente determinadas. Uma tacada correta de bilhar depende em parte do que pode ser entendido exclusivamente em termos de física. Mas também depende da resolução consciente do jogador de seguir a tacada, mantendo, por exemplo, a cabeça baixa e o pulso reto. Analogamente, o fato de os seres humanos se sentirem autônomos (isto é, capazes de deliberar e escolher) e agirem de acordo com esse sentimento, mesmo que seu sentimento de autonomia seja dependente de certos estados cerebrais, infunde um inegável elemento de controle e, consequentemente, de sentido à vida (Dennett 1984).[1]

A defesa que Dennett faz da autonomia talvez seja menos convincente. Mas podemos perguntar se realmente faz diferença, no que diz respeito a uma percepção de sentido, se somos livres ou determinados. Sentimo-nos autônomos: acreditamo-nos capazes de distinguir situações em que somos constrangidos daquelas onde não somos: preferimos as últimas às primeiras; e aceitamos responsabilidades pessoais e atribuímos responsabilidades sociais como se fôssemos livres. Assim, a experiência de autonomia ainda permanece fonte de sentido individual

---

[1] Se os teóricos do caos estão corretos, o determinismo não acarreta necessariamente a previsibilidade. Assim, outra possibilidade é que as ações humanas sejam autônomas no sentido de estarem em aberto.

e grupal para nós, mesmo se acontecer de a experiência não ter base fatual. William Lane Craig sem dúvida diria que essa é uma forma de autoilusão ou fingimento. Mas o filósofo Richard Rorty poderia argumentar que, ao contrário, isso é mais bem entendido como exemplo de "dedicação irônica", dedicação a um ideal (neste caso, a autonomia humana), que reconhecemos só poder ser provisional ou "irônico", mas que, mesmo assim, melhora nossas vidas (neste caso, incentivando uma percepção de sentido) (Rorty 1989).

A sensação de autonomia, de estar no controle do próprio destino, fortalece fontes adicionais de sentido sugeridas pelos ateístas. Kai Nielsen, por exemplo, acha que sentido está ligado a bem-estar e que este último depende de certas condições materiais e relacionais, tais como estar livre de dor e penúria, ter segurança, equilíbrio emocional, amor e companheirismo, e criatividade. São requisitos básicos para a vida boa e para o cultivo de um sentimento duradouro de importância e motivação (Nielsen 1990, pp. 116-117). Baseados como são em uma avaliação das necessidades humanas fundamentais, não há nada misterioso a respeito deles. Também não há nenhuma garantia. Nem todos os seres humanos experimentam bem-estar por causa de suas situações de vida e, consequentemente, sua percepção de sentido diminui proporcionalmente. Mas esse fato infeliz é incentivo para melhorar as condições que impedem o bem-estar, não uma desculpa para supor uma importância sobrenatural que nos será revelada quando morrermos, ou erguer as mãos resignados com a morte de Deus. "O homem que diz: 'Se Deus está morto, nada tem importância'", adverte Nielsen, "é uma criança mimada que nunca olhou para seu semelhante com compaixão" (p. 118).

O filósofo Richard Norman também considera a autonomia um dos requisitos básicos para uma vida significativa. O sentido não é descoberto em uma revelação grandiosa, mas em momentos nos quais os elementos divergentes da vida juntam-se de maneira a nos ajudar a entender nossas histórias pessoais e coletivas (Norman 2005, p. 146). Esses momentos são mais incentivados por empenhos criativos, pelo prazer da beleza e o arrebatamento da descoberta. Consequentemente, a possibilidade de seu aparecimento depende em grande parte das escolhas que fazemos na vida – cultivamos o gosto pela beleza e a vida da mente, embora fazer isso também produza certo nível de ansiedade e inquietação, ou nos deixamos afundar na mesmice confortável da existência cotidiana? (pp. 138-139). A arte, em especial a arte narrativa, é importante para infundir sentido em vez de alívio em nossa vida, porque a "particularidade paradigmática" das narrativas nos ajuda a criticar e entender nossas histórias pessoais e ao mesmo tempo perceber que, apesar de toda a sua particularidade, elas também são paradigmáticas da condição humana (p. 153). Essa análise de sentido lembra a famosa alegação de John Stuart Mill de que é melhor ser um Sócrates insatisfeito que um porco satisfeito. Segundo Norman, uma das vantagens de ser um Sócrates insatisfeito é que aumentam as possibilidades de sentido.

Julian Baggini concorda com a afirmação de Norman de que o sentido não depende de revelações extraordinárias. Não há, diz ele, nenhum segredo profundo da existência a ser descoberto, nem nada muito especial para descobrir a respeito de nós mesmos ou nosso lugar no universo (Baggini 2004, p. 185). Portanto, é inútil esperar encontrar o sentido afastando o véu para revelar uma grande imagem transcendente. Reconhecidamente, como o truque para uma vida significativa é encontrar significado no momento presente, é também desnecessário recordar o passado com saudade ou aguardar o futuro com ansiedade (posição semelhante à de Comte-Sponville). Desse ponto de vista, os candidatos de Baggini para os requisitos de uma vida significativa têm um tom bem conhecido: serviço à humanidade, felicidade, sucesso, libertar a mente, desfrutar cada dia (p. 57). E, mais uma vez, cada uma dessas possibilidades pressupõe autonomia.

Digno de nota em todos esses modelos é que as condições para encontrar o sentido defendidas por eles são, para usar uma distinção invocada por John Cottingham, endógenas em vez de exógenas. Em vez de se basear na vontade de uma fonte divina externa de grande alcance, são esforços para "encontrar sentido 'dentro', por assim dizer, elaborando-o a partir de dentro como função de escolhas e compromissos [humanos]" (Cottingham 2006, p. 12). A convicção que as fundamenta é que a vida é significativa – tem objetivo ou significado, de modo que vale a pena viver – mesmo que o universo não seja. O que importa é focalizar o curto prazo, não o quadro geral.

Entretanto, há o perigo de o ateísta simplesmente equiparar o sentido à felicidade. Kai Nielsen chega perto disso quando argumenta a favor da ligação entre bem-estar e sentido. Mas, se levarmos a sério as sugestões que criatividade, amor e serviço à humanidade são fontes de sentido, fica bem claro que uma vida pode ser infeliz – às vezes miseravelmente infeliz –, mas ainda assim pode ser significativa. Há também o risco de o sentido endógeno descambar para um subjetivismo individualista no qual uma escolha ou um estilo de vida tal como toxicomania ou sadismo seja defendido como significativo só porque seu praticante assim o designa. O ateísta pode responder que fundamentar o sentido em necessidades humanas básicas impede a possibilidade desse tipo de subjetivismo, mas seu protesto não é de todo convincente. Como Hazel Barnes observa (e, ao que parece, endossa) ao defender sua metáfora do tabuleiro de xadrez chinês:

> Não há nenhum modelo externo segundo o qual possamos declarar o novo padrão bom ou mau, melhor ou pior. Há somente os julgamentos individuais de quem o cria e dos que o contemplam, e estes não precisam estar de acordo. Se o criador descobre valor em sua criação, se o processo de criar é satisfatório, se o resultado final compara-se de modo suficientemente favorável com a intenção, então o padrão tem valor e a vida individual vale a pena (Barnes 1967, p. 107).

É uma conclusão perturbadora.[2]

Finalmente, o fantasma que assombra todo esforço para afirmar expressividade na ausência de Deus é a natureza efêmera da vida. Uma coisa é lutar por bem-estar (Nielsen), buscar os momentos em que os fios desiguais da vida se unem (Norman) e focalizar o presente em vez de se alongar em lembranças de coisas passadas ou expectativas de coisas futuras (Baggini). Mas é coisa muito diferente lidar com o fato de que tudo termina com a morte. Que importam todos os belos

---

[2] Como era de seu feitio, Sartre expressa a questão de forma mais dramática. No que diz respeito ao puro exercício da autonomia, ele diz que não faz diferença se escolhemos ser líder de nações ou beber sozinhos em bares. Veja Sartre (1969, p. 627).

momentos, gloriosos triunfos e relacionamentos amorosos se eles culminam em aniquilação? A sensação de falta de objetivo, que se origina da percepção da morte inevitável, zomba até de uma existência feliz e produtiva. Como dizia um popular adesivo de para-choque, há alguns anos: "A vida é uma droga – e aí você morre".

Os teístas podem se consolar com a convicção de uma continuação de sua identidade pessoal. Mas para os ateístas não há essa possibilidade. Se querem defender a afirmação de que a vida é significativa, embora Deus não exista, precisam fazer as pazes com a mortalidade. Do contrário, os críticos podem citar o destino de Sísifo como aviso a respeito da inutilidade de uma vida cujas realizações inevitavelmente se desfazem na morte.[3]

A noite em Arzamas

No início de setembro de 1869, Leon Tolstoi escreveu uma carta à esposa, Sonya, que começava assim: "Uma coisa extraordinária me aconteceu em Arzamas. Eram duas e meia da manhã [...]. De repente, fui tomado de um desespero, um medo, um terror tal que nunca tinha conhecido antes. Depois lhe contarei os detalhes" (Troyat 1965, p. 392).

Quando passou sua noite terrível em Arzamas, Tolstoi tinha quarenta e poucos anos, excelente forma física e era marido e pai feliz. Era rico e aclamado em toda a Europa como um dos maiores escritores de seu tempo. Além disso, acabara de dar os últimos retoques em sua obra-prima, *Guerra e paz*. Estava no auge da vida.

Tolstoi decidiu dar-se umas férias, viajando centenas de quilômetros até uma propriedade que estava interessado em comprar. A caminho, no meio da estepe russa, parou para passar a noite em uma tosca estalagem no vilarejo isolado de Arzamas. Jantou e se retirou para o quarto, completamente em paz consigo mesmo e com o mundo. Mas, nas horas escuras antes do amanhecer, Tolstoi acordou em

---

[3] Merece ser mencionado que uma das razões de Sísifo ter sido castigado foi seu protesto contra a mortalidade. Em duas ocasiões diferentes, ficamos sabendo, Sísifo desafiou e derrotou a morte. Esse rompimento da ordem estabelecida das coisas não podia ser tolerado pelos deuses – daí outra razão para o castigo.

Kerry Walters

pânico, com a certeza de que havia uma presença sinistra no quarto com ele. Tentando se acalmar, murmurou: "Isto é ridículo [...]. Do que estou com medo?" Então ouviu uma resposta: "De mim", respondeu a Morte. "Estou aqui."

> Um tremor frio percorreu-me a espinha. Sim, a Morte. Ela virá, já está aqui, embora nada tenha a ver comigo agora [...]. Todo o meu ser padecia com a necessidade de viver, o direito de viver e, no mesmo instante, senti a morte em ação. E foi horrível ser partido por dentro. Tentei afastar meu terror. Achei um toco de vela em um candelabro de bronze e o acendi. A chama avermelhada, a vela mais curta que o castiçal, tudo me dizia a mesma coisa: não há nada na vida, não existe nada a não ser a morte e a morte não deveria existir! (p. 391).

Tolstoi iniciou a viagem de volta para casa completamente mudado. Essa horrível noite de pânico da morte no fim do verão de 1869 marcou-o para o resto da vida.[4]

Muitos de nós tivemos nossa própria noite escura de Arzamas, na qual fomos atingidos no estômago pela percepção de que um dia a morte vai nos aniquilar completamente, que o mundo vai continuar e nós não vamos. Nesses momentos de desorientação, não adianta apelar ao antigo argumento de Epicuro, de que "onde a morte está eu não estou e onde eu estou a morte não está: então, por que temer a morte?" (Epicuro 1940, p. 31). Uma versão contemporânea da posição epicurista é defendida por Kai Nielsen. Sabemos que precisamos morrer, escreve ele, e lamentamos fazê-lo porque ninguém (pelo menos enquanto feliz e saudável) quer deixar a vida. Mas de que adianta angustiar-se com nossa mortalidade? "Por que devemos sentir ansiedade, fazer drama e criar mitos para nós mesmos? Por que simplesmente não encará-la e continuar com nossa vida?" (Nielsen 2000, p. 155). Mas, embora os argumentos de Epicuro e Nielsen sejam razoáveis, é provável que se revelem friamente abstratos e fora de contato com o desespero da morte que pode fazer a vida parecer completamente sem sentido. Assim,

---

[4] O conto de Tolstoi "A morte de Ivan Ilych", um dos retratos ficcionais mais absorventes e autênticos do processo de morrer, surgiu dessa experiência. Veja Tolstoi (2003).

para o ateísta o desafio é encontrar um meio de lidar com a morte que, enquanto evite o pânico tormentoso e a lógica indiferente, lhe permita descobrir sentido até em uma vida fadada à extinção.

Uma forma de conseguir isso é perceber que sobreviver à morte não é solução para o sentido da vida. Lembre-se do argumento de E. D. Klemke de que o sentido da vida não é garantido pela existência de Deus, porque o sentido que queremos é um sentido que esclareça nossa vida em vez de ofuscá-la mais, e Deus é incompreensível. Numa perspectiva, conclui Klemke, não há razão para supor que Deus é necessário (muito menos suficiente) para uma vida significativa. Com tendência semelhante, Julian Baggini afirma que uma análise do que pode ser a vida após a morte revela que não há razão para supor que uma vida significativa dependa de uma vida sem fim. Se sobrevivermos à morte, ou nossa existência será mera continuação da vida que agora vivemos, ou será totalmente diferente. (A segunda alternativa tem mais sentido porque todo o nosso modo de nos relacionar com a existência é corporificado e é impossível conceber como poderíamos continuar a ser "nós" como espíritos desencarnados. Essa perplexidade talvez seja uma das razões por que a fé cristã sempre insiste em suas várias declarações dogmáticas na "ressurreição da carne".) Mas nenhum desses modos possíveis de sobrevivência faz alguma coisa para definir o sentido desta vida. Como Baggini observa: "Ou a vida após a morte é reconhecidamente parecida com esta vida e, nesse caso, uma vida eterna não parece muito significativa; ou não se parece em absoluto com esta vida, e nesse caso não parece ser o tipo de vida que poderíamos viver" (Baggini 2003, p. 70).

Outro meio de pensar na mortalidade e em uma vida significativa é apresentado pelo escritor americano Carl van Doren, que afirma que só alguém que, em primeiro lugar, presume ser a vida significativa considera a morte um desafio ao sentido. Se a vida não tem nenhum sentido ou propósito intrínseco, então a cessação da vida não é um desafio para nada, a não ser a sobrevivência. Livremo-nos da convicção (enganosa) de que a vida é significativa e a morte se torna menos um absurdo ameaçador. Depressa percebemos que a morte não quebra promessas nem infringe direitos (van Doren 2007, p. 140). O que van Doren não disse, mas poderia ter dito, é que a mera cessação de qualquer coisa com certeza não é suficiente para qualificá-la como destruidora de seu sentido. O romance inacabado de Dickens *O mistério de Edwin Drood* é sem sentido simplesmente por ser incompleto? Do mesmo modo, o término lento ou abrupto de uma vida humana, embora cause tristeza para os sobreviventes, com certeza não rouba o sentido da vida do falecido. Nossa vida pode não ter muito sentido por causa das condições em que nascemos ou as escolhas de vida que fazemos. Mas o simples fato de que a vida termina não tem nenhuma relevância.

Uma objeção a isso é que o sentido desejado é *meu* sentido, não o sentido que minha vida tem para os estranhos, que a veem em retrospecto. Quando outros "leem" a "história" de minha vida, ela pode não lhes parecer sem sentido simplesmente porque termina antes de todos os fios soltos serem ligados. Mas de meu ponto de observação a situação é diferente. Parte do que constitui sentido para mim, como já vimos, é a sensação de que sou livre para estabelecer metas a mim mesmo e tirar vantagem de oportunidades conforme elas surgem. Não obstante, a perspectiva da morte cria um sentimento de armadilha ou coerção que limita radicalmente minhas opções. Independentemente de como me esforço arduamente, algumas de minhas metas não serão alcançadas e milhares – milhões – de oportunidades para experimentar a beleza, o amor, a criatividade etc. me serão tiradas quando eu morrer. Esse sentimento constrangido de oportunidade perdida está expresso na triste observação de Russell, murmurada pouco antes de sua morte, aos 98 anos: "Odeio tanto deixar o mundo". Depois de quase um século de vida, Russell pranteia o mundo que sabe que em breve perderá – mesmo um mundo que ele considera confuso e contingente.

Embora apreciemos muito o desejo de não perder nenhuma das oportunidades da vida, um pouquinho de reflexão sugere haver algo estranho a respeito do medo de que fazer isso diminua o sentido. Sei, por exemplo, que, enquanto escrevo estas palavras, perco dezenas de milhares de oportunidades que não vão se repetir. Mas não lamento a perda. Embora sinta uma ocasional pontada de pesar por perder um piquenique completo ou um lindo pôr do sol, ou outras inumeráveis oportunidades, não me sinto especialmente empobrecido. Além disso, sempre que durmo perco outros milhares de oportunidades sem lamentá-las. Finalmente, sei que inúmeras oportunidades foram perdidas antes de eu nascer. Contudo, minha vida não parece menos significativa por causa da perda delas. Por que, então, deveria me sentir como se o sentido de minha vida fosse roubado por causa de oportunidades perdidas depois de minha morte? E se a resposta for que a morte não só me rouba oportunidades imediatas (como faz o sono), mas também a possibilidade de oportunidades em geral, parece razoável invocar a observação de Epicuro de que não estarei presente depois da morte para saber que minhas oportunidades se foram mais do que enquanto durmo profundamente estou cônscio do que estou perdendo. Quando em sono profundo, não me preocupo nem com oportunidades perdidas nem com deixar de acordar. *Eu* estou aniquilado.

A preocupação com oportunidades perdidas indica, em última análise, um medo da transitoriedade das experiências individuais e da própria vida. Como tudo é tão fugaz, tão efêmero, há a preocupação angustiante de que precisamos lutar para não perder nada. Mas naturalmente perderemos muitas coisas – de fato, mais do que as que *não* perdemos – e a impossibilidade do projeto faz surgir muitas respostas. Podemos cair em desespero e viver uma existência atormentada por pensamentos de inevitável aniquilação. Podemos negar a fugacidade das coisas e anestesiar nossas ansiedades com desesperada atividade e ávido consumo. Mas, escreve o crítico literário Eric Wilson, há uma terceira opção: "podemos sentar com nossa ansiedade e deixá-la impregnar nosso coração e, assim, encontrar honestamente nossa finitude" (Wilson 2008, p. 120).

O pensamento de Wilson, aqui, não é diferente da afirmação do filósofo alemão Martin Heidegger de que uma existência humana autêntica acarreta uma "apaixonada liberdade em direção à morte" (Heidegger 1962, p. 311). Segundo Heidegger, uma vida significativa depende em parte do reconhecimento sincero e corajoso de nossa finitude, em contraste com a costumeira negação da mortalidade pessoal a que muitos de nós nos entregamos. Esse reconhecimento sempre provoca ansiedade, mas é condição necessária para se chegar a um acordo sobre o que significa ser humano. Como Wilson diz em concordância com Heidegger: "minhas ansiedades mais profundas sobre as coisas que passam fazem-me ser quem realmente sou: esta possibilidade única e irrepetível, este trêmulo enredo de individualidade" (Wilson 2008, p. 123).

Mas o reconhecimento da inexorável passagem das coisas faz mais que me dar uma ideia melhor de quem e o que sou. Também me torna mais receptivo aos próprios momentos cuja passagem lamento. "Entendemos que só nos resta um tempo muito breve e que seria aconselhável aproveitá-lo ao máximo. Dessa maneira, exatamente quando experimentamos nossa limitação extrema, também tomamos consciência de nossas possibilidades magníficas" (p. 121). Além disso, o reconhecimento da mortalidade também estimula o sentimento de camaradagem com outros seres humanos igualmente mortais. Finalmente, a aceitação da transitoriedade das coisas e das experiências aumenta realmente nosso apreço pela beleza. A beleza, ao contrário da formosura, é "imprevisivelmente matizada, escabrosa, e fraturada" – em suma, orgânica, perigosa e imprevisível (lembre-se da advertência de Richard Norman de que fontes de sentido artísticas nem sempre são confortadoras). Nessa linha, diz Wilson, "você só experimenta a beleza quando tem um triste pressentimento de que todas as coisas deste mundo morrem" (p. 115). O que Wilson diz a respeito da experiência da beleza também se aplica à experiência do amor. Uma percepção de sua fragilidade acrescenta-lhe um enternecimento que realça seu sentido para nós.

Se Heidegger e Wilson estão corretos, a percepção de que os projetos de nossa vida terminam em aniquilação estimula em vez de destruir o sentido. Nossa sensação de fugacidade das coisas e a profusão de oportunidades que a vida oferece, mas que não teremos tempo de abraçar, aumenta nosso apreço pelo que temos enquanto dura. As narrativas de nossa vida são breves. Mas não há razão para não serem ricas de novidade, beleza e amor quando aceitamos sua brevidade como preço de seu esplendor.

Entretanto, nem a posição de Wilson nem a de Heidegger eliminam a sensação de ressentimento ao reconhecer que todas as coisas morrem. Reconhecemos que a transitoriedade estimula o apreço, ao mesmo tempo que deploramos a necessidade de deixar o mundo. Em suma, podemos nos rebelar, cerrando o punho para o destino e recusando-nos a entrar tranquilamente naquela noite escura. A inesquecível exploração cinematográfica da morte, feita por Ingmar Bergman em *O sétimo selo* (1956), apresenta a personagem do Escudeiro, homem mundano e realista que desfruta as coisas boas da vida – vinho, comida, canção, companheirismo –, mas que também é sincero o bastante para reconhecer que um dia a morte vai acabar com elas. Ao contrário de seu atormentado senhor, o Cavaleiro, homem com pavor da morte e desejando desesperadamente uma daquelas grandes respostas reveladoras satirizadas por Douglas Adams e negadas por Julian Baggini, o Escudeiro é rebelde em face da morte. Reconhece sua indesejabilidade, mas se recusa a se encolher ou curvar-se diante dela. Sua atitude rebelde com respeito à mortalidade é perfeitamente captada perto do fim do filme quando, pouco antes de a morte chegar, ele diz laconicamente: "Eu protesto!".

Encarar francamente o mundo

No fim das contas, Sísifo também é um rebelde – mas, ao menos na interpretação de Camus, um rebelde completo. Sísifo sabe que a tarefa à qual está preso é fútil quando considerada do ponto de vista do cosmo. Mas ele se recusa a curvar-se diante da futilidade. Ele se rebela contra ela aceitando sua sorte, fazendo-a sua – "seu destino lhe pertence", escreve Camus. "Sua pedra é sua, de ninguém mais" – e desse modo lhe infunde sentido transformador (Camus 1955, p. 90). O domínio da pedra e da tarefa dá coerência à sua narrativa pessoal. Sua resposta livremente escolhida ao que deve ser confere significado e propósito à sua faina incessante até o topo da montanha. E embora Sísifo com certeza tenha momentos de raiva e desespero, seu "esforço em direção às alturas basta para encher o coração de um homem. Devemos imaginar Sísifo feliz" (p. 90).

Em suma, a busca do ateísta por sentido e propósito é inspirada pelo corajoso reconhecimento de Sísifo do modo como o mundo é:

celebrando suas alegrias e beleza enquanto, da melhor maneira possível, aceita suas tragédias. O sentido será sempre provisório. O propósito será sempre contingente. As narrativas nunca se completarão. Mas, apesar de tudo isso, a vida vale a pena. Poucas pessoas expressaram melhor a escuridão e também a promessa desse entendimento do sentido da vida que Bertrand Russell, que tanto detestava deixar a vida.

> Devíamos nos levantar e encarar francamente o mundo. Devíamos fazer do mundo o melhor que podemos e, se ele não é tão bom quanto gostaríamos, afinal de contas ainda é melhor do que estes outros [os teístas] fizeram dele em todas essas épocas. Um mundo bom precisa de conhecimento, bondade e coragem; não precisa de anseio pesaroso pelo passado, nem de entrave da livre inteligência pelas palavras pronunciadas há muito tempo por homens ignorantes. Precisa de esperança pelo futuro, não relembrar o tempo todo um passado que está morto, que acreditamos será de longe ultrapassado pelo futuro que nossa inteligência pode criar (Russell 1957, p. 23).

8

Uma espiritualidade ateísta?

> Não é como as coisas são no mundo que é místico,
> mas sim que o mundo exista.
> Ludwig Wittgenstein, *Tractatus Logico-Philosophicus*

> O verdadeiro mistério do mundo é o visível, não o invisível.
> Oscar Wilde, *O retrato de Dorian Gray*

Há na vida certas experiências de pico* que, embora difíceis de expressar em palavras, são, mesmo assim, tão carregadas de significado que se destacam na memória e influenciam fundamentalmente a maneira como vemos o mundo e nós mesmos. Na história "A mulher adúltera", Albert Camus capta lindamente a essência dessas experiências.

Janine e Marcel são um casal francês de meia-idade vivendo no norte da África. Não têm filhos e seu casamento se tornou pouco mais que um abrigo conveniente contra a solidão e o medo da morte. De forma apática, Marcel parece bastante contente com a vida juntos, mas Janine sente-se sufocada em um "nó apertado pelos anos, pelo hábito e pelo enfado" (Camus 1958, p. 24).

---

* N.d.E.: Experiências de pico (*peak experiences*) é expressão cunhada pelo psicólogo norte-americano Abraham Maslow (1908-1970).

O nó é desatado quando Marcel arrasta Janine em uma viagem de negócios a um remoto vilarejo deserto. A misteriosa beleza desolada da areia, das rochas e do céu infindável desperta nela um grande desejo de libertação da existência enfadonha em que ela caiu. Insone uma noite, ela deixa Marcel dormindo no quarto de hotel, encaminha-se para o parapeito de uma antiga fortaleza no vilarejo e fica contemplando o céu. "Nas vastas extensões da noite seca e fria, milhares de estrelas apareciam constantemente, e seus pingentes cintilantes, soltos imediatamente, começavam a gradualmente deslizar para o horizonte." Cativada por sua vasta beleza, Janine se comunica com a noite, esquecendo "o peso morto dos outros, a loucura ou abafamento da vida, a longa angústia de viver e morrer" (p. 32). Sente-se regenerada, cheia de novo vigor.

> As últimas estrelas da constelação derrubaram seus feixes um pouco mais baixo no horizonte do deserto e ficaram imóveis. Então, com muita suavidade, a água da noite começou a encher Janine, afogou o frio, ergueu-se aos poucos do âmago oculto de seu ser e transbordou em onda após onda, erguendo-se ainda até sua boca cheia de queixumes. No momento seguinte, o céu todo se estendeu sobre ela, caída de costas na terra fria (p. 33).

Poucos leitores deixam de vibrar com a epifania de Janine no deserto. Muitos de nós experimentamos momentos semelhantes na vida quando um céu estrelado, uma tempestade vinda da oceano, um pôr do sol, um poema ou uma composição musical nos arrebatou para fora do presente e de nós mesmos. Essas experiências de pico trazem uma sensação de interligação com o universo e também de profundo deslumbramento com o puro mistério da existência, o fato inescrutável, mas maravilhoso, de que as coisas *são*. Apreço, gratidão e o sentimento de ter aprendido algo importante e libertador acompanha tipicamente as experiências.

As tradições religiosas têm uma linguagem para esses tipos de momentos. Referem-se a eles como "teofanias" ou "experiências místicas" e afirmam que são momentos nos quais a alma, temporariamente liberada de muitos (mas não de todos os) constrangimentos da condição corpórea, capta um vislumbre do ser absoluto de Deus. As tradições religiosas de todo o mundo atestam a predominância dessas experiências. Embora geralmente escondidos no vernáculo das tradições religiosas específicas da qual surgem, os relatos dessas experiências revelam notável uniformidade.

O que os naturalistas, em geral, e os ateístas, em particular, devem deduzir delas? Uma opção é rejeitá-las imediatamente como ilusões nascidas da superstição. O antropólogo Jacob Pandian parece endossar esse tipo de atitude crítica. Para ele, "religião" é apenas um eufemismo para irracionalidades sobrenaturais, e ele defende acabar com a confusão forçando departamentos universitários de religião a pôr as cartas na mesa designando-se "departamentos de sobrenaturalismo" (Pandian 2003, p. 169). Mas essa rejeição hostil parece tola: primeiro, porque experiências de pico transmitem significado tão intenso; segundo, porque até pessoas não religiosas as têm. É mais razoável supor que elas não sejam essencialmente religiosas em nenhum sentido convencional da palavra, mas foram associadas à crença em Deus por serem tipicamente expressas em metáforas religiosas. As experiências não cessam simplesmente porque a existência de Deus é negada. Nem, devido à sua importância, deveriam.

Além disso, parece igualmente míope rejeitar experiências de pico pensando nelas em termos exclusivamente neurofisiológicos. Naturalmente, são estados cerebrais de certo nível, e é perfeitamente legítimo examiná-los como tais. Mas, se levarmos a sério o testemunho de quem tem conhecimento deles de primeira mão, parece que também apontam além de si mesmos para revelar alguma coisa significativa a respeito do mundo. Registrar a experiência de regeneração de Janine, que mudou sua vida, como meramente um caso de excitação sexual (por exemplo) é perder sua consequência mais ampla.

Embora ateístas linhas-duras como Pandian estejam dispostos a rejeitar experiências de pico como irracionalidades, muitos – até mesmo os Novos Ateístas – não estão. Reconhecem a realidade delas e também sua importância, mas insistem que elas podem ser entendidas a partir de uma estrutura naturalista. A tarefa do ateísta é encontrar um jeito de falar a respeito delas evitando, por um lado, escorregar para a linguagem religiosa tradicional ou, por outro lado, reduzi-las a descrições neurológicas. O jeito de fazer isso é formular o que pode ser chamado de "espiritualidade ateísta".

Na superfície das coisas, há duas objeções imediatas a que se fale em uma espiritualidade ateísta. A primeira e mais óbvia é que a expressão se revela como um oximoro. Certamente o naturalismo é uma posição que não deixa espaço para o espírito. A segunda é que "espiritualidade" é uma dessas palavras do léxico de hoje que parece significar qualquer coisa e nada. Portanto, mesmo que o naturalismo e a espiritualidade sejam compatíveis, teríamos de primeiramente imaginar exatamente o que o segundo termo significa.

Entretanto, essas duas objeções são neutralizadas se pensarmos em "espírito" como função em vez de essência. É o que anima os seres humanos, desperta-os para suas profundezas, incentiva-os a especular, maravilhar-se, refletir, amar, prantear, celebrar e a ter esperança. Não é uma entidade metafísica, como uma alma imortal desencarnada, que transcende a natureza, muito menos um fragmento ou lampejo do divino. "Espírito" é, mais exatamente, uma palavra que se refere ao conjunto de comportamentos mentais e emocionais que nos sintonizam com a experiência e a "espiritualidade". É, portanto, o cultivo desses comportamentos. O filósofo Andre Comte-Sponville assim o expressa:

> A espiritualidade é a vida do espírito. Mas o que é o espírito? "Uma coisa que pensa", disse Descartes, "isto é, que duvida, afirma, nega, que conhece algumas coisas, que ignora muitas, que quer, que deseja, que também imagina e percebe". E eu acrescentaria: uma coisa que ama, que não ama, que contempla, que lembra, que zomba ou conta piadas (Comte-Sponville 2007, p. 135).

Comte-Sponville prossegue dizendo que as funções que chama de espirituais dependem, evidentemente, da atividade cerebral. Mas ele resiste à afirmação reducionista de que eventos mentais não são nada mais que eventos cerebrais e o faz com base em nossa experiência vivida de pensar, contemplar, querer, imaginar etc. Essas experiências têm, por assim dizer, uma "sensação" que as distingue de sua base neural. Dão origem a elas as propriedades emergentes das quais Paul

Kurtz nos lembrou no Capítulo 2, que não se explicam adequadamente em termos de fenômenos de nível inferior. Como Comte-Sponville diz, sem eventos mentais o cérebro seria um órgão como outro qualquer.

Outro modo de dizer isso é reconhecer que os tipos de experiência que Comte-Sponville diz que formam a vida do espírito podem ser considerados fenômenos que apontam para além de si mesmos. Um entendimento tradicionalmente religioso da espiritualidade afirma igualmente que certos estados mentais transcendem a si mesmos (com a ajuda da graça divina) para fazer contato com Deus. Mas, no contexto de uma espiritualidade ateísta, o movimento não é uma transcendência para alguma divindade fora da natureza. Ao contrário, é uma transcendência – um movimento além – do costumeiro ensimesmamento do sujeito em direção a uma atenção apreciativa do esplendor do universo físico.

É provável que alguma coisa semelhante a esse entendimento da espiritualidade seja o que muitas pessoas procuram às cegas quando afirmam que são "espiritualizadas, mas não religiosas". Podem nunca ter expressado para si mesmas o que querem dizer com a distinção, podem não ter adotado explicitamente uma visão naturalista do mundo e, na verdade, podem até ser crentes em Deus de uma espécie ou de outra (panteístas talvez, porém, com toda a probabilidade, não teístas). Mas independentemente de sua proximidade do ateísmo, consideram-se espiritualizadas porque percebem alguma coisa em sua experiência que não é adequadamente captada nem pelas linguagens religiosas tradicionais nem por descrições empíricas diretas. Ao contrário, só é indicada pela linguagem evocativa da poesia, metáfora e comparação. Os ateístas sérios aceitam esse entendimento do espiritual.

Levar o mistério a sério

Durante quase duas décadas, o telescópio Hubble vem transmitindo para a Terra imagens de nebulosas, agrupamentos de estrelas, galáxias e planetas. Quando vemos essas imagens espantosas, ficamos imediatamente deslumbrados por sua beleza e majestade e nos sentimos humildes e impressionados quando tentamos concentrar a mente em um universo cheio dessas coisas gloriosas. Não faz diferença se somos cientistas ou leigos. As imagens do Hubble despertam admiração em nós.

Mas, obviamente, também é possível reagir às imagens de maneira diferente. Podemos usar os instrumentos de astronomia e física para medir as distâncias das galáxias, os diâmetros dos planetas e a idade das estrelas. Em outras palavras, podemos reagir às imagens do Hubble como dados, objetos de exame científico sujeitos aos cânones da análise quantitativa.

Isso sugere que, embora possa não haver nada fora da natureza, a natureza desdobra-se, mesmo assim, em mais de um sentido ou modo de interpretação. Em um nível, o mundo *apresenta-se diante de nós* para ser racionalmente analisado, entendido e manipulado. Entretanto, em outro nível, o mundo *revela-se para nós* de maneiras que resistem à análise, mas estão mesmo assim carregadas de significado. O filósofo Gabriel Marcel descreveu essa dualidade de sentido como "problemática", por um lado, e "misteriosa", por outro. Marcel não era ateu. Todavia, suas categorias "problema" e "mistério" são proveitosas para o ateu que deseja entender os tipos de experiências que estamos analisando neste capítulo.

Marcel define problema como "uma coisa que encontro, que acho completamente diante de mim", isto é, uma coisa na qual não tenho interesse pessoal premente e da qual sinto certa distância (Marcel 1949, p. 117). Os problemas vão de qualquer coisa pela qual sintamos curiosidade não urgente – "O coronel Mustard é o vilão?"; "O que é o 9 vertical nestas palavras cruzadas?" – a problemas de mais peso, tais como mapear o genoma, classificar um aracnídeo recém-descoberto, ou diagnosticar uma série de sintomas. O que todos têm em comum é o relativo distanciamento que o solucionador do problema mantém do enigma no qual está trabalhando; sua técnica claramente definida para solucionar o problema; e o fato, baseado nos dois primeiros pontos, de ser ele dispensável: qualquer um que manipule a técnica e mantenha certa distância objetiva do problema pode substituí-lo. "Quando lido com um problema, procuro descobrir uma solução que possa ser de domínio público e, consequentemente, pelo menos em teoria, possa

Uma espiritualidade ateista?

ser redescoberta por quem quiser" (Marcel 1951, p. 213). Solucionar problemas é também competitivo. Exige que assediemos o problema proposto até vencer sua perplexidade e transformá-lo em fórmula, operação ou invenção aproveitável. Em um mundo que valoriza cada vez mais técnicas que tragam resultados – em especial as associadas a ciência, tecnologia e negócios –, há o risco de reduzir toda a experiência humana à problemática.

A redução é arriscada porque há uma dimensão da experiência humana fundamentalmente diferente da problemática, diz Marcel, e é importante respeitar sua integridade. É o domínio do mistério. Em contraste com problema, "mistério é alguma coisa na qual eu próprio estou envolvido e ele só pode, portanto, ser considerado uma esfera onde a distinção entre o que está em mim e o que está diante de mim perde seu sentido e validade inicial" (p. 117). Quando confrontado pelo mistério, nem o conteúdo das técnicas nem o espírito competitivo, que funciona bem quando aplicado a problemas, são apropriados. O mistério não é um problema que pode ser atacado e dominado. "Mistérios não são solucionados com técnicas e, portanto, não são respondidos da mesma maneira por pessoas diferentes – uma só técnica, uma só solução não se aplica [...]. Na verdade, é duvidoso se mistérios são passíveis de 'soluções de algum modo'" (Marcel 1949, p. 118). Um problema pode ser solucionado. Mas um mistério só pode ser experimentado.

A razão pela qual o misterioso não pode ser solucionado da maneira como um problema pode é que o sujeito não tem distância suficiente do mistério para examiná-lo objetivamente. *Participamos* do mistério. Os costumeiros limites entre mim e meu objeto de interesse ficam indistintos em face do mistério. Reconheço que estou envolvido no mistério e por isso não posso examiná-lo sem também levantar uma questão a meu respeito. É por isso que sou totalmente *in*dispensável quando se trata do misterioso. Ninguém pode tomar meu lugar porque cada um de nós trará à experiência uma personalidade diferente. Isso não significa, como Marcel ressalta, que o misterioso seja relativo ou subjetivo, muito menos absurdo, mas só que não é suscetível à objetivação e à classificação apropriada da problemática.

Quando abordo as imagens do Hubble como astrofísico, estou no domínio da problemática. Analiso-as com objetividade, empregando as mesmas metodologias que qualquer outro astrofísico empregaria igualmente bem. Mas quando reajo com pura admiração à sua beleza e seu esplendor, impressionado com a capacidade do universo de dar origem a essas maravilhas, a impessoalidade distanciada da problemática torna-se impossível porque minha reação às imagens formula imediatamente dúvidas a respeito de como o universo dá origem também a mim. Sinto-me parte do mistério diante de mim. Os limites de minha personalidade se expandem. Eu e as nebulosas somos cidadãos de um universo que é belo, grandioso e trágico, e não posso deixar de considerar nossos destinos inseparáveis. A imersão no misterioso não gera os tipos de respostas geradas pela solução de problemas. Mas o que a experiência do mistério incentiva mesmo é a extensão para além de meus limites confortáveis e da habitual fixação no ego (constrói-me "como sujeito", observa Marcel, não como ego) e, consequentemente, para uma atenção mais próxima à realidade. Experimentar o misterioso, em outras palavras, é transcendência espiritual, mas uma transcendência perfeitamente compatível com o naturalismo (Marcel 1949, p. 114).

O astrônomo Carl Sagan, famoso por dizer que "o universo é tudo que existe, ou existiu, ou existirá", sentia-se perfeitamente à vontade para reconhecer e abraçar o mistério. "Nossa contemplação do cosmo nos emociona", escreve ele. "Há um arrepio na espinha, um embargo na voz, uma leve sensação da distante lembrança de cair de grande altura. Sabemos que nos aproximamos do mais grandioso dos mistérios" (Sagan 1980, p. 4).

Albert Einstein também estava familiarizado com a sensação de tocar profundezas misteriosamente indescritíveis, mas imensamente significativas na contemplação da natureza.

> A mais bela experiência que podemos ter é o misterioso [...] quem não o conhece e já não consegue se admirar, nem sabe maravilhar-se, está praticamente morto [...]. Um conhecimento da existência de alguma coisa que não conseguimos penetrar, nossas percepções da razão mais profunda e da beleza mais radiante [...]. É esse conhecimento

Uma espiritualidade ateista? **205**

e essa emoção que constituem a verdadeira religiosidade (Jammer 1999, p. 73).

Nem Sagan nem Einstein fazem a popular distinção entre religião e espiritualidade, mas o que dizem deixa claro que eles a endossariam. Nenhum deles tinha utilidade para a religião institucionalizada e a ideologia que ela gera. Mas nenhum dos dois estava disposto a renunciar aos *insights* (visões) espirituais – que Einstein chama de "religiosidade verdadeira" e que Sagan acredita serem revelados pela contemplação do cosmo –, dos quais a teologia procura se apoderar e reivindicar como seus.[1]

Até Richard Dawkins, que juntamente com Christopher Hitchens é o mais irregular dos Novos Ateístas na denúncia de todas as coisas religiosas, compartilha o sentimento de admiração descrito por Sagan e Einstein. Embora defensor incansável de uma perspectiva totalmente secular, ele acredita que seus livros aspiram a "tocar as extremidades nervosas da admiração transcendente" e admite que pode ser chamado de "religioso" no mesmo sentido que Einstein era religioso. É verdade que Dawkins depressa acrescenta que não gosta de aplicar o rótulo a si mesmo porque é um rótulo carregado demais de superstição e supernaturalismo. Ele também traça uma distinção clara entre ele próprio e pensadores como Sagan e Einstein, insistindo que o mistério não é necessariamente irrespondível ou insolúvel tanto quanto atualmente irrespondível por causa de lacunas em nosso entendimento do universo (Dawkins 2006, pp. 12,18). Mas para Dawkins sua negação do mistério no sentido estrito de Marcel não diminui a beleza emocionante do mundo físico.

> Creio que um universo ordeiro, um universo indiferente às preocupações humanas, onde tudo tem explicação, mesmo se ainda temos um longo caminho a percorrer antes de encontrá-lo, é um lugar mais belo,

---

[1] Em certo sentido, pode ser afirmado que a teologia, embora alegue lidar com o misterioso – Deus – opera de fato como se atacasse um problema que tem solução clara e compreensível. Essa parece ter sido uma das objeções de Paul Tillich a afirmações existenciais a respeito de Deus (Veja o Capítulo 3).

mais maravilhoso que um universo enfeitado com extravagante mágica *ad hoc* (Shermer 2006, p. 184).

O físico Chet Raymo, que às vezes se descreve como "naturalista religioso" e outras vezes como "agnóstico científico", mas que definitivamente rejeita o Deus do teísmo, concorda com Marcel que o mistério é real e irredutível à problemática. Ele apela a uma notável metáfora: nosso conhecimento do universo é uma ilha em um mar de mistério. Para todos os propósitos práticos, o mar é infinito. Consequentemente, o acúmulo de novo conhecimento que, palmo a palmo, acrescenta diâmetro à ilha não diminui o mistério. Ao contrário, "aumenta o litoral ao longo do qual podemos encontrar o mistério" (Raymo 2008, p. 30).

Segue-se que, para Raymo, sempre haverá necessariamente um elemento de ignorância quando se trata de nosso entendimento da natureza. Recorrendo a um termo inventado pelo poeta Gerard Manley Hopkins, Raymo sugere que "todo aspecto do mundo natural [é] a manifestação 'visível' de uma 'essência interior' que é profunda e misteriosa além de minha compreensão" (p. 21). Hopkins caracterizou a essência interior como o mistério duradouro que está oculto em toda experiência de realidade. Sob a superfície visível e tangível de um objeto físico estão pacotes de energia firmemente comprimida, que os físicos chamam de "quanta". Mas o que está sob os quanta? Qual é o processo natural que estabelece a estrutura ordenada e padronizada das coisas? É o mistério que Hopkins e Raymo acreditam ser, em última análise, irrespondível. Lampejos do mistério às vezes se revelam (Hopkins, por exemplo, escreve sobre esses "momentos de pico" ao contemplar as nervuras de uma folha ou o desenho de um floco de neve), mas os lampejos, para voltar à metáfora de Raymo, só revelam a vasta expansão do oceano que cerca nossa ilha.

O resultado é que ateístas como Sagan, Einstein e Raymo tacitamente endossam a distinção que Marcel faz entre a problemática e o misterioso. Outros, como Dawkins, quase arruínam a distinção, insistindo que o universo todo deve ser visto como um problema só parcialmente solucionado em vez de um mistério e, ao mesmo tempo, reconhecendo que, até de um universo não misterioso, a beleza e o esplendor provocam admiração e celebração. As duas posições são compatíveis com uma espiritualidade ateísta.

Ligados durante todo o caminho

Em seus últimos anos, Charles Darwin lamentou ter perdido o entusiasmo juvenil pelas artes, principalmente a música e a pintura. Mas nunca perdeu o ouvido para a poesia da língua e o último parágrafo de *Origem das espécies* é uma das peças de redação científica mais lírica que já foram escritas. Também expressa outro importante componente de uma espiritualidade ateísta: o sentimento de interligação com toda a criação.

Nas últimas linhas de *Origem*, Darwin resume sua tese lembrando aos leitores exatamente como seu entendimento das espécies, que são os "descendentes diretos de alguns poucos seres", é diferente do entendimento que os adeptos da criação especial têm. Eles veem a natureza povoada por espécies completamente não relacionadas, cada uma criada separadamente por Deus. Por outro lado, Darwin vê a criação como um "emaranhado acervo" de milhares de espécies, "muito diferentes umas das outras", mas ao mesmo tempo indissoluvelmente "dependentes umas das outras". A ascensão e a queda das espécies podem ser justificadas pelas leis naturais – em especial a seleção natural –, que demonstram e enfatizam sua inter-relação biológica. Talvez isso tenha amedrontado e ofendido os contemporâneos teístas de Darwin. Mas para Darwin:

> Há esplendor nesta visão da vida com seus diversos poderes, tendo sido originalmente soprada em algumas formas ou em uma só; e que, enquanto este planeta continua a girar conforme a lei de gravidade permanente, a partir de um início tão simples, uma quantidade infinita de belas e admiráveis formas desenvolveu-se e está sendo desenvolvida (Darwin 1999, pp. 399-400).

Quando escreveu essas palavras, Darwin se considerava, quando muito, um agnóstico. Com certeza abandonara a crença religiosa da juventude (embora pareça que mesmo então ele fosse mais deísta que teísta) e rejeitara completamente a noção de que Deus intervém no mundo físico, por meio de milagres ou da providência. Mas, como sugerem as últimas linhas de *Origem*, Darwin tinha a impressão de que o universo, embora de uma perspectiva indiferente e impessoal, era também uma comunidade rigidamente organizada na qual todas as criaturas, inclusive os seres humanos, estão relacionadas. Seu discernimento de beleza e esplendor sugere que Darwin considerava isso mais que apenas um simples fato descritivo. Para ele, a teia incrivelmente complexa de relações que compõem a realidade era uma coisa em que estava envolvido pessoalmente em vez de apenas intelectualmente. Como naturalista, passou anos trabalhando no *problema* da origem das espécies, coletando dados e fazendo experiências com admirável objetividade e precisão. Mas como ser humano seu encontro com o *mistério*, iniciado pela própria interligação que sua pesquisa científica descobriu, levou-o a refletir profundamente em seu lugar no universo e também em suas crenças a respeito de Deus, da morte e da ética.

Muitos ateístas experimentam a grandiosa sensação de que o universo é uma vestimenta inconsútil (embora uma vestimenta cujo caimento e textura sejam extremamente complexos), uma unidade ("*uni-verso*") tal que os seres humanos estão inseparavelmente ligados não só com os outros habitantes biológicos deste planeta, mas com o próprio material do qual o planeta e todos os outros corpos celestes são feitos. Muitas vezes os teístas dizem que seriam oprimidos por uma solidão desesperada se fossem persuadidos de que os céus estavam vazios, sem a presença de Deus. Mas uma espiritualidade ateísta afirma que a ausência de Deus não torna o universo inóspito porque a ciência revela uma impressionante interligação – somos quase tentados a dizer "intimidade" – que une todos os seus componentes.[2] O eterno silêncio do espaço infinito talvez encha Pascal de pavor, como ele escreveu esplendidamente em seus *Pensées*, e esse pavor é com certeza uma possibilidade especial também para o ateísta. Mas é um pavor equilibrado por uma sensação de tranquilidade.

---

[2] Neste sentido, é interessante comparar o argumento de Charles Sanders Peirce de que um princípio metafísico de amor une o universo (Peirce 1992).

Carl Sagan expressa essa interconexão em uma frase notável. Nós, humanos, diz ele, somos "matéria estelar contemplando as estrelas". Nada no universo nos é estranho, porque tudo tem origem comum e está ligado por uma árvore genealógica que provavelmente vai sempre desafiar nossos esforços para fazer um retrato detalhado. Para Sagan, essa harmonia também significa que nós, humanos, temos obrigações que se estendem a outros muito além de nossa espécie.

> Começamos finalmente a matutar sobre nossas origens [...] contemplando a evolução da matéria, seguindo aquele longo caminho pelo qual ela chegou à consciência aqui no planeta Terra e talvez em todo o cosmo. Nossa obrigação de sobreviver e prosperar deve-se não apenas a nós mesmos, mas também àquele cosmo, antigo e vasto, do qual nos originamos (Sagan 1980, p. 345).

Embora limite suas observações à biosfera terrestre, em vez de se estender para incluir todo o cosmo, E. O. Wilson, como Sagan, aconselha o apreço pela interconexão. "O mundo natural", escreve ele, está "inserido em nossos genes e não pode ser erradicado" (Wilson 2006, p. 68). Sentimos profunda ligação com cenários naturais estimulados por "uma tendência inata de nos associarmos à vida e a processos semelhantes à vida" – tendência que Wilson chama de "biofilia"[3] (p. 63). Além disso, Wilson afirma que contemplar as criaturas com as quais nos relacionamos desperta a sensação cheia de encantamento de mistério essencial à espiritualidade de um ateísta.

> Talvez nunca vislumbremos pessoalmente certos animais raros – lobos, pica-paus brancos, pandas, gorilas, lulas gigantes, grandes tubarões brancos e ursos pardos nos vêm à mente –, mas precisamos deles como símbolos. Eles proclamam o mistério do mundo. São joias da coroa da Criação. Saber que eles estão lá fora vivos e bem é importante para o espírito, para a inteireza de nossa vida. Se eles vivem, então a natureza vive (p. 58).

---

[3] Veja Wilson (1984).

Como Sagan, Wilson acredita que a percepção de conexão com toda a criação sugere a obrigação moral de respeitá-la e protegê-la. Para Wilson, isso significa principalmente pisar de leve na Terra, de modo a estimular a prosperidade das dezenas de milhares de bioformas do mundo. A bióloga Ursula Goodenough, filha ateísta de pai teólogo, concorda nos dois pontos. Seu interesse na preservação ambiental origina-se da percepção de que há um "companheirismo religioso" em ação na biosfera que exige sentimento de solidariedade e certa responsabilidade moral por parte dos seres humanos. Com "religioso" ela quer indicar a raiz latina *religio*, "unir novamente", como lembrete para nós de que nosso destino é inseparável do destino do restante da natureza. "Estamos ligados a todas as criaturas. Não apenas em cadeias alimentares ou equilíbrios ecológicos. Compartilhamos um ancestral comum [...] Compartilhamos constrangimentos e possibilidades evolucionárias. Estamos inteiramente ligados" (Goodenough 1998, p. 73).

Um dos exemplos mais notáveis da maravilhada sensação de unidade interligada examinada por Sagan, Wilson e Goodenough vem do escritor e ateísta desde sempre Arthur Koestler. Tem todos os sinais tradicionais de uma experiência unitiva mística – só que não há nenhum Deus.

Em 1937, quando cobria a Guerra Civil Espanhola como jornalista, Koestler foi preso por forças legalistas, acusado de ser espião e sentenciado à morte. Durante cinco meses ele definhou em prisão solitária, não sabendo, a cada novo dia, se seria executado no dia seguinte. Privado de visitantes e de livros, Koestler, que quando jovem estudara engenharia e matemática, começou a ocupar as horas vazias rabiscando na parede da cela todas as fórmulas matemáticas de que se lembrava, com um pedaço de metal arrancado de seu colchão de arame.

Koestler escreve que a prova euclidiana da infinidade de números primos sempre o enchera de "profunda satisfação que era estética em vez de intelectual". Ao recordar a prova e riscá-la na parede, ele inicialmente "sentiu o mesmo encantamento". Mas então, sem aviso, ele teve uma percepção quase intuitiva de que a prova era uma demonstração concreta e finita do infinito.

Uma espiritualidade ateista? 211

A importância disso arrebatou-me como uma onda. A onda originara-
-se de um nítido discernimento verbal; mas isso se evaporou imediatamente, deixando em consequência apenas uma essência sem palavras,
uma fragrância de eternidade, aljava no céu. Devo ter ficado parado
ali por alguns minutos, extasiado, com a muda percepção de que "isto
é perfeito – perfeito" (Stace 1960, pp. 232-233).

O que chocou Koestler em especial foi a percepção repentina de que
o infinito, "uma massa mística coberta de neblina", podia ser conhecido, até certo ponto, por meio do puro intelecto em vez das "ambi-
guidades sentimentaloides" da teologia. A importância disso, diz ele,
"arrebatou-me como uma onda", e em um instante seu sentimento de
identidade pessoal desapareceu. "O eu tinha cessado de existir" (p.
233).

Koestler admite não poder transmitir adequadamente em palavras
sua experiência de pico de desaparecer no "reservatório universal".
O evento, embora profundamente significante, desafiava a descrição
comum. "É significativo, embora não em termos verbais": característica, como vimos, do misterioso. Mas, apesar da impossibilidade de
expressar adequadamente a experiência, Koestler estava bastante convencido de duas coisas. Primeiro, para ele, a perda de seu senso de
personalidade salientava "a unidade e a integração de tudo que existe,
uma interdependência como a de campos gravitacionais ou recipientes
de comunicação". Em outras palavras, a ateia experiência mística de
Koestler confirmou a unidade da natureza. Segundo, "a marca primordial" dessa experiência unitiva foi "a sensação de que esse estado é
mais real que qualquer outro experimentado antes – que pela primeira
vez o véu caiu e ele teve contato com a 'realidade real', a ordem oculta
das coisas, a radiografia de estrutura do mundo, normalmente obscu-
recida por camadas de irrelevância" (p. 233). Isso lembra a experiência
essencial interior celebrada por Hopkins e Raymo.

Grata atenção

Os dois aspectos de uma espiritualidade ateísta que examinamos até
aqui, mistério e unidade, assemelham-se a alguns meios tradicionais

pelos quais os teístas veem a realidade: Deus é misterioso, inescrutável e irredutível a descrições ou análises verbais; e toda a criação possui laços de parentesco, em virtude de compartilhar o mesmo pai divino. Essa semelhança é fonte de alarme para alguns ateístas porque, para eles, ela tem marcas de um apego a categorias religiosas que são inconsistentes com uma visão de mundo naturalista. Tagarelar sobre o mistério e a unidade da realidade é sintomático do crente autoiludido *de facto* que encontramos no Capítulo 1.

É preocupação razoável. A cosmovisão sobrenatural está tão profundamente inserida em nossa cultura e memória histórica que seria espantoso se mesmo o ateísta mais persuadido conseguisse apagar todos os vestígios dela em seu modo de pensar. Mas, como vimos ao analisar a história natural da religião no Capítulo 5, uma explicação possível da origem da religião é que ela surgiu de um sentimento pré-religioso de assombro diante do poder da natureza que muitas vezes amedrontava, mas com certeza também provocava admiração e um sentimento do sublime. Se esse é o caso, é possível argumentar que não é o ateísmo que se apropria de categorias religiosas, mas a religião que rotulou as respostas humanas básicas à natureza. A espiritualidade ateísta simplesmente tenta reaver essas experiências, eliminando seus aditivos teológicos.

Do ponto de vista de um teísta, o mistério e a unidade da realidade são razões para uma grata oração ao Deus criador. A oração é frequentemente considerada súplica ou intercessão, petição a Deus em nome de si mesmo ou de outros. Mas muitos teólogos consideram que reduzir a oração ao mero ato para implorar favores, comum na religião popular, seja um desejo inadequado por parte dos fiéis de transformar a divindade em um Deus papai-noel. Eles advertem que a oração de súplica é apenas um tipo de oração. Outro tipo, normalmente considerado mais puro, é a oração meditativa ou contemplativa, na qual o propósito não é suplicar a Deus, mas cultivar um silêncio interior, a fim de ser mais receptivo à presença do sagrado. Essa forma de oração às vezes é chamada de "atenção alerta".[4]

---

[4] Frase popularizada pelo autor desconhecido do texto místico do século XIV *A nuvem do desconhecimento*.

Da mesma forma que mistério e unidade podem ser considerados experiências naturais cooptadas pela teologia, também é possível argumentar que a atitude de atenção alerta é anterior ao que o teísta chama de oração. A oração contemplativa é realmente um empirismo radical no qual o praticante silencia pensamentos, memórias e emoções que distraem; suspende temporariamente filtros interpretativos; e se mantém em um estado de disciplinada atenção receptiva ao influxo do Sagrado.[5] Se tirarmos o discurso sobre Deus, isso podia facilmente ser a descrição da atitude do cientista ateu, do matemático ou outro observador sensivelmente alerta ao mundo natural. Tem sentido afirmar que uma espiritualidade ateísta pode incluir a oração ou – se a palavra "oração" for muito carregada de equipamentos religiosos – o ato disciplinado (e alguns podem acrescentar "reverente") de contemplar o Livro da Natureza. Assim, Chet Raymo declara: "Continuarei a rezar, se por oração você entende que eu quero dizer atenção para o mundo" (Raymo 2008, p. 19).

> E assim presto atenção aos peixes no mar, aos pássaros no ar, às pedras sob meus pés, presto atenção ao DNA que tece e trama em cada um dos trilhões de células em meu corpo. Presto atenção às infinidades de galáxias em seu majestoso movimento rotatório. Não espero nenhuma resposta. Não me preocupo com dogmas nem mistérios. Espero realmente entender alguma coisa a mais de mim mesmo e de meu lugar na criação. Quero conhecer a coisa da qual faço parte. E eu me exalto com a plenitude assombrosa e inesgotável do mundo com gratidão, júbilo, louvor (Raymo 2006).

Do ponto de vista do ateísta, a observação de Raymo de que sua atenção ao mundo é ligada a gratidão e louvor é intrigante. (Ele também diz que exulta, mas essa é uma resposta com a qual os descrentes não têm problema.) As perguntas óbvias que um ateísta perguntaria a Raymo são: "Gratidão *a* quem?" e "Louvor *a* quem? Se não há nenhum criador divino, então parece fora de propósito, ou no mínimo

---

[5] Na tradição budista, essa receptividade se expressa na maravilhosa alegoria que iguala a mente receptiva a um painel de vidro transparente e sem mancha.

confuso, ser grato (dar graças) pela existência ou oferecer louvores (a seu planejador). O mundo simplesmente é.

Mas essas reservas são desnecessárias. O que Raymo sugere é que o objeto de gratidão e louvor não é um "quem", mas um "quê". Sou grato a um benfeitor que me dê um presente. Porém, também sou grato por experiências agradáveis que me beneficiam – a luz do sol, a beleza de um pássaro sussurrante, vitalidade saudável –, porque sei que minha vida é mais plena com elas que sem elas. Sou grato até por experiências desagradáveis se delas eu aprender uma valiosa lição de vida. Em nenhum desses casos minha gratidão pressupõe ou exige um destinatário divino. Do mesmo modo, quando minha atenção alerta ao mundo move-me para o louvor, o louvor é dirigido não a um supremo Criador, mas a pormenores: a cor de um pôr do sol, a complexidade de um protozoário, o brilho salpicado do flanco de uma truta. A oração teísta dirige-se à santidade divina e com demasiada frequência não vê a maravilha do mundo físico em seu empenho em direção à divindade. Mas quando Deus se vai, afirma Raymo, somos libertados para dirigir nossa atenção a cada coisa extraordinária do mundo do nível microscópico ao nível telescópico. Quando o fazemos, vemos que tudo é sagrado.

Resolver contradições

Há entre os ateístas uma concordância generalizada, embora não unânime, de que é bom para os seres humanos "celebrar", como diz Raymo, "o mistério inescrutável da criação" (Raymo 2008, p. 4). A discordância ocorre sobre se a criação é ou não realmente inescrutável – como vimos, essa é uma afirmação questionada por Dawkins – e se é mesmo prudente usar linguagem quase religiosa para expressar a disposição celebrativa. A primeira objeção se preocupa com o risco de que falar de inescrutabilidade contamine com um desvio metafísico o que deveria ser um exame minucioso da natureza puramente científico e a segunda vê essa volta à linguagem religiosa como o nariz do camelo na tenda. Os ateístas vão continuar a discordar sobre haver ou não mistério irredutível (mas não sobrenatural) na natureza, e a

Uma espiritualidade ateísta? **215**

discordância gira em grande parte sobre se perguntas como "Por que há alguma coisa em vez de nada?" ou "Por que a natureza segue padrões, é ordenada e uniforme?" devam ser levadas a sério. A alegria serve de lembrete salutar de que a espiritualidade ateísta deve se equilibrar cuidadosamente entre afirmar a vida do espírito e permanecer leal a uma cosmovisão naturalista.

E. O. Wilson está bem ciente de como esse ato de equilíbrio é difícil. Ele considera o hábito do pensamento religioso tão profundamente inculcado que se imporá por muito tempo depois que a crença em deuses tiver desaparecido. "Os espíritos que nossos antepassados conheciam intimamente primeiro voaram para as rochas e árvores, depois para as montanhas distantes. Agora estão nas estrelas, onde sua extinção final é possível. Mas *não podemos viver sem eles*. As pessoas precisam de uma narrativa sagrada". Mas onde achar narrativa sagrada em um mundo ateu? Para Wilson, essa questão está no âmago do "dilema espiritual da humanidade". Evoluímos para aceitar uma verdade – a religião –, mas agora descobrimos outra – a ciência. Há um meio "de solucionar as contradições entre as visões transcendentalista e empírica" sem rejeitar totalmente nenhuma? (Wilson 1998, p. 264).

Wilson acredita que sim. Como cosmologia religiosa, a narrativa sagrada já não é mais possível. Mas o "épico evolucionário, recontado como poesia, é tão intrinsecamente enobrecedor quanto qualquer épico religioso" e as descrições científicas da natureza revelam "mais conteúdo e esplendor que todas as cosmologias combinadas" (p. 265). O que não devemos esquecer é que a linguagem da ciência descreve e explica o mundo físico, enquanto a linguagem mais poética da religião, como afirma Paul Kurtz, tem função inteiramente diferente. É escatológica e evocativa, expressando esperança, incentivando a transcendência do medo e da ansiedade e lutando para encontrar palavras que transmitem experiências de pico. "Ela apresenta poesia moral, inspiração estética, rituais cerimoniais performativos, que representam e dramatizam a condição humana e os interesses humanos e procuram saciar a sede de sentido e propósito" (Kurtz 2003, p. 355). Note que Kurtz não defende uma modificação da tese de Stephen Jay Gould sobre os MNI (Magistérios Não Interferentes), que, como vimos no Capítulo 2, é problemática. Pelo contrário, ele sugere que a poesia da linguagem religiosa pode ser unida a descobertas científicas a fim de proporcionar um substituto emocional e espiritual para o supernaturalismo.

Uma espiritualidade ateísta que procure solucionar as contradições entre o naturalismo e o supernaturalismo fazendo uso da descrição científica e da evocação religiosa pode ser minimalista ou bastante sofisticada. No lado minimalista da balança está, por exemplo, o endosso do matemático John Allen Paulos à "religião do sim" (*Yeahism*)*. Paulos observa que, embora seja ateísta, ele sempre se perguntou se seria possível uma "protorreligião" aceitável pelos ateístas e agnósticos.

> Com isso quero dizer uma "religião" que não tenha nenhum dogma, nenhuma narrativa e nenhuma reivindicação de existência, e ainda assim reconheça o deslumbramento e a admiração pelo mundo e talvez proporcione também um pouquinho de serenidade. O melhor que consegui apresentar é a religião "do sim" (*Yeah-ist*), cuja resposta à complexidade, beleza e mistério do mundo é uma simples afirmação e aceitação, "Sim", e cuja única oração é uma só palavra: "Sim" (Paulos 2008, p. xvi).

Como muitos matemáticos, Paulos tem um sutil senso de humor e é difícil saber se ele quer que levemos a sério seu *Yeahism*. Mas, brincadeiras à parte, ele conseguiu muito bem indicar o senso essencial de admiração que motiva as tentativas de uma espiritualidade ateísta. Talvez o melhor modo de expressar a resposta básica à beleza e ao mistério seja com uma única exclamação enérgica como "sim!" ou "uau!", porque fazer isso capta a brusquidão e também a impetuosidade com as quais a experiência de deslumbramento e a afirmação que a acompanha nos alcançam.

Mas o desejo de Paulos de despojar o *"Yeahism"* da narrativa e possivelmente até de pretensões de existência é impossível. Há uma narrativa já embutida na proclamação "Sim!" que confirma o mundo natural, celebra-o e anuncia gratidão por sua existência. Admitimos: a atribuição de mistério que Paulo faz ao mundo ser aceita como

---

* N.d.E: Há aqui um provável jogo de palavras entre Yeahism e Javismo.

afirmação de existência depende de aceitarmos ou não a suprema inescrutabilidade do reino natural. Mas se a aceitamos, então a "religião do sim" de Paulos contém, pelo menos implicitamente, duas das três características que ele esperava evitar. Isso não mostra que o hábito de dizer sim seja fundamentalmente imperfeito, mas só que há mais do que Paulos imagina, até em uma resposta básica como "sim!".

Um modelo menos minimalista para solucionar a contradição é apresentado pelo autor e editor fundador da revista *Skeptic*, Michael Shermer. A ciência e a espiritualidade (Shermer define esta última como "um meio de estar no mundo, o sentimento do lugar que se tem no cosmo, uma relação com o que se estende além de si mesmo") satisfazem uma à outra porque, seja o que for que evoque respostas de deslumbramento e admiração, é fonte de espiritualidade, e a ciência "dá nome aos bois" (Shermer 2006, pp. 158-159). Quer sejam imagens do Hubble, processos evolucionários que funcionam de baixo para cima sob a direção de "princípios auto-organizadores embutidos de emergência e complexidade" ou a pura "sensualidade da descoberta" que coroa o exame minucioso do mundo natural, a ciência fornece matéria-prima para a narrativa transcendente (mas não sobrenatural) pela qual nós seres humanos ansiamos (pp. 160-161). Shermer considera a relação entre a ciência e a espiritualidade tão intimamente complementar que ele propõe uma palavra combinada *"ciensualidade"* para se referir a elas. Em vez das narrativas teístas tradicionais, a *"ciensualidade"* é a "história preeminente de nossa época", por meio da qual podemos examinar as três perguntas de Gauguin a respeito de quem somos, de onde viemos e aonde vamos (p. 161).

Finalmente, o filósofo Andre Comte-Sponville apresenta um modelo de espiritualidade ateísta que, tomando emprestado um termo do poeta Jules Laforgue, do século XIX, chama de "imanensidão". Embora acredite que uma religião ateia seja contraditória, Comte-Sponville não vê nada inconsistente em uma espiritualidade ateia. Isso acontece porque, como já vimos, ele define a "vida do espírito" em termos de função em vez de essência, e com função ele quer dizer incluir os tipos de experiências plenas – deslumbramento, admiração, gratidão, louvor etc. – com as quais nos familiarizamos neste capítulo.

218 Kerry Walters

O mundo natural sozinho evoca essas experiências espirituais porque é tudo que há – de fato, é o Tudo. Quando o contemplamos, somos tocados, por deslumbramento ou terror, por sua imanência e sua imensidão (daí "imanensidão").

> Estamos no Todo e ele, finito ou não, nos ultrapassa (vai além de nós) em toda direção: seus limites, se ele tem algum, estão permanentemente fora de nosso alcance. Ele nos envolve, nos contém e nos excede. É uma transcendência? Em absoluto, já que estamos dentro. É uma imanência inexaurível, indefinida, com limites incertos e inacessíveis. Estamos dentro dele – vivemos dentro do inescrutável (Comte-Sponville 2007, p. 145).

A imanensidão de Comte-Sponville é especialmente interessante porque a transcendência imanente que defende pode parecer um oximoro como "espiritualidade ateísta". Por um lado, a experiência do Todo não é transcendente no sentido religioso tradicional porque não ultrapassa o reino natural. Não pode, pois não há nada para ultrapassar. A natureza é tudo que há. Mas, por outro lado, a inexauribilidade e inescrutabilidade do Todo dentro do qual habitamos ainda oferece oportunidades para a transcendência em um sentido não religioso. Quando paramos para contemplar sua iminência e imensidão, o oceano de imanência dentro do qual estamos só pode nos proporcionar aquela surpresa repentina que põe em dúvida a rotina cotidiana que damos como certa.

Comte-Sponville chama essa interrupção no cotidiano de engrandecimento da alma. Quando entendemos o fato de o universo ser Todo, também reconhecemos que, em relação a ele, somos "quase nada". Perceber nossa própria insignificância em face do universo "pode ferir nosso ego, mas também engrandece nossa alma, porque o ego é, finalmente, posto em seu lugar. Para de ocupar todo o espaço".

Embora Comte-Sponville não diga, com certeza parte do que está envolvido no fato de nosso ego "ocupar todo o espaço" é nossa projeção dele nos céus como Deus. Mas, como vimos no Capítulo 5, essa hiperextensão do ego é, em última análise, destrutiva do bem-estar. Ao se curvar para o Todo do universo, "o espírito se liberta, pelo menos em parte, da minúscula prisão do eu" (p. 148). Ansiedades e medos que nos afastam do mundo natural podem ser postos em perspectiva, desse modo permitindo que nos sintamos unificados e não em choque com ele. Quando entendemos nossa pequenez e paramos de pensar em nós mesmos como o ápice da criação, como parte privilegiada do cosmo, separada de tudo o mais, podemos finalmente nos sentir à vontade no mundo.

> Que alívio quando o ego sai do caminho! Nada resta, exceto o Todo, com o corpo maravilhosamente dentro dele, como se restituído ao mundo e a si mesmo. Não resta nada, exceto aquele lugar enorme para estar, a natureza e o universo, sem restar ninguém dentro de nós para ser aterrorizado ou tranquilizado, ou pelo menos ninguém neste instante específico, neste corpo específico, para se preocupar com terror e tranquilidade, ansiedade e perigo (p. 149).

É com certeza algo parecido com isso que Camus tinha em mente quando imaginou a extraordinária experiência de Janine no deserto sob o céu estrelado.

Aproximação

O prospecto de uma espiritualidade ateísta faz mais que proporcionar aos descrentes uma narrativa "sagrada" que se ajuste a seu naturalismo enquanto legitima experiências de pico. Também oferece a possibilidade de um diálogo proveitoso, não acrimonioso, entre teístas e ateístas que pode resultar em algum tipo de aproximação – um encontro, como diz E. O. Wilson evocativamente, "do lado de cá da metafísica" (Wilson 2006, p. 4).

Mas para o encontro acontecer cada lado terá de reconhecer algum mérito no outro. Obviamente, sua base comum não pode ser nem a existência de Deus nem a legitimidade da crença em Deus. O ponto principal de afastamento entre o ateísta e o teísta é que o primeiro nega e o segundo afirma a existência de Deus. O ateísta baseia sua descrença em uma visão da maneira como a realidade é (naturalismo), o teísta em outra (supernaturalismo). Além disso, embora o teísta contemplativo admita a afirmação do ateísta de que as pessoas não raro creem em Deus por razões erradas, ele insiste que também há boas razões para crer. Nem é provável que a ética seja a base na qual a aproximação pode ser conseguida. No Capítulo 6 vimos que alguns ateístas admitem que talvez haja um uso prático para a moralidade baseada na religião, se ela servir para inibir o comportamento destrutivo nos crentes. Mas também foi observado que o mesmo número de ateístas – e, na verdade, provavelmente mais – afirma que a crença em Deus incentiva a destrutibilidade psicológica e também física. Portanto, é duvidoso que a ética proporcione a oportunidade para crentes e descrentes se encontrarem no lado de cá da metafísica.

O reino da espiritualidade parece um lugar promissor para o diálogo. Embora o ateísta e o teísta tenham explicações diferentes para experiências de pico como admiração, deslumbramento, gratidão e louvor, ambos reconhecem como elas são importantes para uma vida gratificante. O ateísta aprecia o discernimento que as tradições religiosas derramaram na vida do espírito – como Comte-Sponville escreve: "Admiro demais Pascal e Leibnitz, Bach e Tolstoi [...] para erguer o nariz para a fé que os inspirou" – sem concordar com a crença em Deus (Comte-Sponville 2007, p. 77). Do mesmo modo, teístas e outros crentes beneficiam-se com o exame minucioso e a celebração da beleza e do esplendor do mundo natural sem adotar o naturalismo. Na Introdução, seguindo Simone Weil, vimos que ateístas e teístas se beneficiam com as críticas uns aos outros. Aqui, a sugestão complementar é que cada um também alcance um autoconhecimento mais perspicaz se reconhecerem que compartilham alguma base comum. Ateístas e teístas nunca vão concordar na questão de Deus. Mas sua discordância é inteiramente compatível com escuta profunda, exame minucioso de si mesmos, respeito mútuo e uma abertura para novos discernimentos.

Obras citadas

ADAMS, Douglas. *The Hitchhiker's Guide to the Galaxy*. New York: Harmony Books, 1979.

ALLEN, Woody. *Stardust Memories*. 1980.

ANSELMO. *Proslogion, with the Replies of Gaunilo and Anselm*. Indianapolis, IN: Hackett, 2001.

ANTONY, Louise. Atheism as perfect piety. In: GARCIA, Robert K.; KING, Nathan L. (eds.). *Is Goodness without God Good Enough?* Lanham, MD: Rowman & Littlefield, 2009. pp. 67-84.

AQUINO, Santo Tomás de. *Suma teológica*. São Paulo: Loyola, 2001-2006. 9 v.

ARNOLD, Matthew. *Poetry and Criticism of Matthew Arnold*. CULLER, A. Dwight (ed.). Boston, MA: Houghton Mifflin, 1961.

AUSTIN, J. L. *Sense and Sensibilia*. New York: Oxford University Press, 1962.

AYER, Alfred J. *Language, Truth and Logic*. New York: Dover, 1952.

BAGGINI, Julian. *Atheism*. A Very Short Introduction. New York: Oxford University Press, 2003.

_____. *What's It All About?* Philosophy and the Meaning of Life. New York: Oxford University Press, 2004.

BARNES, Hazel. *An Existentialist Ethics*. New York: Vintage, 1967.

BARROW, John D.; TIPLER, Frank J. *The Anthropic Cosmological Principle*. New York: Oxford University Press, 1988.

BAYLE, Pierre. *Miscellaneous Reflexions*. Occasion'd by the Comet Which Appear'd in December, 1680. London: J. Morphew, [1682] 1708.

BEATTIE, Tina. *The New Atheists*. The Twilight of Reason and the War on Religion. Maryknoll, NY: Orbis Books, 2007.

BEIT-HALLAHMI, Benjamin. Atheists. A psychological profile. In: MARTIN, Michael (ed.). *The Cambridge Companion to Atheism*. New York: Cambridge University Press, 2007. pp. 300-317.

BRADLAUGH, Charles. A plea for atheism. In: STEIN, Gordon (ed.). *An Anthology of Atheism and Rationalism*. Buffalo, NY: Prometheus Books, 1980. pp. 7-19.

BUCKLEY, Michael J. *At the Origins of Modern Atheism*. New Haven, CT: Yale University Press, 1987.

BULHOF, Else; TEN KATE, Laurens. *Flight of the Gods*. Philosophical Perspectives on Negative Theology. New York: Fordham University Press, 2000.

BURRILL, Donald R. (ed.). *The Cosmological Arguments*. New York: Anchor, 1967.

BURY, J. B. *A History of Freedom of Thought*. New York: Henry Holt, 1913.

CAMUS, Albert. *The Myth of Sisyphus and Other Essays*. New York: Vintage, 1955.

_____. *Exile and the Kingdom*. New York: Vintage, 1958.

CARLIN, George. I've been worshipping the sun... freeTHOUGHTpedia, 2009. Disponível em: <http://freethoughtpedia.com/wiki/George_Carlin>. Acesso em: 15 dez. 2009.

CARTWRIGHT, Nancy. *The Dappled World*. A Study of the Boundaries of Science. Cambridge: Cambridge University Press, 2008.

CÍCERO. *The Nature of the Gods*. London: Harmondsworth, 1972.

CLIFFORD, W. K. *The Ethics of Belief and Other Essays*. Amherst, NY: Prometheus Books, 1999.

COMTE, Auguste. *The Positive Philosophy of Auguste Comte*. New York: Cambridge University Press, 2009. 2 vols.

COMTE-SPONVILLE, Andre. *The Little Book of Atheist Spirituality*. New York: Viking, 2007.

COTTINGHAM, John. *On the Meaning of Life*. London: Routledge, 2006.

CRAIG, William Lane. *Theism, Atheism, and Big Bang Cosmology*. New York: Oxford University Press, 1995.

_____. The absurdity of life without god. In: KLEMKE, E. D. (ed.). *The Meaning of Life*. New York: Oxford University Press, 2000a. pp. 40-56.

_____. *The Kalam Cosmological Argument*. Eugene, OR: Wipf & Stock, 2000b.

_____. *The Cosmological Argument from Plato to Leibniz*. Eugene, OR: Wipf & Stock, 2001.

CRÍTIAS. *The Sisyphus Fragment (2001)*. Disponível em: <www.wku.edu/~jan.garrett/302/critias.htm>. Acesso em: mar. 2009.

DARWIN, Charles. *The Autobiography of Charles Darwin*. BARLOW, Nora (ed.). New York: W. W. Norton, 1958.

_____. *The Correspondence of Charles Darwin*. BURCKHARDT, Sydney Frederick; BROWNE, Janet; PORTER, Duncan M.; RICHMOND, Marsha (eds.). Cambridge: Cambridge University Press, 1993. vol. 8.

_____. *The Origin of Species*. New York: Bantam, [1859] 1999.

DAVIES, Brian. *An Introduction to the Philosophy of Religion*. 2nd edn. Oxford: Oxford University Press, 1993.

DAVIES, Paul. The unreasonable effectiveness of science. In: TEMPLETON, John Marks (ed.). *Evidence of Purpose*; Scientists Discover the Creator. New York: Continuum, 1994. pp. 44-56.

DAWKINS, Richard. Eulogy for Richard Adams (2001). Disponível em: <www.edge.org/documents/adams_index.html>. Acesso em: 10 maio 2009.

_____. You can't have it both ways; Irreconcilable differences? In: KURTZ, Paul (ed.). *Science and Religion. Are They Compatible?* Amherst, NY: Prometheus Books, 2003. pp. 205-209.

_____. *The God Delusion*. Boston: Houghton Mifflin, 2006.

DAY, Vox. *The Irrational Atheist*. Dallas, TX: BenBella Books, 2008.

DENNETT, Daniel. *Elbow Room*. Cambridge, MA: MIT Press, 1984.

_____. *Darwin's Dangerous Idea*. Evolution and the Meaning of Life. New York: Simon and Schuster, 1995. reprint 1996.

_____. Entrevista em *The Atheist Tapes*, Disco 1, 2005.

_____. *Breaking the Spell*. Religion as a Natural Phenomenon. New York: Penguin, 2006.

_____. Atheism and evolution. In: MARTIN, Michael (ed.). *The Cambridge Companion to Atheism*. New York: Cambridge University Press, 2007. pp. 135-148.

DOMBROWSKI, Daniel A. *Rethinking the Ontological Argument*. A Neoclassical Theistic Response. New York: Cambridge University Press, 2006.

DOSTOIEVSKI, Fiodor. *Os irmãos Karamazov*. São Paulo: Abril Cultural, 1970. (Os Imortais da Literatura Universal, n. 1).

_____. *Notes from Underground*. Grand Rapids, MI: William B. Eerdmans, 2009.

DURKHEIM, Emile. *The Elementary Forms of Religious Life*. CLADIS, Mark (ed.). New York: Oxford University Press, 2008.

EPICURO. Letter to Menoeceus. In: OATES, Whitney J. (ed.). *The Stoic and Epicurean Philosophers*. New York: Random House, 1940. pp. 30-34.

FALES, Evan. Naturalism and physicalism. In: MARTIN, Michael (ed.). *The Cambridge Companion to Atheism*. New York: Cambridge University Press, 2007. pp. 118-134.

FEUERBACH, Ludwig. *The Essence of Christianity*. Amherst, NY: Prometheus Books, 2004.

FINE, Jonathan. Contrasting religious and secular terrorism. In: *Middle Eastern Quarterly* 15 (1) 2008, pp. 59-69.

FLEW, Antony. Theology and falsification. In: FLEW, Antony; MACINTYRE, Alasdair (eds.). *New Essays in Philosophical Theology*. New York: Macmillan, 1955. pp. 96-99.

_____. *God and Philosophy*. London: Hutchinson, 1966.

_____. *The Presumption of Atheism*. London: Pemberton, 1976.

_____. *There is a God*. New York: HarperCollins, 2007.

_____; MACINTYRE, Alasdair (eds.). *New Essays in Philosophical Theology*. New York: Macmillan, 1955.

FRANKLIN, Benjamin. *Papers of Benjamin Franklin*. LABAREE, Leonard W. et al. (eds.). New Haven, CT: Yale University Press, 1963. vol. 7.

_____. *Papers of Benjamin Franklin*. OBERG, Barbara B. (ed.). New Haven, CT: Yale University Press, 1995. vol. 31.

FRAZER, James. *The Golden Bough*. A Study in Magic and Religion (abridged edn). New York: Oxford University Press, 1998.

FREGE, Gottlob. *The Foundations of Arithmetic*. Oxford: Oxford University Press, 1980.

FREUD, Sigmund. *The Future of an Illusion*. In: STRACHEY, James (ed.). *The Standard Edition of the Complete Psychological Works of Sigmund Freud*. London: Hogarth Press, 1961. vol. 21.

_____. *Psychoanalysis and Faith*. New York: Basic Books, 1963.

GASKIN, J. C. A. *Varieties of Unbelief from Epicurus to Sartre*. New York: Prentice-Hall, 1988.

GILLIES, Donald. The Duhem thesis and the Quine thesis. In: CURD, Martin; COVER, J. A. (eds.). *Philosophy of Science*. The Central Issues. New York: Norton, 1998. pp. 302-319.

GINGERICH, Owen. *God's Universe*. Cambridge, MA: The Belknap Press of Harvard University Press, 2006.

GOETZ, Stewart; TALIAFERRO, Charles. *Naturalism*. Grand Rapids, MI: William B. Eerdmans, 2008.

GOODENOUGH, Ursula. *The Sacred Depths of Nature*. New York: Oxford University Press, 1998.

GOULD, Stephen Jay. *Rock of Ages*. Science and Religion in the Fullness of Life. New York: Ballantine, 1999.

_____. Nonoverlapping magisteria. In: KURTZ, Paul (ed.). *Science and Religion*. Are They Compatible? Amherst, NY: Prometheus Books, 2003. pp. 191-203.

GREELEY, Andrew. *Religion in Europe at the End of the Second Millenium*. New Brunswick, NJ: Transaction, 2003.

GREY, William. Gasking's proof. *Analysis* 60 (4) 2000. pp. 368-370.

GRIM, Patrick. Plantinga's god and other monstrosities. *Religious Studies* 15 (1979), pp. 91-97.

HAMER, Dean. *The God Gene*. How Faith is Hardwired into Our Genes. New York: Doubleday, 2004.

HARBOUR, Daniel. *An Intelligent Person's Guide to Atheism*. London: Duckworth, 2001.

HARRIS, Sam. *The End of Faith; Religion, Terror, and the Future of Reason.* New York, NY: W. W. Norton, 2004.

_____. *Letter to a Christian Nation.* New York: Alfred A. Knopf, 2006.

HARTSHORNE, Charles. *Anselm's Discovery.* A Re-examination of the Ontological Argument for God's Existence. LaSalle, IL: Open Court Press, 1965.

_____. *Omnipotence and Other Theological Mistakes.* Albany, NY: State University of New York Press, 1983.

HAUGHT, John. *God After Darwin.* A Theology of Evolution. Boulder, CO: Westview, 2000.

_____. *God and the New Atheism.* Louisville, KY: Westminster John Knox Press, 2008.

HECHT, Jennifer Michael. *Doubt; A History.* San Francisco: Harper, 2003.

HEDGES, Chris. *I Don't Believe in Atheists.* New York, NY: Free Press, 2008.

HEIDEGGER, Martin. *Being and Time.* New York: Harper, 1962.

HERRICK, Jim. *Humanism.* An Introduction. Amherst, NY: Prometheus Books, 2005.

HICK, John (ed.). *The Existence of God.* New York: Collier, 1964.

HICK, John. *Faith and Knowledge.* 2nd edn. London: Fontana, 1966.

_____. *Arguments for the Existence of God.* London: Herder & Herder, 1971.

_____. *Evil and the God of Love.* rev. edn. London: Palgrave Macmillan, 2007.

_____; MCGILL, Arthur C. (eds.). *The Many-Faced Argument.* Studies on the Ontological Argument for the Existence of God. Eugene, OR: Wipf & Stock, 2009.

HITCHENS, Chistopher. *God is Not Great.* How Religion Poisons Everything. New York, NY: Twelve, 2007.

HOBBES, Thomas. *Leviathan.* Cambridge: Cambridge University Press, [1651] 1904.

HOWARD-SNYDER, Daniel; MOSER, Paul (eds.) *Divine Hiddenness.* New Essays. New York: Cambridge University Press, 2001.

HUME, David. *An Inquiry Concerning Human Understanding.* New York: Liberal Arts Press, [1748] 1955.

_____. *The Natural History of Religion.* Stanford, CA: Stanford University Press, [1757] 1956.

_____. *A Treatise of Human Nature.* Books 2 and 3. ARDAL, Pall S. (ed.). London: Fontana/Collins, [1740] 1972.

_____. *Dialogues Concerning Natural Religion, with Of the Immortality of the Soul, Of Suicide, Of Miracles.* 2nd edn. Indianapolis, IN: Hackett, [1779] 1998.

HYMAN, Gavin. Atheism in modern history. In: MARTIN, Michael (ed.). *The Cambridge Companion to Atheism.* New York: Cambridge University Press, 2007. pp. 27-46.

IRVINE, William. *Apes, Angels and Victorians.* London: Weidenfeld & Nicolson, 1956.

JACOBY, Susan. *Freethinkers.* A History of American Secularism. New York: Henry Holt, 2004.

JAMES, William. *The Will to Believe and Other Essays in Popular Philosophy*. London: Longmans, Green and Co., 1911.

_____. *The Varieties of Religious Experience*. New York: Modern Library, 1994.

JAMMER, Max. *Einstein and Religion*. Physics and Theology. Princeton, NJ: Princeton University Press, 1999.

JEFFERSON, Thomas. *The Political Writings of Thomas Jefferson*. PETERSON, Merrill D. (ed.). Chapel Hill, NC: University of North Carolina Press, 2002.

JOHNSON, B. C. *The Atheist Debater's Handbook*. Amherst, NY: Prometheus Books, 1983.

JOSHI, S. T. *Atheism*; A Reader. Amherst, NY: Prometheus Books, 2000.

KANT, Immanuel. *Critique of Practical Reason*. London: Longmans, Green and Co., 1909.

_____. *Critique of Pure Reason*. New York: St. Martin's Press, 1965.

KIERKEGAARD, Soren. *Philosophical Fragments*. Princeton: Princeton University Press, [1844] 1974.

KUHN, Thomas S. *The Structure of Scientific Revolutions*. Chicago: University of Chicago Press, 1996.

KURTZ, Paul. *Forbidden Fruit*. The Ethics of Humanism. Buffalo, NY: Prometheus Books, 1988.

_____. Afterthoughts. In: KURTZ, Paul (ed.) *Science and Religion*. Are They Compatible? Amherst, NY: Prometheus Books, 2003.

_____. *What is Secular Humanism?* Amherst, NY: Prometheus Books, 2007.

LECKY, W. E. H. *The Rise and Influence of Rationalism in Europe*. New York: George Braziller, 1955.

LEWIS, C. S. *The Problem of Pain*. San Francisco: HarperOne, 2001.

LEWIS, Daniel Day. *What Present-Day Theologians are Thinking*. New York: Harper & Row, 1959.

LUCRÉCIO. On the Nature of Things. In: OATES, Whitney J. (ed.). *The Stoic and Epicurean Philosophers*. New York: Random House, 1940.

MACINTYRE, Alasdair. *Metaphisical Beliefs*. London: SCM Press, 1957.

MACKIE, J. L. *The Miracle of Theism*. Oxford: Oxford University Press, 1988.

MACQUARRIE, John. *God-Talk*. An Examination of the Language and Logic of Theology. New York: Harper & Row, 1967.

MALCOLM, Norman. Anselm's ontological arguments. In: PLANTINGA, Alvin (ed.). *The Ontological Argument*. Garden City, NY: Doubleday, 1965. pp. 136-159.

MALINOWSKI, Bronislaw. *Magic, Science, and Religion, and Other Essays*. Long Grove, IL: Waveland Press, 1992.

MARCEL, Gabriel. *Being and Having*. Westminster, UK: Dacre Press, 1949.

_____. *The Mystery of Being*. vol. 1: *Reflection and Mystery*. London: Harvill Press, 1951.

MARION, Jean-Luc. *God Without Being*. Chicago: University of Chicago Press, 1995.

MARTIN, Michael. *Atheism*. A Philosophical Justification. Philadelphia, PA: Temple University Press, 1990.

_____; MONNIER, Ricki. *The Impossibility of God*. Amherst, NY: Prometheus Books, 2003.

MARX, Karl. *Critique of Hegel's 'Philosophy of Right'*. Cambridge: Cambridge University Press, 1982.

MCCLELLAN, David. *Karl Marx*. New York: Viking Press, 1976.

MCGINN, Colin. Entrevista em *The Atheist Tapes*, Disco 1, 2005.

MCGRATH, Alister. *The Dawkins Delusion*. Atheist Fundamentalism and the Denial of the Divine. London: SPCK, 2007.

MILL, John Stuart. *Autobiography*. London: Oxford University Press, 1924.

MILLER, J. Hillis. *The Disappearance of God*. Cambridge, MA: The Belknap Press of Harvard University Press, 1963.

MONTAIGNE, Michel. On the lame. In: *The Complete Essays*. New York: Penguin, [1588] 1993. pp. 1160-1172.

MULLER, Max. *The Essential Max Muller*. On Language, Mythology, and Religion. STONE, Jon R. (ed.). New York: Palgrave Macmillan, 2002.

NAGEL, Thomas. The meaning of life. In: KLEMKE, E. D. (org.). *The Meaning of Life*. New York: Oxford University Press. 2000, pp. 5-7.

_____. The Last Word. New York: Oxford University Press, 2001.

NAHM, Milton C. *Selections from Early Greek Philosophy*. New York: Appleton-Century-Crofts, 1964.

NATIONAL Academy of Sciences. Teaching about evolution and the nature of science (1998). Disponível em: <www.nap.edu/catalog/5787.html>. Acesso em: jun. 2009.

NIEBUHR, Reinhold (ed.). *Marx and Engels on Religion*. New York: Schocken Books, 1969.

NIELSEN, Kai. *Contemporary Critiques of Religion*. New York: Herder & Herder, 1971.

_____. *Ethics Without God*. rev. edn. Amherst, NY: Prometheus Books, 1990.

_____. Naturalistic explanations of theistic belief. In: QUINN, Phillip; TALIAFERRO, Charles (eds.). *A Companion to Philosophy of Religion*. Malden, MA: Blackwell, 1997. pp. 402-416.

_____. Death and the meaning of life. In: KLEMKE, E. D. (ed.). *The Meaning of Life*. New York: Oxford University Press. 2000. pp. 153-159.

_____. *Naturalism and Religion*. Amherst, NY: Prometheus Books, 2001.

NIETZSCHE, Friedrich. *The Gay Science*. New York: Vintage, 1974.

NOELLE, David C. Searching for god in the machine. In: KURTZ, Paul (ed.). *Science and Religion*. Are They Compatible? Amherst, NY: Prometheus Books, 2003.

NORMAN, Richard. *On Humanism*. London: Routledge, 2005.

NOWACKI, Mark R. *The Kalam Cosmological Argument for God*. Amherst, NY: Prometheus Books, 2007.

ONFRAY, Michel. *Atheist Manifesto*. New York: Arcade Publishing, 2008.

OPPY, Graham. *Ontological Arguments and Belief in God*. New York: Cambridge University Press, 2007.

PALEY, William. *Natural Theology; or, Evidence of the Existence and Attributes of the Deity*. 12th edn. London: J. Faulder, 1802.

PALS, Daniel L. *Seven Theories of Religion*. New York: Oxford University Press, 1996.

PANDIAN, Jacob. The dangerous quest for cooperation between science and religion. In: KURTZ, Paul (ed.). *Science and Religion*. Are They Compatible? Amherst, NY: Prometheus Books, 2003. pp. 161-169.

PASCAL. *Pensées*. New York: E. P. Dutton, 1958.

PAULOS, John Allen. *Irreligion*. A Mathematician Explains Why the Arguments for God Just Don't Add Up. New York: Hill and Wang, 2008.

PEIRCE, C. S. Evolutionary love. In: HOUSER, Nathan; KLOESEL, Christian J. W. (eds.). *The Essential Peirce*. Selected Philosophical Writings. Bloomington, IN: Indiana University Press, 1992. vol. 1: 1867-1893. pp. 352-371.

PLANTINGA, Alvin (ed.). *The Ontological Argument from St. Anselm to Contemporary Philosophers*. New York: Anchor Books, 1965.

_____. *God, Freedom and Evil*. Grand Rapids, MI: William B. Eerdmans, 1977.

_____. Reformed epistemology. In: QUINN, Phillip; TALIAFERRO, Charles (eds.). *A Companion to Philosophy of Religion*. Malden, MA: Blackwell, 1999. pp. 383-389.

_____. *Warranted Christian Belief*. New York: Oxford University Press, 2000.

QUINE, W. V.; ULLIAN, J. S. *The Web of Belief*. New York: McGraw-Hill, 1978.

RADCLIFFE-BROWN, A. R. *Structure and Function in Primitive Society*. London: Routledge & Kegan, 1976.

RASHDALL, Hastings. God and the moral consciousness. In: ALSTON, William (ed.). *Religious Belief and Philosophical Thought*. New York: Harcourt, Brace and World, 1963.

RAYMO, Chet. On prayer (2006). In: ScienceMusings.com (16 April) Disponível em: <www.sciencemusings.com/2006/04/on-prayer.html>. Acesso em: 2 fev. 2009.

RAYMO, Chet. *When God is Gone, Everything is Holy*. Notre Dame, IN: Sorin Books, 2008.

REES, Martin. *Just Six Numbers*. The Deep Forces that Shape the Universe. New York: Basic Books, 2001.

REICHENBACH, Bruce. *Evil and a Good God*. New York: Fordham University Press, 1982.

RORTY, Richard. *Contingency, Irony, and Solidarity*. Cambridge: Cambridge University Press, 1989.

ROWE, William. *The Cosmological Argument*. New York: Fordham University Press, 1998.

RUSSELL, Bertrand. *Why I Am Not a Christian and Other Essays*. New York: Simon and Schuster, 1957.

_____; COPLESTON, F. C. A debate on the existence of God. In: HICK, John (ed.). *The Existence of God*. New York: Collier, 1964. pp. 167-191.

SAGAN, Carl. *Cosmos*. New York: Random House, 1980.

SARTRE, Jean-Paul. *Being and Nothingness*. London: Routledge, 1969.

_____. *Existentialism is a Humanism*. Brooklyn, NY: Haskell House, 1977.

SCHELLENBERG, J. L. *Divine Hiddenness and Human Reason*. Ithaca, NY: Cornell University Press, 2006.

SCHUMACHER, E. F. *Small Is Beautiful*. Economics as if People Mattered. Point Roberts, WA: Hartley & Marks, 1999.

SCRIVEN, Michael. *Primary Philosophy*. New York: McGraw-Hill, 1966.

SEARLE, John. *Mind*. A Brief Introduction. New York: Oxford University Press, 2004.

SELLARS, Roy Wood. Evolutionary Naturalism. Chicago: Open Court, 1922.

SHERMER, Michael. *Why Darwin Matters*. New York: Henry Holt & Co., 2006.

SHOTWELL, Daniel A. From the anthropic principle to the supernatural. In: KURTZ, Paul (ed.). *Science and Religion*. Are They Compatible? Amherst, NY: Prometheus Books, 2003. pp. 47-49.

SLACK, Gordy. *The Battle Over the Meaning of Everything*. Evolution, Intelligent Design, and a School Board in Dover, PA. San Francisco: Jossey-Bass, 2007.

SOLOMON, Robert. *Spirituality for the Skeptic*. The Thoughtful Love of Life. New York: Oxford University Press, 2002.

SOREL, Tom. *Scientism*. Philosophy and the Infatuation with Science. New York: Routledge, 1994.

STACE, Walter. *The Teachings of the Mystics*. New York: New American Library, 1960.

STARK, Rodney; BAINBRIDGE, William Sims. *A Theory of Religion*. Piscataway, NJ: Rutgers University Press, 1996.

STROUD, Barry. The charm of naturalism. In: DE CARO, Mario; MACARTHUR, David (eds.). *Naturalism in Question*. Cambridge, MA: Harvard University Press, 2004. pp. 21-35.

SWINBURNE, Richard. *The Coherence of Theism*. London: Oxford University Press, 1977.

_____. *The Existence of God*. Oxford: Clarendon Press, 1991.

_____. Argument from the fine-tuning of the universe. In: LESLIE, John (ed.). *Modern Cosmology and Philosophy*. Amherst, NY: Prometheus Books, 1998. pp. 160-179.

THROWER, James. *The Alternative Tradition*. A Study of Unbelief in the Ancient World. The Hague: Mouton de Gruyter, 1979.

_____. *Western Atheism*. A Short History. Amherst, NY: Prometheus Books, 2000.

TILLICH, Paul. *Systematic Theology*. Chicago: University Chicago Press, 1973.

TOLSTOI, Leão. *The Death of Ivan Ilych and Other Stories*. New York: Signet, 2003.

TROYAT, Henri. *Tolstoi*. New York: Dell, 1965.

TYLOR, E. B. *Primitive Culture*. 4th edn. London: John Murray, 1903.

VAN DOREN, Carl. Why I am an unbeliever. In: HITCHENS, Christopher (ed.). *The Portable Atheist*. Philadelphia, PA: Da Capo Press, 2007. pp. 138-142.

VARGHESE, Roy Abraham. Preface. In: FLEW, Antony. *There is a God*. How the World's Most Notorious Atheist Changed His Mind. New York, NY: HarperCollins, 2007.

WEIL, Simone. *Gravity and Grace*. New York: G. P. Putnam's Sons, 1952.

WEINBERG, Steven. *The First Three Minutes*. New York: Basic Books, 1977.

_____. A universe with no designer. In: *Cosmic Questions Annals of the New York Academy of Sciences*. 950 (2001), pp. 169-174.

_____. Steven. A designer universe? In: KURTZ, Paul (ed.). *Science and Religion*. Are They Compatible? Amherst, NY: Prometheus Books, 2003. pp. 31-40.

WHITEHEAD, Alfred North. *Adventures of Ideas*. Cambridge: Cambridge University Press, 1933.

WIESEL, Elie. *Night*. New York: Bantam, 1982.

WILDE, Oscar. *The Picture of Dorian Gray*. New York: Oxford University Press, [1890] 2008.

WILSON, A. N. *God's Funeral*. New York: Ballantine, 1999.

WILSON, E. O. *On Human Nature*. New York: Bantam, 1978.

_____. *Biophilia*. Cambridge, MA: Harvard University Press, 1984.

_____. *Consilience*. New York: Alfred Knopf, 1998.

_____. *Creation*. An Appeal to Save Life on Earth. New York: W. W. Norton, 2006.

WILSON, Eric. *Against Happiness*. In Praise of Melancholy. New York: Farrar, Straus and Giroux, 2008.

WITTGENSTEIN, Ludwig. *Tractatus Logico-Philosophicus*. New York: Routledge, [1921] 2001.

WOLF, Gary. The church of the non-believers (2006). In: *Wired* 14/11, 1-7. Disponível em: <www.wired.com/wired/archive/14.11/atheism.html>. Acesso em: 13 nov. 2007.

ZUCKERMAN, Phil. Atheism. Contemporary numbers and patterns. In: MARTIN, Michael (ed.). *The Cambridge Companion to Atheism*. New York: Cambridge University Press, 2007.

Impresso na gráfica da
Pia Sociedade Filhas de São Paulo
Via Raposo Tavares, km 19,145
05577-300 - São Paulo, SP - Brasil - 2015